Buchungstatsachen

Systematik der Buchführung

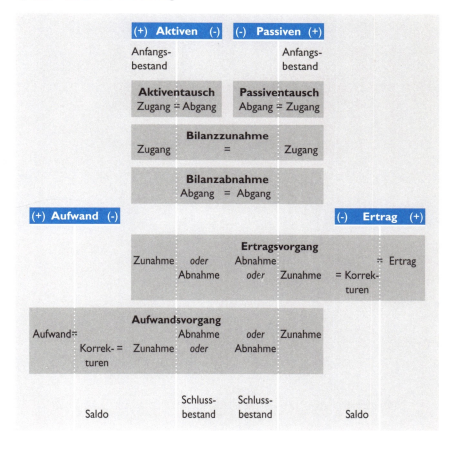

Betriebswirtschaftliches Rechnungswesen

Conrad Meyer

Betriebswirtschaftliches Rechnungswesen

Einführung in Wesen, Technik und Bedeutung des modernen Management Accounting

von

Conrad Meyer

Prof. Dr. oec. publ.
Ordinarius für Betriebswirtschaftslehre an der Universität Zürich

2., überarbeitete Auflage

Schulthess § 2008

Bibliografische Information ‹Der Deutschen Bibliothek›
Die Deutsche Bibliothek verzeichnet diese Publikation in der Deutschen Nationalbi-
bliografie; detaillierte bibliografische Daten sind im Internet über ‹http://dnb.ddb.de›
abrufbar.

© Schulthess Juristische Medien AG, Zürich · Basel · Genf 2008
   ISBN 978-3-7255-5609-0

www.schulthess.com

Vorwort

Die Schulung und Ausbildung von Studierenden und Praktikern in Fragen des betriebswirtschaftlichen Rechnungswesens ist seit einigen Jahren eines meiner schönsten «Hobbys». Das hat verschiedene Gründe: Zunächst einmal bin ich an der Universität Zürich dafür verantwortlich, die Studierenden in die Geheimnisse des betriebswirtschaftlichen Rechnungswesens einzuführen. Parallel dazu erfolgt eine intensive Auseinandersetzung mit der Materie im Rahmen zahlreicher Seminarien für Bank- und Industrieunternehmen, aber auch der Management Weiterbildung an der Universität Zürich. Ein zentrales Anliegen all dieser Aktivitäten ist es, das betriebswirtschaftliche Rechnungswesen aus einer modernen Perspektive zu verstehen und möglichst illustrativ – aus der Sicht der Benützerinnen und Benützer – zu vermitteln. Gerade in der heutigen Zeit, wo v.a. in den USA grosse internationale Konzerne durch eine problematische Rechnungslegung erschüttert werden, ist klar geworden, dass ein glaubwürdiges Accounting zu einer anspruchsvollen Thematik herangewachsen ist, die nicht unterschätzt werden darf. Für unternehmensinterne Entscheidungsträger (Management, Verwaltungsrat), aber auch für Analytiker, Investoren, Journalisten, Wirtschaftsprüfer, Aufsichtsbehörden und viele andere spielt das betriebswirtschaftliche Rechnungswesen eine wichtige Rolle. Eine sachgerechte Interpretation der Daten setzt allerdings seriöse Grundkenntnisse voraus; gerade in diesem Bereich versucht die vorliegende Publikation eine Lücke zu schliessen.

Das Lehrbuch gliedert sich in folgende Hauptbereiche:

- Kapitel 1–7 präsentieren Wesen, Zweck und Bedeutung des finanziellen Rechnungswesens. Grosses Gewicht wird der konsistenten Darstellung der inneren Zusammenhänge zwischen Buchungstatsachen, Konten sowie Bilanz und Erfolgsrechnung aus der Perspektive eines Gesamtkonzepts beigemessen. Gleichzeitig wird aber auch immer wieder betont, dass im Rahmen der Rechnungslegung gewisse Handlungs- und Ermessensspielräume bestehen. Dieser Freiraum ist durch die Anwendung glaubwürdiger Methoden z.B. bezüglich Bewertung, Periodisierung und Darstellung zu schliessen.
- Kapitel 8 und 9 umfassen eine Einführung in die Analyse der Daten des Rechnungswesens. Dazu gehören die Erarbeitung und Interpretation einer Geldflussrechnung als dritter Bestandteil des Jahresabschlusses sowie eine konsequente Analyse der Abschlussdaten aus den Perspektiven der Rentabilität, der Liquidität, der Vermögensstruktur, des Finanzierungsrisikos sowie der Einschätzung durch den Kapitalmarkt.

— Kapitel 10 konzentriert sich auf die praxisgerechte Darstellung verschiedener Lösungsansätze für besondere Fragen des Rechnungswesens (Wertschriften- und Liegenschaftenverkehr). Ebenfalls gezeigt werden die gesetzlichen Bestimmungen zur Rechnungslegung in der Schweiz sowie die Vorschläge für eine Revision des Rechnungslegungsrechts.

— Kapitel 11 gibt eine Übersicht zu Wesen und Zweck der nationalen und internationalen Accountingstandards.

— Im Mittelpunkt der Kapitel 12–15 steht das innerbetriebliche Rechnungswesen und damit in erster Linie die Anwendung des Rechnungswesens als Führungsinstrument. Neben der Einführung in die Begriffswelt der Kosten- und Leistungsrechnung werden sowohl klassische als auch moderne Konzepte gezeigt und kritisch gewürdigt.

Das vorliegende Lehrbuch dürfte neben den Studierenden an Universitäten und Fachhochschulen mit Sicherheit auch Praktiker ansprechen, welche sich im Bereiche des betriebswirtschaftlichen Rechnungswesens eine solide Basis aneignen möchten. Auf eine theoretisch konsistente und gleichzeitig praxisgerechte Präsentation der Materie wird deshalb grosses Gewicht gelegt.

Es ist mir ein Anliegen, all jenen, die zum Gelingen dieses Buchs beigetragen haben, bestens zu danken. In erster Linie gehören dazu die Mitarbeiterinnen und Mitarbeiter meines Lehrstuhls am Institut für Rechnungswesen und Controlling der Universität Zürich. Ihre wertvolle Unterstützung bei der Gestaltung des Lehrbuchs war eine unabdingbare Voraussetzung. Besonders erwähnen möchte ich Frau Sandra Waldvogel und Frau Idda Rutz. Sie haben einen grossen Arbeitseinsatz geleistet.

Zürich, im September 2002   Conrad Meyer

Vorwort zur 2. Auflage

Mit Freude habe ich davon Kenntnis genommen, dass die erste Auflage der
vorliegenden Publikation auf grosses Interesse gestossen ist. Da sich das me-
thodisch-didaktische Konzept des Buchs an der Universität Zürich, an Fachhochschulen, aber auch an Seminarien mit der Praxis bewährt hat, habe ich
mich entschieden, für die zweite Auflage lediglich ausgewählte Teile des
Buchs zu überarbeiten. Die grundsätzliche Systematik wurde beibehalten.
Neben zahlreichen unbedeutenden Anpassungen sind vor allem folgende Änderungen vorgenommen worden:

– Die Beispiele und Illustrationen wurden aktualisiert.
– Die Überlegungen zur Problematik der Bewertung wurden erweitert und
  neu gegliedert (vgl. Kapitel 7).
– Grundsätzlich überarbeitet und neuesten Erkenntnissen angepasst wurden
  die Ausführungen zur Geldflussrechnung (vgl. Kapitel 8).
– Bei den ausgewählten Fragen der Rechnungsführung erfolgte eine Erwei-
  terung durch einen Einbezug des Vorschlags eines neuen schweizerischen
  Rechnungslegungsrechts (vgl. Kapitel 10).
– Zusätzlich aufgenommen wurde ein neues Kapitel 11 zu den nationalen
  und internationalen Accountingstandards.

Für die Unterstützung bei der redaktionellen Arbeit danke ich Frau Laura
Dünhaupt herzlich.

Zürich, im Juni 2008   Conrad Meyer

Inhaltsübersicht

Inhaltsverzeichnis

Abbildungsverzeichnis

Grundlagen

Einleitung

Bedeutung des betriebswirtschaftlichen Rechnungswesens

Unternehmen können als Netzwerk verschiedener Verträge rational handelnder Agentinnen und Agenten (Stakeholder) interpretiert werden (vgl. Abb. 1/1). Beispiele solcher Verträge sind der Einkauf von Rohmaterialien aufgrund von Lieferverträgen, der Verkauf von Produkten und Services aufgrund von Kaufverträgen, die Entlöhnung der Mitarbeiterinnen und Mitarbeiter aufgrund der Anstellungsverträge, die Benützung von Geschäftsräumlichkeiten aufgrund von Eigentums- bzw. Mietverträgen, die Verzinsung von Kapitalien auf der Basis von Darlehensverträgen oder der Auftrag an eine Werbeagentur zur Vermarktung von Produkten.

Das Unternehmen als Netzwerk von Verträgen

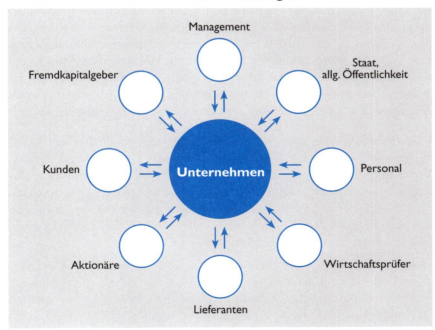

Jeder Stakeholder entscheidet vor dem Hintergrund seiner individuellen Ziele, Fähigkeiten und Alternativen, auf welche Engagements er sich einlässt. Wird ein Vertrag abgeschlossen, verpflichten sich die beteiligten Parteien zu einem Leistungstausch. Managerinnen und Manager verpflichten sich, gegen eine leistungsorientierte Entschädigung wohl definierte Ziele des Unternehmens zu erreichen; Mitarbeiterinnen und Mitarbeiter erklären sich gegen eine entsprechende Entlöhnung bereit, ihr Wissen und Können zur Verfügung zu stellen; Kundinnen und Kunden erhalten als Gegenleistung für ihr Entgelt Produkte; Aktionärinnen und Aktionäre engagieren sich an einem Unternehmen gegen eine risikogerechte Entschädigung mit Kapital.

Die ökonomischen Auswirkungen der im Rahmen dieser komplexen Netzwerke gefällten Entscheidungen schlagen sich in den Zahlen des betriebswirtschaftlichen Rechnungswesens nieder. Dessen Daten übernehmen die Rolle eines Vermittlers zwischen den Akteuren und bilden eine wesentliche Voraussetzung für das wirtschaftliche Handeln und einen effizienten Ressourceneinsatz.

In diesem Sinn kann das betriebswirtschaftliche Rechnungswesen äusserst vielfältig eingesetzt werden: als analytisches Werkzeug zur Überprüfung der operativen Leistungskraft eines Unternehmens, als Mass zur Beurteilung des Managements, als Entscheidungshilfe bei der Frage neu einzuführender Produkte, als Orientierungshilfe für die Zuordnung von Aufgaben, Mitteln und Kompetenzen, als Frühwarnindikator für künftige Chancen und Risiken, als Prognoseinstrument zur Abschätzung zukünftiger Entwicklungen oder als Ausgangslage für die Beurteilung der Vermögens-, Finanz- und Ertragslage.

Eine Wahrnehmung dieser Chancen des betriebswirtschaftlichen Rechnungswesens setzt gewisse Grundkenntnisse voraus. Deshalb sind Aktionäre, Verwaltungsräte, das Management, Finanzanalytiker, Wirtschaftsjournalisten, Wirtschaftsprüfer und Gläubiger – um nur einige wenige Beispiele zu nennen – gut beraten, wenn sie die Geheimnisse des betriebswirtschaftlichen Rechnungswesens erschliessen können. Diese Publikation soll dazu einen Beitrag leisten. Zu den wesentlichen Zielen gehören:

- Kennen lernen und richtiges Anwenden der Grundbegriffe des betriebswirtschaftlichen Rechnungswesens
- Verstehen der logischen Zusammenhänge eines theoretisch konsistenten Buchführungssystems
- Verstehen von Bilanzen, Erfolgsrechnungen und Geldflussrechnungen als Bestandteile des finanziellen Rechnungswesens

– Interpretieren der Abschlussinformationen von Unternehmen
– Erkennen von Wesen, Bedeutung und Aussagekraft des betrieblichen Rechnungswesens
– Verstehen der wichtigsten Methoden des betrieblichen Rechnungswesens.

Im Mittelpunkt der Ausführungen stehen neben der unabdingbaren Vermittlung «technischer» Grundlagen vor allem Fragen der konkreten, sachgerechten Anwendung des Rechnungswesens.

Zweck des Rechnungswesens   1.1.2

Ein modern verstandenes Rechnungswesen erfüllt eine Reihe wichtiger Aufgaben. Dazu gehören:

1. Rechenschaftsablage
Eine der zentralen Aufgaben des betriebswirtschaftlichen Rechnungswesens besteht darin, regelmässig über die Vermögens-, Finanz- und Ertragslage Auskunft zu geben. Insbesondere ist zu berichten, wie während einzelnen Perioden gewirtschaftet wurde, d.h. wie sich die finanziellen Konsequenzen der eingegangenen Verträge ausgewirkt haben. In diesem Sinne dient das Rechnungswesen als Rechenschaftsablage des Verwaltungsrats und der Geschäftsleitung gegenüber z.B. den Aktionären, Gläubigern, Angestellten, der Revisionsstelle, den Finanzanalytikern, den staatlichen Behörden und der Öffentlichkeit.

2. Planungsfunktion
Jedes aktiv geführte Unternehmen setzt sich strategische Ziele, erarbeitet strategische Massnahmenpläne und hat über den strategischen Mitteleinsatz zu befinden. Das Rechnungswesen ist in der Lage, die ökonomischen Konsequenzen dieser Pläne systematisch zu erfassen und abzubilden. Gleichzeitig werden die Voraussetzungen geschaffen, um in Szenarien denken und verschiedene mögliche Optionen aufgrund quantitativer Daten prüfen und vergleichen zu können.

3. Entscheidungs- und Steuerungsfunktion
Die Realisierung der strategischen und operativen Ziele und Massnahmen erfordert konkrete Entscheidungen. Auch in dieser Phase bildet das Rechnungswesen als Führungsinstrument eine wichtige Hilfe. Die Evaluation neuer Produkte, die Erschliessung zusätzlicher Kundensegmente, die Umsetzung von Investitionsvorhaben, der Kauf und Verkauf von Unternehmen usw. sind nicht denkbar ohne Daten des betriebswirtschaftlichen Rechnungswesens.

4. Kontrollfunktion

Die ökonomischen Auswirkungen der gefällten Entscheidungen bedürfen einer permanenten Kontrolle. Nur so kann rechtzeitig erkannt werden, ob die gesteckten Ziele auch effektiv erreicht werden. Unternehmensintern bilden laufende Soll-Ist-Analysen den wesentlichen Baustein zur kritischen Begleitung der Aktivitäten. Aus externer Sicht trägt vor allem die Wirtschaftsprüfung die Verantwortung für eine faire Berichterstattung des Unternehmens gegenüber aussenstehenden Stakeholdern.

5. Gläubigerschutz

Jedes Unternehmen benötigt zur Finanzierung der Aktivitäten Kapital. Neben den Beiträgen der Eigenkapitalgeber (z.B. Aktionäre) finanzieren sich Unternehmen durch weitere Mittel, welche Dritte, z.B. Banken, zur Verfügung stellen. Der Gesetzgeber versucht, die Interessen dieser Fremdkapitalgeber zu schützen, indem er durch handelsrechtliche Bestimmungen sicherstellt, dass Unternehmen periodisch über ihre Vermögens-, Finanz- und Ertragslage berichten. Er beschränkt sich in der Regel auf die Vorgabe von Mindestanforderungen, welche zwingend einzuhalten sind.

6. Memorandum

Als Tagebuch, in dem alle quantifizierbaren Vorgänge festgehalten werden, wird dem Rechnungswesen die Funktion eines «Gedächtnisses» der Firma übertragen. Erfasst werden sowohl die finanziellen Konsequenzen der Verträge mit Dritten als auch allfällige Transaktionen im Innern des Unternehmens. Dank dieser im Rechnungswesen gespeicherten Daten ist es z.B. möglich, detaillierte Angaben über die Verzinsung der eingesetzten Kapitalien, die Entwicklung der Kundenbeziehungen, die Rentabilität einzelner Produkte oder die Zu- und Abflüsse liquider Mittel zu geben.

7. Rechtshilfe

Im praktischen Alltag muss davon ausgegangen werden, dass vertraglich vereinbarte Leistungen nicht immer zufrieden stellend erfüllt werden. Die dadurch entstehenden Auseinandersetzungen führen oftmals zu gerichtlichen Abklärungen. Im Rahmen der Beweisführung vermag das Rechnungswesen wertvolle Informationen bereitzustellen.

8. Steuerbasis

Die Erhebung von Steuern basiert auf finanziellen Eckwerten. Relevant sind z.B. der erzielte Erfolg (Gewinn oder Verlust), das vorhandene Eigenkapital, der realisierte Umsatz, das vorhandene Vermögen usw. Es ist die Aufgabe des Rechnungswesens, die entsprechenden Daten aufzubereiten. Von zentraler Bedeutung ist die Berechnung der geschuldeten Kapital-, Gewinn- und Mehrwertsteuerbeträge.

9. Information der Öffentlichkeit

Vor allem grössere Unternehmen, die sich auf nationalen und internationalen Finanzmärkten bewegen, haben regelmässig eine breite Öffentlichkeit mit glaubwürdigen Abschlussinformationen zu orientieren. Die jährlich und immer häufiger auch quartalsweise publizierten Finanzberichte richten sich sowohl an bisherige als auch an potenzielle Stakeholder.

Gliederung des Rechnungswesens   1.1.3

Das betriebswirtschaftliche Rechnungswesen lässt sich aus inhaltlicher Sicht in zwei Hauptbereiche, das finanzielle und das betriebliche Rechnungswesen gliedern. Obwohl vor allem aus theoretischer Sicht eine enge Abhängigkeit der beiden Bereiche zueinander besteht und sie im praktischen Alltag immer näher zusammenrücken, sollen sie separat kurz charakterisiert werden.

1. Finanzielles Rechnungswesen

Aufgabe des finanziellen Rechnungswesens (Finanzbuchhaltung) ist es, Abschlussinformationen des Unternehmens zuhanden der externen Stakeholder zur Verfügung zu stellen (externe Informationsfunktion). Im Vordergrund steht das Unternehmen oder die Unternehmensgruppe als Ganzes. Zu den wichtigsten Teilbereichen gehören:

– laufende Geschäftsbuchhaltung
– Bilanz als Übersicht zur Vermögens- und Finanzlage
– Erfolgsrechnung als Übersicht zur Ertragslage
– Geldflussrechnung als Übersicht zu den Geldströmen.

Bezüglich der Gestaltung des finanziellen Rechnungswesens sind die Unternehmen nicht frei. Sie haben im Minimum die gesetzlichen Auflagen des Handelsrechts zu beachten. In vielen Fällen erklären sie sich aber bereit, weit mehr Information zur Verfügung zu stellen, indem sie die Anforderungen nationaler oder internationaler Standardsetter erfüllen. Es ist das erklärte Ziel solcher Regelwerke zum finanziellen Rechnungswesen, die Manipulationsspielräume der Unternehmen bei der Gestaltung ihrer Abschlüsse einzuschränken. Damit soll eine gegenüber Dritten faire Berichterstattung erreicht werden. Insbesondere sollen die Abschlüsse dank einheitlich angewendeter Kriterien vergleichbar werden. In Kapitel 11 findet sich eine Übersicht zu den wichtigsten nationalen und internationalen Regelwerken.

2. Betriebliches Rechnungswesen

Beim betrieblichen Rechnungswesen (Betriebsbuchhaltung, Betriebsabrechnung, Kostenrechnung) steht die Aufbereitung von Daten auf der Ebene ein-

zelner Produkte und/oder Leistungen im Vordergrund (z.B. Kosten und Erlöse erstellter Produkte, erbrachter Services). Voraussetzung dafür bilden eine
Analyse und Abbildung der unternehmensinternen Beziehungen und Abläufe. Die generierten Daten dienen in aller Regel der Fundierung interner Entscheidungen und werden nicht nach aussen kommuniziert (interne Informationsfunktion). Zu den wichtigsten Teilbereichen gehören:

– Kostenartenrechnung (Erfassung und Gliederung der angefallenen Kosten)
– Kostenstellenrechnung (Berechnung und Abbildung der Kosten nach or-
  ganisatorischen, geographischen oder verantwortungsmässigen Einheiten)
– Kostenträgerrechnung (Berechnung und Abbildung der Erlöse und Kosten nach Produkten und/oder Leistungen).

Die Unternehmen sind bezüglich des Aufbaus und der Handhabung des betrieblichen Rechnungswesens weitgehend frei. Bei der Gestaltung ihrer Systeme berücksichtigen sie deshalb spezifische betriebliche Eigenheiten.

I.2   Das Konto als Basis des Rechnungswesens

I.2.I   Idee der Führung von Konten

Wie bereits einleitend erwähnt, kann ein Unternehmen als Netzwerk von
Verträgen zwischen Stakeholdern verstanden werden. Jeder einzelne dieser
Verträge hat ökonomische Konsequenzen für die Beteiligten. Es ist deshalb
im Interesse des Unternehmens, diese finanziellen Wirkungen systematisch
zu erfassen. Aufgrund der Tatsache, dass je nach Grösse eines Unternehmens
sehr viele Verträge abgeschlossen werden (in Grossunternehmen tausende
von Verträgen pro Tag) hat die Erfassung des Leistungsaustausches möglichst
einfach, logisch und effizient zu erfolgen. Gleichzeitig ist sicherzustellen, dass
die erfassten Daten für spezifische Informationsbedürfnisse jederzeit abgerufen werden können.

Basis zur Abbildung der finanziellen Konsequenzen der Verträge bilden sogenannte Konten (vgl. Abb. 1/2). Sie bestehen immer aus zwei «Spalten», «Seiten», «Teilen» oder «Bereichen», die mit Soll (linke Seite) bzw. Haben (rechte
Seite) benannt werden. Diese, ursprünglich aus dem Italienischen abgeleite-
ten Begriffe, haben keine inhaltliche Bedeutung, sie bezeichnen lediglich die
jeweilige Seite des Kontos (Soll = links; Haben = rechts).

Konto als Basis des Rechnungswesens   Abb. 1/2

Soll	Konto	Haben
linke Seite		rechte Seite

Es hat sich in den Anfängen des Rechnungswesens eingespielt, dass die Anfangsbestände sowie Zugänge von Geld und Sachgütern auf der linken Seite
(Soll) festgehalten werden. Damit ist klar, dass Abgänge sowie Schlussbestände auf der rechten Seite (Haben) einzutragen sind. Nur so resultiert eine logische, konsequente Erfassung der Buchungstatsachen. Gleichzeitig ist das
jeweilige Konto durch den Sachverhalt, den es widerspiegeln soll, zu bezeichnen. Für die kontenmässige Erfassung der Bewegungen z.B. des Bargelds
wird in der Regel die Bezeichnung «Kasse» gewählt (vgl. Abb. 1/3).

Aufbau des Kontos   Abb. 1/3

Soll (+)	Kasse	Haben (-)
Anfangsbestand Zugänge		Abgänge Schlussbestand

Führung der Konten   1.2.2

Die einzelnen Konten werden während der Betrachtungsperioden (z.B. ein
Jahr, ein Quartal, ein Monat) geführt, d.h. es werden alle für das jeweilige
Konto relevanten Buchungstatsachen festgehalten.

Die Führung der Konten wird an einem einfachen Beispiel illustriert. Eine
Studentin der Wirtschaftsinformatik betreibt teilzeitmässig ein kleines Software-Beratungsunternehmen. Sie verfügt bei Beginn der Buchführungsperiode (Januar 20.3) über Bargeld in der Höhe von CHF 15 000.–. Sie schliesst
während der Betrachtungszeit folgende Verträge ab:

1) 4.1.   Kauf eines Computers gegen Barzahlung im Betrag von
          CHF 8000.–.
2) 12.1. Einladung eines potenziellen Kunden zu einem Mittagessen ge-
          gen Barzahlung CHF 200.–.
3) 18.1. Verkauf einer Software-Lösung an einen Kunden. Verkaufspreis
          CHF 4500.–. Der Kunde bezahlt bar.
4) 30.1. Bezug von CHF 2000.– als Entgelt für das Teilzeitengagement
          während des Monats Januar.

Im Konto «Kasse» werden diejenigen Buchungstatsachen, welche einen Einfluss auf das Bargeld der Unternehmerin haben, festgehalten (vgl. Abb. 1/4).

Kontoführung (Beträge in CHF)

Soll (+)		Kasse	Haben (-)	
AB	Anfangsbestand	15 000	I) Kauf Computer	8 000
3)	Verkauf Software	4 500	2) Einladung Kunde	200
			4) Lohn Januar	2 000
		19 500		10 200
			SB Schlussbestand	9 300
	Total	19 500	Total	19 500

Das Beispiel zeigt, dass bei Beginn der Periode (am 1.1.20.3) der Anfangsbestand an Bargeld im Konto «Kasse» auf der Soll-Seite festgehalten wird. Anschliessend erfolgt der Eintrag der weiteren Bargeldtransaktionen unter Angabe der jeweiligen Nummern der Geschäftsfälle auf der Soll- bzw. Haben-Seite. Am Ende der Periode (z.B. am 31. Januar 20.3) werden die Beträge auf beiden Seiten addiert, und es wird festgestellt, welche Seite des Kontos vor der Saldierung, d.h. dem Eintrag des Schlussbestands, den grösseren Gesamtbetrag aufweist. Im Beispiel ist dies die Soll-Seite (CHF 19 500.– gegenüber der Haben-Seite mit CHF 10 200.–). Die Differenz der beiden Beträge ergibt den Schlussbestand (CHF 9 300.–). Er wird auf der «schwächeren» Seite, d.h. im gezeigten Beispiel auf der Haben-Seite eingetragen. Damit ist das Konto ausgeglichen und beide Seiten des Kontos zeigen den gleichen Betrag (CHF 19 500.–). Für die nächste Periode, Februar 20.3, wird das Konto wieder eröffnet und zwar mit dem Anfangsbestand von CHF 9 300.– auf der Soll-Seite.

1.2.3 Darstellung der Konten

Aus der Gestaltungssicht der Konten lassen sich grundsätzlich drei Typen unterscheiden: die «kontenmässige», die «buchmässige» und die «berichtsmässige» Darstellung.

1. Kontenmässige Darstellung

Das vorgängig gezeigte Beispiel (vgl. Abb. 1/4) entspricht der kontenmässigen Darstellung. Diese Form der Kontenführung eignet sich vor allem für didaktische Zwecke und wird sehr häufig in Lehrbüchern und im Unterricht verwendet. Die Eintragungen in die Konten beschränken sich auf Anfangsbestände, positive und negative Veränderungen, d.h. Eintragungen im Soll bzw.

im Haben mit Angabe der Nummer der Geschäftsfälle sowie allfällige Schlussbestände. Die Vorteile dieser Kontenführung liegen in der Einfachheit der
Darstellung, der Begrenzung des Aufwands und der Übersichtlichkeit. Nachteile ergeben sich daraus, dass der Informationsgehalt pro Geschäftsfall minimal ist und der jeweils aktuelle Kontenstand nicht ersichtlich ist. In der praktischen Anwendung werden deshalb in aller Regel aufwändigere Darstellungsformen gewählt.

2. Buchmässige Darstellung
Die buchmässige Darstellung der Konten (vgl. Abb. 1/5) erlaubt die Eintragung zahlreicher Daten pro Buchungstatsache. Es wird insbesondere möglich, einen kurzen Text beizufügen. Ebenfalls wird der jeweils aktuelle Saldo
nach jedem Eintrag ausgewiesen. In der praktischen Anwendung – vor allem
bei IT-basierten Systemen – kann sich die buchmässige Führung der Konten
durchaus als sinnvoll erweisen.

Buchmässige Kontodarstellung (Beträge in CHF)   Abb. 1/5
Konto Kasse

Nr.	Datum	Text	Soll	Haben	Saldo
–	1.1.	Anfangsbestand	15 000		15 000
1	4.1.	Kauf Computer netto		8 000	7 000
2	12.1.	Einladung Kunde X		200	6 800
3	18.1.	Verkauf Software an Kunde Y	4 500		11 300
4	30.1.	Lohn Januar		2 000	9 300
–	31.1.	Schlussbestand		9 300	9 300

3. Staffelmässige Darstellung
Die berichts- oder staffelmässige Kontenführung orientiert sich an der Idee,
dass alle Buchungstatsachen als «Milchbüchleinrechnung» fortlaufend erfasst
werden (vgl. Abb. 1/6). Diese Abrechnungsart, welche den aktuellen Bestand
in den Mittelpunkt rückt, ist eher umständlich und wenig übersichtlich. Sie
wird deshalb selten angewendet. Für spezifische Informationszwecke, z.B. den
Nachweis des Erfolgs einzelner Geschäftssparten, eignet sich diese Form aber
durchaus.

Abb. 1/6   **Staffelmässige Kontodarstellung (Beträge in CHF)**

Konto Kasse

Nr.	Datum	Text	Betrag
–	1.1.	Anfangsbestand	15 000
1	4.1.	Kauf Computer netto	8 000
		Bestand per 4.1.	7 000
2	12.1.	Einladung Kunde X	200
		Bestand per 12.1.	6 800
3	18.1.	Verkauf Software an Kunde Y	4 500
		Bestand per 18.1.	11 300
4	30.1.	Lohn Januar	2 000
–	31.1.	Schlussbestand	9 300

1.3   Buchungstatsachen

1.3.1   Explizite Verträge

Es ist – wie bereits mehrmals erwähnt – die Aufgabe des Rechnungswesens, die finanziellen Konsequenzen der abgeschlossenen Verträge zu erfassen und abzubilden. Beispiele dazu sind:

– Rechnungen, welche beim Verkauf von Produkten erstellt werden
– Gutschriften von Banken für Zahlungen von Kunden
– Entlöhnung der Mitarbeiterinnen und Mitarbeiter auf der Basis der Arbeitsverträge
– Kauf von Maschinen, Mobiliar, usw. gegen Rechnung
– Bezug von Rohmaterial gegen Rechnung.

Gemeinsames Kriterium (aus der Sicht des Rechnungswesens) all dieser Verträge mit Dritten ist, dass sie zu Veränderungen in den Konten führen. Sie werden deshalb als Buchungstatsachen bezeichnet.

1.3.2   Implizite Verträge

Neben den im Rechnungswesen vergleichsweise einfach zu erfassenden expliziten Verträgen qualifizieren aber weitere Sachverhalte als Buchungstatsache. Basis für deren Erfassung sind keine konkreten vertraglichen Dokumente oder entsprechende Hinweise (z.B. Rechnungen, Quittungen, mündliche Zustimmung, Handschlag). Die Buchungstatsachen entstehen vielmehr aus der Verpflichtung des Managements gegenüber Aktionären, dem Verwaltungsrat oder Dritten, eine Vermögens-, Finanz- und Ertragslage zu zeigen, die den effektiven Tatsachen entspricht. Beispiele dazu sind:

– Während der Periode wurden für die Produktion Maschinen, die sich im Eigentum des Unternehmens befinden, genutzt. Das Management hat den während der Periode erfolgten Nutzenverzehr zu schätzen und zu erfassen, d.h. die Maschinen abzuschreiben. Nur so können die Aufwendungen für die Produktion vollständig und sachgerecht abgebildet werden.

– Es kommt die Information, dass ein Kunde Zahlungsprobleme hat. Er schuldet zurzeit einen Betrag von CHF 10 000.–. Das Management hat zu beurteilen, inwieweit der Kunde in der Zukunft in der Lage sein wird, seine Schulden zu begleichen. Wird die vollständige Zahlung in Frage gestellt, ist eine Wertberichtigung des Guthabens gegenüber dem Kunden vorzunehmen. Der durch die Zahlungsprobleme des Kunden entstandene potenzielle Verlust ist im Rechnungswesen zeitgerecht zu erfassen.

– Die Forschungs- und Entwicklungsabteilung hat ein neues Produkt entwickelt und dessen Produktion durch die Anmeldung eines Patents schützen lassen. Das Management hat zu entscheiden, wann und in welchem Umfang die Aufwendungen zur Entwicklung des Produkts im Rechnungswesen erfasst werden sollen.

Das Erkennen und die Quantifizierung solcher Buchungstatsachen, welchen keine mit Dritten abgeschlossene Verträge zu Grunde liegen, bereitet oft Schwierigkeiten. Deshalb ist deren kontenmässige Erfassung besonders sorgfältig vorzunehmen und aussagekräftig zu dokumentieren. Nur so kann sichergestellt werden, dass Dritte (z.B. Wirtschaftsprüfer) die gewählten Buchungsverfahren nachvollziehen können.

Rechnungswesen und Ermessensspielräume   1.3.3

In vielen Köpfen besteht die Illusion, dass es sich beim Rechnungswesen um eine exakte Wissenschaft handelt. Diese Ansicht kann nicht geteilt werden. Es bestehen trotz der bestechenden Logik der Buchführungssysteme und der zwangsläufig starken quantitativen Ausprägung grosse Ermessensspielräume. Damit verbunden ist die Gefahr bewusst manipulierter Abschlüsse. Zu den wesentlichen Problembereichen aus dieser Sicht gehören:

– Vor allem bei impliziten Verträgen besteht die Unsicherheit, ob einzelne Sachverhalte überhaupt in den Konten erfasst werden sollen. Beispiele dazu sind: Das Unternehmen erkennt, dass sich die Einkaufspreise für Rohmaterial reduziert haben. Soll nun als Konsequenz dieser Entwicklung der Wert der Lagerbestände, die zu höheren Preisen eingekauft wurden, herabgesetzt werden? Oder es besteht die Gefahr, dass sich Kunden aufgrund der Qualität ausgelieferter Produkte beschweren und Preisabschläge vornehmen werden. Ist aufgrund dieses Risikos eine Rückstellung zu bilden?

— Eng mit der grundsätzlichen Frage der Erfassung von Sachgütern im Rechnungswesen verbunden ist die Problematik der Bewertung vieler Sachgüter. Soll z.B. für eigene Liegenschaften, Maschinen, Mobilien usw. von möglichst «aktuellen» Wertansätzen ausgegangen werden, obwohl eine solche Wertfindung in vielen Fällen sehr aufwändig und subjektiv ist oder soll von den für die Sachgüter am Markt bezahlten «historischen» Preisen ausgegangen werden, die objektiver sind? Je nach gewähltem Konzept resultieren andere Werte.

— Im Weiteren erfordert das Bestreben nach einem «regelmässigen» Ausweis von Ergebnissen, dass die finanziellen Konsequenzen der abgeschlossenen Verträge einzelnen Perioden zugewiesen werden müssen. Dies widerspricht der längerfristigen Wirkung vieler Verträge und bedeutet einen künstlichen Eingriff zu Gunsten periodisierter Abschlussinformationen. Beispiele dazu sind die Zurechnung der Abschreibungen langfristig genutzter Anlagen auf einzelne Perioden oder Marketingaufwendungen einer bestimmten Periode, die während mehrerer Perioden Erträge bewirken sollen.

— Schliesslich besteht eine weitere Problematik darin, in welchem Zeitpunkt Gewinne oder Verluste ausgewiesen werden sollen. Darf z.B. der potenzielle Gewinn aus produzierten Waren bereits erfasst werden, wenn die Produkte am Markt noch nicht abgesetzt werden konnten? Müssen Verluste aus dem späteren Absatz von Gütern bereits heute erfasst werden, wenn sich dies abzeichnet?

Als Resultat dieser Handlungsspielräume haben sich in Theorie und Praxis eine Reihe sogenannter Grundsätze ordnungsmässiger Rechnungslegung etabliert. Sie bezwecken, den Verantwortlichen Orientierungshilfen zu bieten aber gleichzeitig auch, den Handlungs- und Manipulationsspielraum der Unternehmen einzuengen. Im Anhang wird eine Übersicht zu den aktuellen Grundsätzen ordnungsmässiger Rechnungslegung gezeigt.

Zusammenfassung

Das Rechnungswesen ist hervorragend geeignet, die finanziellen Konsequenzen der von Unternehmen abgeschlossenen Verträge abzubilden. In diesem Sinne übernimmt das Accounting die Rolle eines Vermittlers zwischen den Unternehmen und den Stakeholdern. Aufgrund der Daten des Rechnungswesens können z.B. der Erfolg einzelner Produkte, die operative Leistungskraft, aber auch ganz grundsätzlich die Vermögens-, Finanz- und Ertragslage aus unternehmensinterner wie -externer Sicht beurteilt werden.

Ein modern verstandenes Rechnungswesen erfüllt deshalb zahlreiche Aufgaben. Zu den wesentlichen gehören die Rechenschaftsablage gegenüber den Stakeholdern, die Unterstützung bei Planungs-, Entscheidungs-, Steuerungs- und Kontrollprozessen sowie die Informationsfunktion.

Neben dem externen finanziellen Rechnungswesen (Erstellen von Bilanzen, Erfolgsrechnungen und Geldflussrechnungen) für das Unternehmen als rechtliche Einheit gehören auch die Tools des betrieblichen Rechnungswesens (Ermitteln der Kosten und Erlöse nach Produkten und/oder Leistungen) zum betriebswirtschaftlichen Rechnungswesen.

Die finanziellen Auswirkungen der abgeschlossenen Verträge werden in sogenannten Konten systematisch erfasst und abgebildet. Sie gehorchen strengen «technischen» Kriterien. So werden in den Konten die Anfangsbestände und Zunahmen z.B. bei Sachgütern auf der Soll-Seite (d.h. links), Abnahmen und die Schlussbestände auf der Haben-Seite (d.h. rechts) festgehalten. Je nach Informationsbedürfnis kann die Kontenführung konten-, buch- oder berichtsmässig dargestellt werden.

Das Rechnungswesen ist im Gegensatz zu vielen vorgefassten Meinungen keine exakte Wissenschaft, sondern geprägt von vielen Ermessensentscheiden. Dies betrifft sowohl die Frage, ob ein bestimmter Sachverhalt als Buchungstatsache qualifiziert wird als auch die Überlegung, welche Wertansätze anzuwenden sind oder welche Beträge einzelnen Perioden zugewiesen werden sollen.

Bilanz   2

Aktiv- und Passivkonten   2.1

Unterscheidung von Aktiv- und Passivkonten   2.1.1

Im ersten Kapitel wurde die Kontenführung am Beispiel des Kontos «Kasse» illustriert. In der betrieblichen Realität werden für zahlreiche weitere Sachverhalte ebenfalls Konten geführt. Die spezifisch benannten Konten werden als Buchungsobjekte bezeichnet.

Um eine gewisse Ordnung in die zahlreichen Buchungsobjekte zu bringen, werden die Konten nach ihren Inhalten klassifiziert. Das Einteilungskriterium bildet die Frage, ob aus den in den Konten abzubildenden Sachverhalten für das Unternehmen ein zukünftiger Nutzenzu- oder –abgang z.B. in Form von Geld, Sachgütern oder Dienstleistungen erwartet werden kann.

Immer dann, wenn ein Buchungsobjekt in der Zukunft für das Unternehmen einen «Nutzenzugang» bewirkt und zwar ohne weitere Gegenleistung, handelt es sich um «Aktivkonten» oder «Aktiven». Ohne Gegenleistung bedeutet dabei, dass dem Unternehmen in der Zukunft Geld, Sachgüter oder Dienstleistungen zukommen werden, ohne dass eine Gegenleistung (z.B. eine Zahlung) erforderlich ist. Einige Beispiele illustrieren den Sachverhalt:

– *Kasse:* Ein Unternehmen verfügt über Bargeld. Es kann im Interesse des Unternehmens eingesetzt werden und stiftet deshalb zukünftigen Nutzen.
– *Maschinen:* Vor zwei Jahren wurden Maschinen gekauft, die zur Zeit einen bestimmten Wert haben. Es ist vorgesehen, die Maschinen in der Zukunft weiterhin im Rahmen der Produktionsprozesse einzusetzen. Damit werden sie in der Zukunft einen Nutzen bringen, ohne dass weitere Mittel einzusetzen sind.
– *Debitoren:* Eine Unternehmerin hat für einen Kunden durch Einsatz ihrer persönlichen Arbeitszeit eine Software-Lösung erarbeitet. Bisher wurde im Rechnungswesen nichts festgehalten. Sie verkauft nun das Produkt dem Kunden gegen Rechnung. Der zu bezahlende Betrag wird im Rechnungswesen als Kundenguthaben (= Debitoren) erfasst. Die Unternehmerin erwartet die zukünftige Zahlung des Kunden und damit einen Nutzenzugang.

Neben Buchungsobjekten, die einen Nutzenzugang versprechen, gibt es Sachverhalte, die zu einem «Nutzenabgang» ohne Gegenleistung führen.

Auch hier bedeutet ohne Gegenleistung, dass in der Zukunft dem Unternehmen Geld, Sachgüter oder Dienstleistungen abgehen werden, ohne dass dafür eine Gegenleistung erfolgt. Diese Buchungsobjekte werden als «Passivkonten» oder «Passiven» bezeichnet. Auch dazu einige Beispiele:

– *Bankschulden:* Die Bank hat einem Unternehmen zur Finanzierung der Aktivitäten Geld zur Verfügung gestellt. Dieser Kredit muss in der Zukunft zurückbezahlt werden. Damit verbunden ist ein zukünftiger Nutzenabgang.
– *Rückstellungen:* Das Unternehmen hat im Zeitpunkt der Bilanzierung noch keine definitive Steuerrechnung erhalten. Es wird deshalb eine Steuerrückstellung gebildet, welche dem geschätzten mutmasslichen Nutzenabgang entsprechen sollte.
– *Eigenkapital:* Das Konto Eigenkapital zeigt die Ansprüche der Eigentümer am Unternehmen. Damit wird angegeben, in welchem Umfang in der Zukunft ein Nutzabgang an die Eigentümer erfolgen kann.

Allen gezeigten Beispielen – das sei noch einmal betont – ist gemeinsam, dass der Nutzenzu- bzw. -abgang in der Zukunft liegt und eine einseitige Wirkung haben wird, d.h. die jeweiligen Buchungstatsachen werden für sich allein betrachtet die Situation des Unternehmens in der Zukunft entweder verbessern (Aktiven) oder verschlechtern (Passiven).

Sowohl für Aktiv- als auch für Passivkonten existieren sogenannte Kontierungsregeln. Sie werden im Folgenden dargestellt.

2.1.2 Aktivkonten

Bereits im ersten Kapitel wurden Hinweise gegeben, wie die Erfassung der Buchungstatsachen im Konto «Kasse» zu erfolgen hat. Aufgrund der Frage, inwieweit Buchungsobjekte in der Lage sind, einen zukünftigen Nutzenzu- oder -abgang zu bewirken, lassen sich die Erkenntnisse jetzt vertiefen und als logische Einheit darstellen (vgl. Abb. 2/1).

Abb. 2/1 **Systematik zur Führung der Aktivkonten**

Soll (+)	Aktivkonto		Haben (-)
Anfangsbestand zukünftiger Nutzenzugang	AB	Abnahme zukünftiger Nutzenzugang	–
Zunahme zukünftiger Nutzenzugang	+	Schlussbestand zukünftiger Nutzenzugang	SB

Das gezeigte Buchungskonzept soll am Beispiel des Kontos «Debitoren» illustriert werden (vgl. Abb. 2/2). Es wird erkennbar, dass aufgrund der im Konto festgehaltenen Buchungstatsachen zu Beginn der Periode ein Anfangsbestand an Debitoren von CHF 60 000.– vorhanden war. Das bedeutet, dass in diesem Umfang in der Zukunft ein Nutzenzugang (Geld, Sachgüter oder Dienstleistungen) erwartet wird. Die zusätzlichen Verkäufe gegen Rechnung während der laufenden Periode (Buchungen Nr. 1 und 4) bewirken, dass sich der zukünftige Nutzenzugang vermehrt. Deshalb sind diese Beträge auf der Soll-Seite einzutragen. Die Zahlungen der Kunden für offene Rechnungen (Buchungen Nr. 2, 3 und 5) führen zu einer Reduktion der Debitoren und damit zu einem Rückgang des künftigen Nutzenzugangs. Sie sind auf der Haben-Seite des Kontos festzuhalten. Der Schlussbestand von CHF 55 000.– auf der Haben-Seite des Kontos zeigt, in welchem Umfang am Ende der Periode Debitoren vorhanden sind, die einen zukünftigen Nutzenzugang bewirken können.

Beispiel eines Aktivkontos (Beträge in CHF)   Abb. 2.2

Soll (+)			Debitoren			Haben (-)
AB	Anfangsbestand	60 000	2)	Zahlung Debitor A		8 000
1)	Faktura Debitor M	15 000	3)	Zahlung Debitor B		10 000
4)	Faktura Debitor N	9 000	5)	Zahlung Debitor C		11 000
			SB	Schlussbestand		55 000
	Total	84 000		Total		84 000

Häufige Beispiele von Aktivkonten sind: Kasse, Bankguthaben, Postguthaben, Wertschriften, Debitoren, Roh- und Hilfsmaterial, Warenvorräte, Fahrzeuge, Maschinen, Anlagen, Grundstücke, Gebäude, Beteiligungen, Immaterielle Aktiven (z.B. Patente).

Passivkonten   2.1.3

Die Regeln zur Erfassung der Buchungstatsachen bei Passivkonten unterliegen den gleichen Gesetzmässigkeiten wie Aktivkonten, allerdings logischerweise seitenverkehrt (vgl. Abb. 2/3). Deshalb sind z.B. beim Konto «Kreditoren», d.h. den Schulden aus eingekauften Waren, die Anfangsbestände, welche einen zukünftigen Nutzenabgang widerspiegeln, auf der Haben-Seite einzutragen. Allfällige Erhöhungen des zukünftigen Nutzenabgangs sind ebenfalls auf der Haben-Seite des Kontos festzuhalten. Eine Reduktion des zukünftigen Nutzenabgangs sowie der Endbestand gehören auf die Soll-Seite der Passivkonten.

Systematik zur Führung der Passivkonten

Soll (-)		Passivkonto	Haben (+)	
Abnahme zukünftiger Nutzenabgang	–	Anfangsbestand zukünftiger Nutzenabgang	AB	
Schlussbestand zukünftiger Nutzenabgang	SB	Zunahme zukünftiger Nutzenabgang	+	

Auch für die Passivkonten soll die Systematik zur Erfassung der Buchungstatsachen an einem konkreten Beispiel illustriert werden (vgl. Abb. 2/4). Bei Beginn der Periode ist im Konto «Kreditoren» ein Anfangsbestand von CHF 40 000.– vorhanden. In diesem Umfang wird in der Zukunft ein Nutzenabgang (Geld, Sachgüter oder Dienstleistungen) erwartet. Die Logik des Rechnungswesens (Anfangsbestände an «Nutzenzugang» bei Aktivkonten im Soll) erfordert nun, dass der Anfangsbestand an «Nutzenabgang» auf der «anderen» Seite, der Haben-Seite des Kontos eingetragen wird. Gleichzeitig führen die während der Periode gegen Rechnung eingekauften Produkte (Buchungen Nr. 3 und 4) zu einer Erhöhung des zukünftigen Nutzenabgangs. Diese Beträge sind deshalb ebenfalls auf der Haben-Seite einzutragen. Die Zahlungen des Unternehmens an die Lieferanten (Buchungen Nr. 1 und 2) dagegen reduzieren die Schulden und damit den zukünftigen Nutzenabgang. Die entsprechenden Beträge sind auf der Soll-Seite der Passivkonten festzuhalten. Der Schlussbestand von CHF 45 000.– auf der Soll-Seite des Kontos zeigt, in welchem Umfang ein zukünftiger Nutzenabgang am Ende der Periode erwartet wird.

Beispiel eines Passivkontos (Beträge in CHF)

Soll (-)				Kreditoren			Haben (+)
1)	Zahlung Kreditor A		6 000	AB	Anfangsbestand		40 000
2)	Zahlung Kreditor B		15 000	3)	Rechnung Kreditor M		12 000
SB	Schlussbestand		45 000	4)	Rechnung Kreditor N		14 000
	Total		66 000		Total		66 000

Häufige Beispiele von Passivkonten sind: Bankschulden, Kreditoren, Andere Schulden, Rückstellungen, Anleihensschulden, Hypotheken, Aktienkapital, Reserven, Gewinnvorträge.

In der Regel lassen sich Buchungsobjekte zweifelsfrei den Aktiven bzw. Passiven zuordnen. Allerdings besteht bei einigen wenigen Konten die Möglichkeit, dass sie je nach Schlussbestand ihren Charakter als Aktiv- oder Passivkonto wechseln. Das wird dadurch erkennbar, dass der Schlussbestand als algebraischer Ausgleich des Kontos die «Seite wechselt». Als Beispiel sei ein Bank-kontokorrent (Aktivkonto) mit einem Anfangsbestand von CHF 10 000.– erwähnt. Wenn während der Periode die Bezüge von CHF 30 000.– die Einzahlungen von CHF 15 000.– überschreiten, mutiert das Konto zu einer Bankschuld. Erkennbar wird dies dadurch, dass der Schlussbestand am Ende der Periode von CHF 5 000.– zum Ausgleich des Kontos auf der Soll-Seite einzutragen ist, wie dies klassischen Passivkonten entspricht (vgl. Abb. 2/5).

Beispiel eines Kontos, das von einem Aktiv- zu einem Passivkonto mutiert (Beträge in CHF)   Abb. 2/5

Soll (+)	Bank-Kontokorrent		Haben (-)
AB Anfangsbestand	10 000	2) Auszahlungen	30 000
1) Einzahlungen	15 000		
SB Schlussbestand	5 000		
Total	30 000	Total	30 000

Buchungsvorgänge innerhalb der Bilanz   2.2

Bilanz als Ausgangslage   2.2.1

Die Bilanz vermittelt im Sinne einer Momentaufnahme einen Überblick der Aktiven und Passiven eines Unternehmens bezogen auf einen ganz bestimmten Zeitpunkt. Dies kann z.B. bei einer Eröffnungsbilanz per 1.1.20.3 sein (vgl. Abb. 2/6).

Beispiel einer Eröffnungsbilanz (Beträge in CHF)   Abb. 2/6

Aktiven	Bilanz per 1.1.20.3		Passiven
Kasse	40 000	Kreditoren	30 000
Debitoren	20 000	Darlehensschuld	40 000
Waren	30 000	Eigenkapital	30 000
Mobilien	10 000		
Total	100 000	Total	100 000

In Anlehnung an die früheren Überlegungen widerspiegeln die Aktiven im Betrag von CHF 100 000.– die Chancen zukünftiger Geld-, Sachgüter- oder Dienstleistungszugänge bzw. die Passiven mit ebenfalls CHF 100 000.– die Risiken zukünftiger Geld-, Sachgüter- oder Dienstleistungsabgänge. Die Aktiven werden oft auch als «Vermögen», die Passiven als «Kapital» eines Unternehmens bezeichnet.

Im gewählten Beispiel (Abb. 2/6) ist die Bilanz ausgeglichen, d.h. der zukünftige Nutzenzugang entspricht dem zukünftigen Nutzenabgang (Aktiven = Passiven).

Für eine bestimmte Buchführungsperiode (z.B. das Jahr 20.3) wird mit der Eröffnungsbilanz begonnen, d.h. die Anfangsbestände der Aktiven und Passiven werden in die einzelnen Konten übertragen (vgl. Abb. 2/7).

Abb. 2/7   **Eröffnung der Aktiv- und Passivkonten (Beträge in CHF)**

Aktiven	Eröffnungsbilanz per 1.1.20.3		Passiven
Kasse	40 000	Kreditoren	30 000
Debitoren	20 000	Darlehensschuld	40 000
Waren	30 000	Eigenkapital	30 000
Mobilien	10 000		
Total	100 000	Total	100 000

Soll (+)	**Kasse**	Haben (-)	Soll (-)	**Kreditoren**	Haben (+)
AB	40 000			AB	30 000

Soll (+)	**Debitoren**	Haben (-)	Soll (-)	**Darlehensschuld**	Haben (+)
AB	20 000			AB	40 000

Soll (+)	**Waren**	Haben (-)	Soll (-)	**Eigenkapital**	Haben (+)
AB	30 000			AB	30 000

Soll (+)	**Mobilien**	Haben (-)
AB	10 000	

Anschliessend sind die einzelnen Buchungstatsachen zu «verarbeiten». Das bedeutet, dass jeder einzelne Geschäftsfall zu analysieren ist und beurteilt werden muss, inwieweit er zu Veränderungen in einzelnen Konten führt. Ist dem so, handelt es sich um eine Buchungstatsache, d.h. der Geschäftsfall führt zu Veränderungen in den Konten des Rechnungswesens.

Der Buchungssatz zur Erfassung einzelner Buchungstatsachen

Zentrales Element der Erfassung der Kontenbewegungen bildet der Grundsatz, dass jede Buchungstatsache im Sinne einer eigentlichen «Doppik» zwei Wirkungen auf Buchungsobjekte haben muss. Dementsprechend führt jede Transaktion immer zu Veränderungen zweier Konten. Technisch erfolgt die Erfassung der Buchungstatsachen und das Festhalten der Beträge in den einzelnen Konten mit Hilfe sogenannter «Buchungssätze». Diese Buchungsanleitungen sind einfach strukturiert und bestehen neben der Nummer und dem Betrag der jeweiligen Buchung aus der Auflistung zweier Konten und zwar zunächst immer demjenigen mit der Soll-Eintragung und anschliessend demjenigen mit der Haben-Eintragung:

Konto mit Soll-Eintrag / Konto mit Haben-Eintrag   **Betrag**
Der Buchungssatz

1)   Kasse / Debitoren   CHF 1 000.–

bedeutet, dass im Konto «Kasse» eine Soll-Eintragung von CHF 1000.– und im Konto «Debitoren» eine Haben-Eintragung von ebenfalls CHF 1 000.– vorzunehmen ist. In beiden Konten wird die jeweilige Nummer der Buchungstatsache neben dem Betrag festgehalten.

Im mündlichen Ausdruck wird der Schrägstrich durch «an» ausgedrückt, d.h. der obige Buchungssatz wird mit

1)   Kasse «an» Debitoren   CHF 1 000.–

wiedergegeben. Wichtig ist zu wissen, dass mit dem Wort «an» keinerlei Inhalte verbunden sind (es fliesst also kein Geld der Kasse an die Debitoren), sondern es geht allein um eine sprachliche Usanz bei der Wiedergabe der Buchung.

Transaktionen innerhalb der Bilanz

Innerhalb der Bilanz existieren vier Grundtypen von Buchungstatsachen, die im Folgenden illustriert werden.

1. Aktiventausch

Kauf einer Büroeinrichtung gegen bar im Wert von CHF 20 000.–.
Folge: Zunahme der Mobilien um CHF 20 000.–; Abnahme des Kassenbe-
stands um CHF 20 000.–.

Verbuchung der Transaktion:

| Konto Mobilien: | Zunahme | CHF 20 000.– | Soll-Eintragung |
| Konto Kasse: | Abnahme | CHF 20 000.– | Haben-Eintragung |

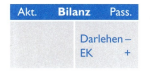

Buchungssatz: 1)   Mobilien / Kasse   CHF 20 000.–

Kommentar: Die Buchung bewirkt sowohl bezüglich des Soll- wie des Ha-
ben-Eintrags je eine Veränderung eines Aktivkontos. Damit ändert sich die
Zusammensetzung der Aktiven. Das Volumen der Aktiven (zukünftiger
Nutzenzugang) und damit auch die Bilanzsumme bleiben aber gleich hoch.

2. Passiventausch

Umwandlung des Darlehens von CHF 40 000.– in Eigenkapital (die bisherigen Darlehensgeber stellen ihr Kapital neu als Eigenkapital zur Verfügung).
Folge: Zunahme des Eigenkapitals (EK) um CHF 40 000.– und Abnahme
der Darlehensschuld um CHF 40 000.–.

Verbuchung der Transaktion:

| Konto Darlehensschuld: | Abnahme | CHF 40 000.– | Soll-Eintragung |
| Konto Eigenkapital: | Zunahme | CHF 40 000.– | Haben-Eintragung |

Buchungssatz: 2)   Darlehensschuld / Eigenkapital   CHF 40 000.–

Kommentar: Die Buchung bewirkt sowohl bezüglich des Soll- wie des Haben-
Eintrags je eine Veränderung eines Passivkontos. Damit verändert sich die Zusammensetzung der Passiven. Das Volumen der Passiven (zukünftiger Nutzenabgang) und damit auch die Bilanzsumme bleiben wiederum gleich hoch.

3. Bilanzzunahme

Kauf von Waren im Wert von CHF 25 000.– gegen Kredit des Lieferanten.
Folge: Zunahme der Waren und Zunahme der Kreditoren um je
CHF 25 000.–.

Verbuchung der Transaktion:

Konto Waren:	Zunahme	CHF 25 000.–	Soll-Eintragung
Konto Kreditoren:	Zunahme	CHF 25 000.–	Haben-Eintragung

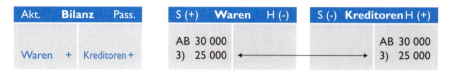

Buchungssatz: 3)   Waren / Kreditoren   CHF 25 000.–

Kommentar: Die Buchung bewirkt einen Soll-Eintrag in einem Aktivkonto
und einen Haben-Eintrag in einem Passivkonto. Damit verändert sich die
Bilanzsumme, d.h. das Volumen der Aktiven und der Passiven erhöht sich.
Diese Transaktion wird auch als «Finanzierung» bezeichnet.

4. Bilanzabnahme

Barzahlung einer Lieferantenschuld im Wert von CHF 18 000.–.

Folge: Abnahme der Barmittel und Abnahme der Kreditoren um je
CHF 18 000.–.

Verbuchung der Transaktion:

Konto Kasse:	Abnahme	CHF 18 000.–	Haben-Eintragung
Konto Kreditoren:	Abnahme	CHF 18 000.–	Soll-Eintragung

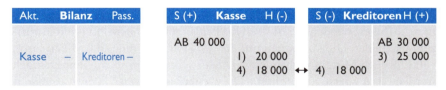

Buchungssatz: 4)   Kreditoren / Kasse   CHF 18 000.–

Kommentar: Die Buchung bewirkt einen Soll-Eintrag in einem Passivkonto
und einen Haben-Eintrag in einem Aktivkonto. Damit verändert sich die
Bilanzsumme, d.h. das Volumen der Aktiven und der Passiven reduziert sich.
Diese Transaktion wird auch als «Definanzierung» bezeichnet.

Als allgemeines Prinzip gilt für alle vier Typen dieser Geschäftsfälle:

- Jede Buchungstatsache wird 1x in einem Konto auf der Soll-Seite und 1x in einem Konto auf der Haben-Seite eingetragen.
- Wenn sich ein Aktivposten infolge einer Buchungstatsache ändert, muss sich
  - entweder ein anderer Aktivposten im entgegengesetzten Sinne oder
  - ein Passivposten im gleichen Sinne
  jeweils um den gleichen absoluten Betrag ändern.
- Das gleiche Prinzip gilt in seiner dualen Formulierung für jeden Passivposten.

Diese zweifache oder doppelte Auswirkung jeder Buchungstatsache begründet den Begriff der «doppelten Buchhaltung».

2.3 Aufbau und Strukturierung der Bilanz

2.3.1 Gliederung der Bilanz

Eine zweckmässige Gliederung der einzelnen Bilanzpositionen inklusive Ausweis von Zwischenadditionen soll den Benützern der Finanzberichte den Einblick in die wirtschaftliche Lage des Unternehmens erleichtern. Je nach Grösse und Branche des Unternehmens sowie je nach Zweck der Bilanzerstellung können die Struktur, aber auch der Detaillierungsgrad der Bilanzen variieren. Die Unternehmen sind allerdings bezüglich der Gliederung der Bilanzen nicht frei. Das schweizerische Handelsrecht schreibt für Aktiengesellschaften eine Mindestgliederung vor. Darüber hinaus sehen auch nationale und internationale Regelwerke zum Rechnungswesen weitergehende Gliederungsbestimmungen vor.

In der Schweiz werden die Aktiven in aller Regel nach dem «Liquiditätsprinzip» abgebildet. Die Positionen mit der grössten Liquidität, d.h. die in Form von Flüssigen Mitteln vorhanden sind oder sehr bald in solche umgewandelt werden, sind zuerst aufzuführen. Die weiteren Aktiven folgen mit abnehmender Liquidität. Je länger es im normalen Geschäftsablauf dauern wird, bis eine Position zu Geld umgesetzt wird, desto später wird sie genannt. Gemäss den Bestimmungen der 4. EU-Richtlinie zur Gliederung und Bewertung der Jahresrechnung wird die Bilanz umgekehrt aufgebaut, d.h. es werden zuerst die langfristig gebundenen Aktiven und anschliessend die liquideren Positionen abgebildet.

Bei der Strukturierung der Passiven wird in der Schweiz meist nach dem «Fälligkeitsprinzip» vorgegangen. Das hat zur Konsequenz, dass zunächst die Positionen des kurzfristigen Fremdkapitals aufgelistet werden, da sie sehr bald zu einem Geldabgang führen werden. Anschliessend folgen die Positionen des längerfristigen Fremdkapitals. Am Schluss aufgeführt wird das Eigenkapital, da angenommen werden kann, dass die zukünftigen Abgänge an die Eigentümer erst langfristig, in vielen Fällen sogar erst bei Auflösung des Unternehmens, erfolgen werden. Logischerweise gliedert sich die Passivseite der Bilanz gemäss 4. EU-Richtlinie wiederum umgekehrt, d.h. es wird zuerst das Eigenkapital und erst dann das Fremdkapital aufgeführt.

Um für Analysen möglichst aussagekräftige Bilanzen zu präsentieren, werden bei den Aktiven das Umlaufvermögen (UV) und das Anlagevermögen (AV) sowie bei den Passiven das kurzfristige Fremdkapital (kFK), das langfristige Fremdkapital (lFK) und das Eigenkapital (EK) unterschieden (vgl. Abb. 2/8).

Gliederung der Bilanz   Abb. 2/8

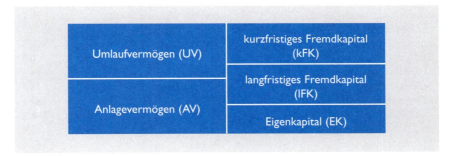

Die Hauptkategorien lassen sich wie folgt charakterisieren:
- *Umlaufvermögen:* Geld und alle weiteren Aktiven, die sich bei normaler Geschäftstätigkeit innerhalb eines Jahres in Flüssige Mittel umwandeln werden oder deren Nutzen innerhalb eines Jahres verbraucht sein wird.
- *Anlagevermögen:* Aktiven, die für eine mehr als einjährige Nutzung vorgesehen sind oder deren Nutzenzugang erst nach mehr als einem Jahr erfolgen wird.
- *Kurzfristiges Fremdkapital:* Geld-, Sachgüter- oder Dienstleistungsabgänge an Dritte, die gemäss Erwartungen innerhalb eines Jahres erfolgen werden.
- *Langfristiges Fremdkapital:* Geld-, Sachgüter- oder Dienstleistungsabgänge an Dritte, die gemäss Erwartungen erst nach einem Jahr erfolgen werden.
- *Eigenkapital:* Geld-, Sachgüter- oder Dienstleistungsabgänge an die Eigentümer.

2.3.2   Erläuterung einzelner Bilanzpositionen

Aufbau und Gliederung der Bilanz werden an einem praktischen Beispiel illustriert (vgl. Abb. 2/9).

Bei der wiedergegebenen Bilanz handelt es sich um eine Konzernbilanz, d.h. es werden als Gesamtübersicht die aggregierten Positionen mehrerer Einzelgesellschaften (Mutter- und Tochtergesellschaften) gezeigt. An der grundsätzlichen Aussagekraft bezüglich Aufbau und Gliederung von Bilanzen ändert dies aber nichts. Aus didaktischen Gründen wurden einzelne Vereinfachungen vorgenommen. Im Folgenden sollen die wichtigsten Positionen kurz vorgestellt werden.

Abb. 2/9   **Konsolidierte Bilanz der Lindt & Sprüngli (Beträge in Mio. CHF)**

Aktiven		Bilanz	Passiven
Flüssige Mittel		223.0	Banken und Finanzverpflichtungen	46.8
Wertschriften		40.4	Lieferantenverbindlichkeiten	209.4
Kundenforderungen	759.1		Sonstige Verbindlichkeiten	70.2
./. Delkredere	16.7	742.4	Rechnungsabgrenzung	330.1
Sonstige Forderungen		48.0	**Kurzfristiges Fremdkapital**	**656.5**
Rohmaterial	44.7		Darlehen	0.9
Verpackungsmaterial	70.9		Anleihen	99.6
Halb- und Fertigfabrikate	268.3		Rückstellungen	33.4
./. Wertberichtigungen			Sonstige langfrist. Verbindlichkeiten	184.9
Vorräte	25.4	358.5	**Langfristiges Fremdkapital**	**318.8**
Rechnungsabgrenzung		7.3	Aktien und PS-Kapital	13.9
Umlaufvermögen		**1 419.6**	Reserven	1 141.9
Maschinen, Mobilien, Fahrzeuge		297.8	**Eigenkapital**	**1 155.8**
Grundstücke, Gebäude		328.2		
Anlagen im Bau		45.5		
Finanzanlagen		21.5		
Immaterielle Anlagen		11.4		
Latente Steueraktiven		7.1		
Anlagevermögen		**711.5**		
Total		**2 131.1**	**Total**	**2 131.1**

Quelle: In Anlehnung an die Jahresberichterstattung 2006.

Umlaufvermögen

– *Flüssige Mittel:* Zu den Flüssigen Mitteln gehören Geld (inkl. fremde Währungen) sowie kurzfristige Guthaben bei der Post und bei Banken.
– *Wertschriften:* Die wichtigsten Positionen sind Aktien und Obligationen, die auf kurze Frist gehalten werden (z.B. Liquiditätsanlage).

- *Kundenforderungen (Debitoren):* Der Bruttobetrag zeigt die gesamthaft faktu-rierten und von Kunden noch nicht bezahlten Beträge für getätigte Ver-käufe. Da erfahrungsgemäss nicht alle Debitoren ihre Zahlungen leisten werden, erfolgt eine Wertberichtigung im Umfang der erwarteten Ein-bussen (= Delkredere).
- *Sonstige Forderungen:* In dieser Position enthalten sind Anzahlungen für be-stellte Waren (Einkäufe), kurzfristig gewährte Darlehen sowie andere Guthaben, z.B. aus dem Verkauf von Mobilien, die nicht mehr genutzt werden.
- *Warenvorräte:* Dazu zählen alle für die Produktion erforderlichen Materia-lien (Rohmaterial, Verpackungsmaterial) sowie die Produkte in Arbeit (Halbfabrikate) und die fertig erstellten Produkte (Fertigfabrikate), die noch nicht verkauft worden sind. Auch hier erfolgt eine Wertkorrektur, da die Warenlager aus der Sicht der zukünftigen Verkäufe gewisse Risiken in sich bergen (Waren können nicht verkauft werden, Preisänderungen, Qualitätseinbussen usw.).
- *Rechnungsabgrenzung:* Diese oft auch als «Transitorische Aktiven» bezeich-nete Position resultiert aus dem Bestreben, die Rechnungslegung auf ein-zelne Perioden auszurichten. Dabei entsprechen viele Geschäftsfälle nicht den gewählten Zeiträumen. Deshalb sind Abgrenzungen erforderlich. Wurde z.B. im vergangenen Jahr eine Versicherungsprämie für einen Ver-sicherungsschutz von zwei Jahren im Voraus bezahlt, ist in der Bilanz un-ter den Aktiven auszuweisen, dass das Unternehmen noch eine Leistung zugute hat, nämlich den Versicherungsschutz im nächsten Jahr, ohne dass eine weitere Zahlung erforderlich ist.

Anlagevermögen
- *Maschinen, Mobilien, Fahrzeuge; Grundstücke und Gebäude; Anlagen im Bau:* In diesen Konten werden alle physischen Güter zusammengefasst, die im Rahmen der operativen Tätigkeit längerfristig genutzt werden.
- *Finanzanlagen:* Zu dieser Rubrik gehören alle langfristigen finanziellen Engagements. Dazu zählen Wertschriften, die längerfristig gehalten wer-den, langfristige Darlehen oder Beteiligungen an anderen Unternehmen.
- *Immaterielle Anlagen:* Die wichtigsten Beispiele immaterieller Werte sind Marken, Lizenzen und Patente, die dem Unternehmen in der Zukunft einen Nutzen bringen werden. Die Bewertung solcher «Rechte» ist ausser-ordentlich schwierig. Bei der Bestimmung des zukünftigen Nutzenzu-gangs wird häufig darauf abgestützt, wieviel für den Kauf der Marke, der Lizenz oder des Patents bezahlt werden musste.
- *Latente Steueraktiven:* Abweichungen zwischen handelsrechtlichen und be-triebswirtschaftlichen Bewertungsgrundsätzen führen zur Bildung Laten-ter Steuern.

Kurzfristiges Fremdkapital

– *Banken und Finanzverpflichtungen:* Ein wesentlicher Teil dieser Bilanzposition umfasst Bankkredite, d.h. Finanzinstitute haben Gelder zur Verfügung gestellt. Ein typisches Beispiel ist der Kontokorrentkredit einer Bank. Über dieses Konto werden einerseits Auszahlungen an Dritte geleistet, andererseits erfasst dieses Konto aber auch Einzahlungen der Kunden. Soweit der Saldo «negativ» ist, handelt es sich um kurzfristiges Fremdkapital. Wird er «positiv», mutiert das Konto zu einem Aktivum und ist unter den Flüssigen Mitteln aufzuführen.
– *Lieferantenverbindlichkeiten:* Diese Schulden resultieren aus dem Einkauf von Gütern und Dienstleistungen, wobei die Bezahlung noch nicht erfolgt ist.
– *Sonstige Verbindlichkeiten:* Neben den Lieferantenkreditoren fallen noch weitere Schulden an, die nicht direkt mit Wareneinkäufen zusammenhängen. Sie sind zu Gunsten einer höheren Aussagekraft separat zu zeigen. Beispiele sind Anzahlungen von Kunden für bestellte Waren (Verkäufe), offene Rechnungen aus dem Kauf von Anlagevermögen oder noch nicht bezahlte Steuerrechnungen.
– *Rechnungsabgrenzung:* Die Periodisierung kann auch dazu führen, dass noch nicht verbuchte Geld-, Sachgüter- oder Dienstleistungsabgänge festzuhalten sind (sog. «Transitorische Passiven»). Wurden beispielsweise während der Periode Räume aufgrund eines Mietvertrags benutzt, ohne dass dafür eine Rechnung gestellt worden ist, sind diese Verpflichtungen als Rechnungsabgrenzung festzuhalten. Die entsprechenden Beträge werden in der nächsten Periode zu einem Geldabfluss führen.

Langfristiges Fremdkapital

– *Darlehen:* Diese Finanzmittel werden langfristig zur Verfügung gestellt (meist von Banken).
– *Anleihen:* Hier handelt es sich ebenfalls um eine langfristige Geldbeschaffung auf dem Kapitalmarkt (Ausgabe von Obligationen, die von Dritten gezeichnet und einbezahlt werden).
– *Rückstellungen:* In vielen Fällen existieren weitere Verbindlichkeiten, die sich dadurch auszeichnen, dass sie mit einer oder mehreren «Unsicherheiten» verbunden sind. Für diesen unsicheren zukünftigen Nutzenabgang werden Rückstellungen gebildet, die je nach Fälligkeit zum kurz- oder langfristigen Fremdkapital gehören. Beispiele dazu sind potenzielle Zahlungen für die Altersvorsorge, für Schadensfälle, für Garantieleistungen oder für hängige Prozesse.
– *Sonstige langfristige Verbindlichkeiten:* Unter dieser Position werden sämtliche übrigen, dem langfristigen Fremdkapital zugehörigen Verbindlichkeiten erfasst. Dazu gehören z.B. Latente Steuerpassiven, Vorsorgeverpflichtungen, Leasingverbindlichkeiten.

Eigenkapital
- *Aktien- und Partizipationsscheinkapital:* Diese Kapitalien wurden von den «Eigentümern» zur Verfügung gestellt. Sowohl Aktionäre wie Inhaber der Partizipationsscheine verfügen über das Recht auf Dividende und einen Anteil am Liquidationserlös. Das Stimm- und Wahlrecht an der Generalversammlung steht allerdings nur den Aktionären zu.
- *Reserven:* Die Bildung der Reserven erfolgt in der Regel aus Gewinnen, die nicht ausgeschüttet worden sind.

Gleichheit von Aktiven und Passiven   2.3.3

Bereits das früher gezeigte einfache Beispiel einer Bilanz (vgl. Abb. 2/6), aber auch die Konzernbilanz der Lindt & Sprüngli-Gruppe (vgl. Abb. 2/9) illustrieren, dass eine Bilanz immer ausgeglichen sein muss. Es gilt der Grundsatz:

Aktiven = Passiven

Dies bedeutet nichts anderes, als dass das Volumen des zukünftigen Nutzenzugangs eines Unternehmens immer demjenigen des zukünftigen Nutzenabgangs entsprechen muss. Diese These soll an einem Beispiel illustriert werden.

Die Studentin der Wirtschaftsinformatik gründet – wie bereits früher erwähnt (vgl. Abb. 1/4 ff.) – ein Software-Beratungsunternehmen durch eine Bareinlage von CHF 10 000.– (= Flüssige Mittel). Sie nimmt ferner bei einem Kollegen einen Kredit von CHF 20 000.– auf und erwirbt sich eine Computerausrüstung im Betrag von CHF 15 000.–. Die Gründungsbilanz zeigt folgendes Bild:

Gleichheit von Aktiven und Passiven (Beträge in CHF)   Abb. 2/10

Aktiven	Gründungsbilanz		Passiven
Kasse	15 000	Darlehen	20 000
Mobilien (PC)	15 000	Eigenkapital	10 000
Total Aktiven	30 000	Total Passiven	30 000

Der zukünftige Nutzenzugang für das Unternehmen besteht aus Flüssigen Mitteln von CHF 15 000.– (können eingesetzt werden) sowie der Computerausrüstung, die für die betriebliche Tätigkeit genutzt werden soll. Der zukünftige Nutzenabgang setzt sich aus der Verpflichtung gegenüber dem Kollegen sowie den Ansprüchen der Unternehmerin an das eigene Unternehmen zusammen.

Im gezeigten Beispiel fällt die Beurteilung der Aktiven und Passiven und der Nachvollzug der Gleichheit der beiden Bilanzseiten deshalb leicht, weil nur wenige Positionen zu bewerten sind und die Computeranlage erst vor kurzer Zeit gekauft worden ist. Deshalb besteht für sie ein glaubwürdiger Wertansatz.

Wesentlich komplexer ist die Frage der Beurteilung der Aktiven und Passiven bei der Lindt & Sprüngli-Gruppe (vgl. Abb. 2/9). In diesem Fall sind bei der Bilanzierung zunächst alle Positionen der Aktivseite der Bilanz sorgfältig zu bewerten. Das bedeutet, dass das Unternehmen für jede einzelne Position zu beurteilen hat, welchen Nutzen die Aktiven in Zukunft bringen werden. Die Beurteilung hat dabei auf dem Hintergrund einer Weiterführung des Unternehmens zu erfolgen, d.h. es ist gemäss «Fortführungsprinzip» (Principle of Going Concern) zu bewerten. Auf die konkrete Vorgehensweise wird später zurückgekommen. Liegt der Betrag für die Aktiven vor (im Beispiel sind es CHF 2 131.1 Mio.), sind zusätzlich die Positionen des Fremdkapitals zu bewerten. Auch hier stellt sich die Frage, wie hoch der zukünftige Nutzenabgang zu bewerten ist. Besonders heikel ist die Frage der Bildung von Rückstellungen für allfällige Risiken. Im Beispiel der Lindt & Sprüngli-Gruppe erreicht das Volumen des Fremdkapitals CHF 975.3 Mio.

Gemäss Grundprinzip der Bilanz – das Volumen der Aktiven muss mit demjenigen der Passiven übereinstimmen – ergibt sich als Residualgrösse die Höhe des Eigenkapitals, d.h. der Betrag des zukünftigen Nutzenabgangs an die Eigentümer. Für die Aktionäre und Inhaber von Partizipationsscheinen der Lindt & Sprüngli-Gruppe sind dies CHF 1155.8 Mio.

Als Konsequenz lässt sich Folgendes festhalten:

| Eigenkapital | = | bewertete Aktiven - bewertetes Fremdkapital |
| Eigenkapital | = | Residualgrösse der Aktiven nach Abzug aller Verbindlichkeiten gegenüber Dritten |

Damit wird auch klar, dass der Wert der Aktiven bzw. des Fremdkapitals einen unmittelbaren Einfluss auf die Höhe des Eigenkapitals und damit auf die Ansprüche der Aktionäre (Shareholder) hat. Wie allfällige Änderungen der Werte der Aktiven und des Fremdkapitals zu erfassen sind, steht im Mittelpunkt des nächsten Kapitels.

Zusammenfassung

Eine Bilanz besteht aus einer Gegenüberstellung von Aktiv- und Passivkonten. Bilanztheoretisch orientieren die Aktiven über den zukünftigen Nutzenzugang (ohne dass Gegenleistungen erforderlich sind) und die Passiven über den zukünftigen Nutzenabgang (wiederum ohne Gegenleistungen). Die Nutzenzu- bzw. -abgänge können in Form von Geld, Sachgütern oder Dienstleistungen erfolgen.

Bei den Aktivkonten wird der Anfangsbestand des zukünftigen Nutzenzugangs auf der Soll-Seite des Kontos festgehalten. Alle Zugänge gehören ebenfalls auf diese Kontenseite, während die Abgänge sowie die Schlussbestände auf der Haben-Seite einzutragen sind. Die Führung der Passivkonten erfolgt genau umgekehrt, d.h. die Anfangsbestände und Zunahmen an zukünftigen Nutzenabgängen werden auf der Haben-Seite, die Abnahmen und die Schlussbestände auf der Soll-Seite der Konten festgehalten.

Die Erfassung der Buchungstatsachen erfolgt durch Buchungssätze. Diese Buchungsanleitungen nennen neben der Nummer des Geschäftsfalls und dem Betrag zunächst das Konto mit dem Soll-Eintrag und anschliessend das Konto mit dem Haben-Eintrag.

Buchungstatsachen innerhalb der Bilanz können grundsätzlich vier verschiedene Typen von Transaktionen zugeordnet werden. Ein Aktiventausch verändert je ein Aktivkonto im Soll bzw. im Haben. Die Bilanzsumme bleibt unverändert. Ein Passiventausch bewirkt das gleiche, allerdings innerhalb zweier Passivkonten. Eine Bilanzzunahme liegt dann vor, wenn sowohl bei einem Aktiv- als auch bei einem Passivkonto eine Zunahme zu verbuchen ist. Die Bilanzsumme wird erhöht. Bei einer Bilanzabnahme resultiert in je einem Aktiv- und Passivkonto eine Abnahme und die Bilanzsumme reduziert sich. Die Systematik der doppelten Buchhaltung führt dazu, dass jede Buchungstatsache je 1x im Soll und 1x im Haben eines Kontos festgehalten wird.

Gut gegliederte Bilanzen vermitteln eine systematische Übersicht zu den einzelnen Aktiven (Soll) und Passiven (Haben). Die Hauptkategorien sind das Umlaufvermögen (kurzfristig, innerhalb eines Jahres in Geld umgewandelt) und das Anlagevermögen (längerfristige Nutzung) sowie das kurzfristige Fremdkapital (Nutzenabgang innerhalb eines Jahres an Dritte), das langfristige Fremdkapital (längerfristiger Nutzenabgang an Dritte) und das Eigenkapital (langfristiger Nutzenabgang an die Eigentümer).

Bilanzen sind grundsätzlich ausgeglichen, d.h., das Volumen der Aktiven entspricht demjenigen der Passiven. Bezüglich der Höhe des Eigenkapitals ist festzuhalten, dass sie von der Bewertung der Aktiven und des Fremdkapitals abhängt und als Differenz aus der Summe der Aktiven abzüglich des Fremdkapitals resultiert.

Erfolgsrechnung 3

Ertrags- und Aufwandskonten 3.1

Charakteristika der Erfolgskonten 3.1.1

Bis jetzt wurde gezeigt, dass sich einzelne Buchungstatsachen ausschliesslich innerhalb der Bilanz auswirken. Transaktionen in Form eines Aktiven- oder Passiventauschs oder einer Bilanzzu- bzw. Bilanzabnahme führen immer zu einer Soll- und einer Haben-Eintragung in den Aktiv- und/oder Passivkonten.

Die Anzahl möglicher Typen von Buchungstatsachen wird jetzt erweitert, indem zusätzlich Geschäftsfälle betrachtet werden, die sich dadurch auszeichnen, dass sie nur zu einer «einseitigen» Veränderung der Bilanz führen, d.h., es erfolgt in einem Aktiv- oder Passivkonto ein Eintrag, ohne dass in einem zweiten Bilanzkonto eine unmittelbare Gegenwirkung festzuhalten ist. Diese Buchungstransaktionen werden als «Erfolgsvorgänge» bezeichnet. Es lassen sich zwei verschiedene Typen unterscheiden:

– *Ertrag:* Es werden in einem Bilanzkonto Geld-, Sachgüter- oder Dienstleistungszugänge verbucht, ohne dass gleichzeitig (in einem Bilanzkonto) ein entsprechender Abgang festgehalten wird. Beispiele: Ein Unternehmen verkauft selbst erarbeitete Software an Kunden, oder es verbucht Einnahmen für einen an Dritte vermieteten Raum.
– *Aufwand:* Es werden in einem Bilanzkonto Geld-, Sachgüter- oder Dienstleistungsabgänge verbucht, ohne dass gleichzeitig (in einem Bilanzkonto) ein entsprechender Zugang festgehalten wird. Beispiele: Das Unternehmen zahlt Löhne an Mitarbeiterinnen und Mitarbeiter, oder es sind Zinsen für Bankkredite zu bezahlen.

Ertragskonten 3.1.2

Die Verbuchung der Ertrags- und Aufwandskonten erfolgt in strenger Logik zu den Buchungsregeln der Aktiv- und Passivkonten. Das bedeutet Folgendes:

Ertrag = einseitiger Zugang an Geld, Sachgütern oder Dienstleistungen. Dies wird

– in einem Aktivkonto als Vermehrung des zukünftigen Nutzenzugangs im Soll oder
– in einem Passivkonto als Reduktion des zukünftigen Nutzenabgangs ebenfalls im Soll festgehalten.

Als Konsequenz ist der Ertrag auf der Haben-Seite des Kontos zu verbuchen. Nur so bleibt das System der doppelten Buchhaltung, d.h. Eintrag aller Buchungstatsachen je 1x im Soll und 1x im Haben, gewahrt. Dem Ertrag auf der Haben-Seite des Kontos stehen allfällige Minderungen (Rabatte, Skonti, Rücksendungen der Kunden) im Soll gegenüber (vgl. Abb. 3/1). Da der während einer Periode anfallende Ertrag kumulativ erfasst wird, kann es bei diesen Konten keine Anfangsbestände geben. Der Saldo des Kontos einer Periode zeigt den Netto-Ertrag der betreffenden Periode.

Abb. 3/1   **Systematik zur Führung der Ertragskonten**

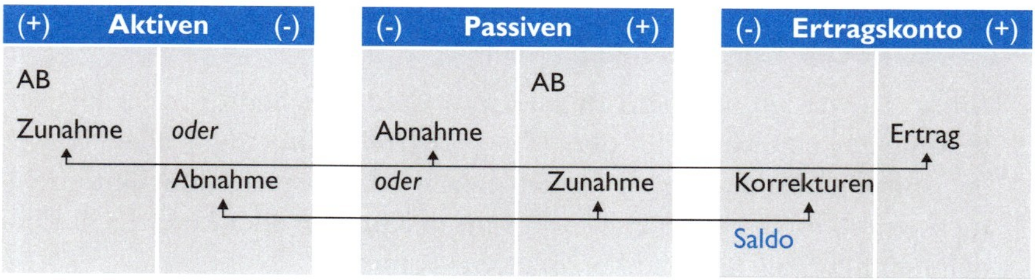

Die Buchungsregeln für Ertragskonten sollen am Beispiel des Kontos «Verkäufe von Software an Kunden» (Honorarertrag) illustriert werden (vgl. Abb. 3/2). Es wird erkennbar, dass Verkäufe im Betrag von CHF 20 000.– verrechnet werden konnten. Der fakturierte Umsatz bringt einen Zugang an Geld, Sachgütern oder Dienstleistungen und wird in der Regel in einem Aktivoder (seltener) in einem Passivkonto auf der Soll-Seite und im Ertragskonto auf der Haben-Seite festgehalten. Die Buchung lautet z.B. wie folgt:

1)   Debitoren / Honorarertrag   CHF 20 000.–

Allfällige Abzüge der Kunden bei der Zahlung der Rechnungen (z.B. Skonti, Rabatte) oder Rücksendungen führen zu einer Reduktion der Zugänge und sind deshalb als Korrekturen auf der Soll-Seite des Ertragskontos einzutragen. Für Rabatte im Betrag von z.B. CHF 900.– lautet die Buchung wie folgt:

2)   Honorarertrag / Debitoren   CHF 900.–

Der Schlusssaldo von CHF 19 100.– auf der Soll-Seite des Kontos zeigt, in welchem Umfang während der Periode Honorarertrag angefallen ist, der zu einem einseitigen Nutzenzugang führt.

Beispiel eines Ertragskontos (Beträge in CHF)   Abb. 3/2

S (+)	Debitoren		H (−)	S (−)	Honorarertrag		H (+)
1)	20 000					1)	20 000
		2)	900	2)	900		
				S	19 100		
					20 000		20 000

Häufige Beispiele von Ertragskonten sind: Warenertrag, Dienstleistungsertrag, Mietertrag, Finanzertrag, Lizenzertrag.

Aufwandskonten   3.1.3

Auch die Verbuchung des Aufwands ist aus den Buchungsregeln der Aktiv- und Passivkonten abzuleiten:

Aufwand = einseitiger Abgang an Geld, Sachgütern oder Dienstleistungen. Dies wird

- in einem Aktivkonto als Reduktion des zukünftigen Nutzenzugangs im Haben oder
- in einem Passivkonto als Erhöhung des zukünftigen Nutzenabgangs ebenfalls im Haben festgehalten.

Im Gegensatz zum Ertrag ist deshalb der Aufwand auf der Soll-Seite des Kontos zu verbuchen. Nur so bleibt das System der doppelten Buchhaltung, d.h. Eintrag aller Buchungstatsachen je 1x im Soll und 1x im Haben, gewahrt. Dem Aufwand auf der Soll-Seite stehen allfällige Minderungen (Rabatte, Skonti, Rücksendungen des buchführenden Unternehmens) im Haben gegenüber (vgl. Abb. 3/3). Da die Aufwandskonten den während einer Periode anfallenden Aufwand kumulativ erfassen, kann es auch bei diesen Konten keine Anfangsbestände geben, sondern nur den Saldo, welcher den Netto-Aufwand einer Periode widerspiegelt.

Abb. 3/3 **Systematik zur Führung der Aufwandskonten**

Soll (+)	Aufwandskonto	Haben (-)
Einseitige Geld-, Sachgüter- und Dienstleistungsabgänge (Gegenbuchung zu Bilanzbuchungen) +	Korrekturen für zu viel verbuchte einseitige Abgänge	-
	Schlusssaldo einseitiger Geld-, Sach- güter- und Dienstleistungsabgänge	S

(+) Aktiven (-)	(-) Passiven (+)	(+) Aufwandskonto (-)
AB		
Abnahme	oder	AB
	Zunahme	Aufwand
Zunahme	oder	
	Abnahme	Korrekturen
		Saldo

Die Aufwandskonten werden ebenfalls an einem Beispiel illustriert (vgl. Abb. 3/4). Im Konto «Personalaufwand» wird erkennbar, dass der Aufwand während der Periode CHF 29 000.– betrug. Dieser Abgang an Geld, Sachgütern oder Dienstleistungen wird auf der Soll-Seite festgehalten, da er in einem Aktiv- oder Passivkonto auf der Haben-Seite verbucht wird. Die Buchung lautet z.B. wie folgt:

1)   Personalaufwand / Flüssige Mittel   CHF 29 000.–

Allfällige Korrekturen (z.B. eine Rückzahlung), was jedoch selten der Fall sein dürfte, führen zu einer Reduktion der Abgänge und sind auf der Haben-Seite des Kontos einzutragen. Die Buchung lautet:

2)   Flüssige Mittel / Personalaufwand   CHF 1 000.–

Der Saldo von CHF 28 000.– auf der Haben-Seite des Kontos zeigt, in welchem Umfang während der Periode Saläre angefallen sind, die zu einem einseitigen Nutzenabgang führten.

Abb. 3/4 **Beispiel eines Aufwandskontos (Beträge in CHF)**

S (+) Flüssige Mittel H (-)	S (+) Personalaufwand H (-)
2) 1 000 ← 1) 29 000 ↔ 1) 29 000 →	2) 1 000
	S 28 000
	29 000 29 000

Häufige Beispiele von Aufwandskonten sind: Material- und Warenaufwand, Personalaufwand, Marketing- und Vertriebsaufwand, Verwaltungsaufwand, Abschreibungen, Finanzaufwand, Steueraufwand.

Inhalt und Aufbau der Erfolgsrechnung   3.2

Inhalt der Erfolgsrechnung   3.2.1

Die Erfolgsrechnung vermittelt eine Übersicht des während einer Periode angefallenen Ertrags und Aufwands und zeigt als Resultat der Gesamtrechnung den erzielten Erfolg (Gewinn oder Verlust). Übersteigt die Summe aller Erträge das Total der angefallenen Aufwendungen, resultiert netto ein Geld-, Sachgüter- oder Dienstleistungszugang, d.h. es erfolgt ein Wertzuwachs (Gewinn). Sind die Aufwendungen grösser als die Erträge, hat das Unternehmen während der betrachteten Periode einen Wertverzehr erfahren (Verlust), da netto ein Geld-, Sachgüter- oder Dienstleistungsabgang stattgefunden hat (vgl. Abb. 3/5).

Gewinn- bzw. Verlustausweis in der Erfolgsrechnung   Abb. 3/5

Die Erfolgsrechnung gehört zu den wesentlichen Instrumenten bei der Beurteilung der Ertragslage eines Unternehmens. Dies insbesondere deshalb, weil aufgrund der Erfolgsrechnung auf die Ursachen des Erfolgs geschlossen werden kann.

Die formelle Gestaltung der Erfolgsrechnung weicht von Unternehmen zu Unternehmen stark ab. Einerseits sind die gewählte Gliederung sowie der Detaillierungsgrad der Aufwands- und Ertragspositionen unterschiedlich, andererseits werden abweichende Darstellungsformen gewählt. Die ausgesprochen grosse Vielfalt in der schweizerischen Praxis zeigt, dass die aktienrechtlichen Bestimmungen relativ grosse Freiräume gewähren.

3.2.2   Gliederung der Erfolgsrechnung

Für die Interpretation der Erfolgsdaten ist es von entscheidender Bedeutung, dass der Erfolg des Betriebsbereichs, d.h. der operativen Tätigkeit, und die Resultate aus dem Finanzbereich je separat gezeigt werden. Zusätzlich ist über allfällige «neutrale» Erfolgskomponenten separat zu berichten (vgl. Abb. 3/6).

Abb. 3/6   **Gliederung der Erfolgsrechnung**

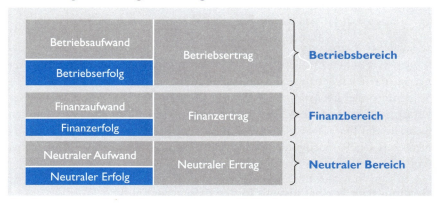

Die einzelnen Bereiche lassen sich wie folgt charakterisieren:

– *Betriebsbereich:* Dazu gehören alle Aufwands- und Ertragspositionen, die direkt mit der Kerntätigkeit des Unternehmens zusammenhängen (z.B. Personalaufwand, Warenaufwand, Mietaufwand).
– *Finanzbereich:* In diesem Bereich der Erfolgsrechnung werden sämtliche Positionen, die aus der Finanzierungstätigkeit des Unternehmens entstehen, zusammengefasst (z.B. Zinsaufwand oder -gutschrift, Dividendenzahlungen).
– *Neutraler Bereich:* Diesem Bereich lassen sich drei Typen von Ereignissen zuordnen:
    – Erfolgsrelevante Buchungstatsachen, die eigentlich früheren Perioden zuzurechnen wären und deshalb als periodenfremder Ertrag oder Aufwand aus dem ordentlichen Geschäft auszuklammern sind (z.B. Erträge aus dem Verkauf von Maschinen, die vollständig abgeschrieben sind).
    – Ausserordentliche Ereignisse (z.B. Schenkungen, Restrukturierungsaufwand, Aufwendungen aus einem Schadensfall).
    – Tätigkeiten, die nicht mit der Kerntätigkeit des Unternehmens in Zusammenhang stehen (z.B. Immobilienaufwand und -ertrag, sofern der Immobilienbereich nicht zur Haupttätigkeit gehört).

Den Beispielen zum neutralen Bereich ist gemeinsam, dass ein Verzicht auf einen separaten Ausweis der Positionen die Resultate des Betriebsbereichs verfälschen würde. Insbesondere wäre ein zwischenbetrieblicher oder zwischenzeitlicher Vergleich nicht mehr möglich.

In der Vergangenheit hat sich die Rechnungslegung an dieser Gliederung orientiert. In jüngster Zeit wurden aber zahlreiche Fälle bekannt, bei denen diese Unterteilung Unternehmen dazu verleitet hat, ordentliche Aufwendungen in den neutralen Bereich zu verschieben, um damit bessere, d.h. zu gute, operative Ergebnisse auszuweisen. Ebenso wurden neutrale Erträge als ordentliche Erträge deklariert. Als Konsequenz dieser Manipulationen haben die internationalen Accountingstandards die Abgrenzung eines neutralen Bereichs verboten. Auf eine Untergliederung der Erfolgsrechnung ist zu verzichten. Basis zur Beurteilung der Performance bildet das Unternehmensergebnis. Allfällige Informationen zur Zusammensetzung der Erfolgspositionen sollen im Anhang präsentiert werden. Für mittelgrosse und kleine Unternehmen, die in der Regel nicht kotiert sind, bleibt die Gliederung der Erfolgsrechnung in einen ordentlichen und einen neutralen Bereich aber sehr bedeutsam.

Darstellung der Erfolgsrechnung 3.2.3

In der schweizerischen Praxis ist für die Präsentation der Erfolgsrechnung die Staffel- oder Berichtsform weit verbreitet (vgl. Abb. 3/7). Sie erleichtert die Übersicht und illustriert die einzelnen Ursachen des Unternehmenserfolgs.

Erfolgsrechnung in Staffel- oder Berichtsform (Beträge in CHF)   Abb. 3/7

Ertrag aus Betriebstätigkeit	600 000	
Personalaufwand	- 300 000	
Mietaufwand	- 60 000	
Diverser Aufwand	- 50 000	
Abschreibungen	- 30 000	
Betriebsergebnis	**160 000**	160 000
Finanzertrag	50 000	
Finanzaufwand	- 40 000	
Finanzergebnis	**10 000**	10 000
Ordentliches Ergebnis vor Steuern		**170 000**
Betriebsfremder Erfolg	- 20 000	
Ausserordentlicher Erfolg	+ 12 000	
Neutrales Ergebnis	**- 8 000**	- 8 000
Unternehmensergebnis vor Steuern		**162 000**
Steuern		- 42 000
Unternehmensergebnis nach Steuern		**120 000**

Als Alternative kann die Erfolgsrechnung in Kontoform dargestellt werden
(vgl. Abb. 3/8). Im Gegensatz zur Praxis vieler kleiner und mittlerer Unternehmen wird auch bei dieser Darstellung eine mehrstufige Gliederung gezeigt. Nur so erhält der Benutzer die Möglichkeit, die relevanten Zwischen-
resultate ohne Zusatzberechnungen sofort erkennen zu können.

Abb. 3/8 **Erfolgsrechnung in Kontoform (Beträge in CHF)**

Erfolgsrechnung			
Personalaufwand	300 000	Ertrag aus Betriebstätigkeit	600 000
Mietaufwand	60 000		
Diverser Aufwand	50 000		
Abschreibungen	30 000		
Betriebsergebnis	**160 000**		
	600 000		600 000
Finanzaufwand	40 000	**Betriebsergebnis**	**160 000**
		Finanzertrag	50 000
Ordentliches Ergebnis vor Steuern	**170 000**		
	210 000		210 000
Betriebsfremder Erfolg	20 000	**Ordentliches Ergebnis vor Steuern**	**170 000**
Unternehmensergebnis vor Steuern	**162 000**	Ausserordentlicher Erfolg	12 000
	182 000		182 000
Steuern	42 000	**Unternehmensergebnis vor Steuern**	**162 000**
Unternehmensergebnis nach Steuern	**120 000**		
	162 000		162 000

3.3 Erläuterungen einzelner Erfolgsrechnungsposten

3.3.1 Illustration der Erfolgsrechnung

Die in Abbildung 3/9 wiedergegebene konsolidierte Erfolgsrechnung der
Lindt & Sprüngli-Gruppe umfasst den Ertrag und Aufwand mehrerer Unter-
nehmen (Mutter- und Tochtergesellschaften). Am Inhalt und Aufbau der
Rechnung ändert dies aber nichts.

Konsolidierte Erfolgsrechnung der Lindt & Sprüngli (Beträge in Mio. CHF)

Umsatzerlös	2 585.6	
Bestandesänderungen	9.3	
Übrige Erträge	9.7	
Total Betriebsertrag	**2 604.6**	**2 604.6**
Materialaufwand	- 772.1	
Personalaufwand	- 546.7	
Betriebsaufwand	- 904.9	
Total Betriebsaufwand	**- 2 223.7**	**- 2 223.7**
Operatives Ergebnis vor Zinsen und Abschreibungen (EBITDA)		**380.9**
Abschreibungen		- 84.0
Operatives Ergebnis vor Zinsen und Steuern (EBIT)		**296.9**
Finanzertrag	10.2	
Finanzaufwand	- 12.7	
Finanzergebnis	**- 2.5**	**- 2.5**
Operatives Ergebnis nach Zinsen (EBT)		**294.4**
Steueraufwand		- 85.4
Unternehmensergebnis		**209.0**

Quelle: In Anlehnung an die Jahresberichterstattung 2006.

Charakteristika ausgewählter Positionen der Erfolgsrechnung

Das Beispiel der Lindt & Sprüngli-Gruppe zeigt eine gut gegliederte Erfolgsrechnung mit einem separaten Ausweis der wichtigsten Zwischenergebnisse. Die einzelnen Positionen werden kurz vorgestellt.

Betriebsbereich
– *Umsatzerlös:* In dieser Position werden alle gegenüber Dritten erfolgten Verkäufe an Produkten und Dienstleistungen erfasst.
– *Bestandesänderungen:* Das Unternehmen produzierte während der Periode mehr Güter als effektiv abgesetzt werden konnten. Deshalb wird als weiterer Ertrag die Zunahme der Lager ausgewiesen.

- *Übrige Erträge:* In dieser Rubrik wird der weitere operationelle Ertrag erfasst, der nicht im Umsatz enthalten ist, aber trotzdem zum eigentlichen Kerngeschäft gehört. Beispiele: Patent- oder Lizenzertrag.
- *Materialaufwand; Personalaufwand; Betriebsaufwand:* Diese Positionen enthalten den gesamten Aufwand, der während der Betrachtungsperiode im Zusammenhang mit der Produktion der Güter angefallen ist. Zu den erstellten Gütern gehören neben denjenigen, die verkauft worden sind, auch diejenigen, die zur Erhöhung des Lagers geführt haben.
- *EBITDA:* «Earnings before Interests, Taxes, Depreciation and Amortization» entsprechen dem operativen Ergebnis (Betriebsergebnis) vor Zinsen, Steuern und Abschreibungen. Sie resultieren aus der Gegenüberstellung des gesamten Betriebsertrags und des Betriebsaufwands ohne Abschreibungen.
- *EBIT:* «Earnings before Interests, Taxes» gehören zu den wichtigsten Indikatoren für die betriebliche Leistungskraft eines Unternehmens. Sie berechnen sich durch eine Gegenüberstellung des betrieblichen Gesamtertrags und des betrieblichen Gesamtaufwands.

Finanzbereich
- *Finanzertrag und -aufwand:* Die beiden Positionen umfassen den im Zusammenhang mit der Finanzierung des Unternehmens angefallenen Aufwand sowie den Ertrag aus der Anlage von Finanzmitteln.

Neutraler Bereich
- *Ausserordentlicher Aufwand und Ertrag:* Das gezeigte Unternehmen erstellt die Jahresrechnung nach internationalen Accountingstandards und weist daher den neutralen Bereich nicht mehr explizit aus. Allfällige betriebsfremde oder ausserordentliche Positionen werden im Betriebsbereich erfasst.

3.3.3   Bewertungsproblematik

Damit die Erfolgsrechnung eine glaubwürdige Aussagekraft erhält, sind eine Reihe von Bewertungsproblemen zu lösen. Damit wird einmal mehr unterstrichen, dass die Resultate des Rechnungswesens immer von einer gewissen Subjektivität geprägt sind und in vielen Fällen Ermessens- und Manipulationsspielräume bestehen. Im Zusammenhang mit aussagekräftigen Erfolgsrechnungen sind insbesondere folgende Problembereiche zu beachten (vgl. dazu auch die im Anhang genannten Grundsätze ordnungsmässiger Rechnungslegung):

– *Realisationsprinzip:* Es besteht heute Klarheit darüber, dass Gewinne erst dann ausgewiesen werden dürfen, wenn sie am Markt durch Umsatz effektiv erzielt worden sind. Insbesondere ist es nicht gestattet, potenzielle Gewinne aus produzierten Waren, die noch nicht verkauft worden sind, auszuweisen. Im Beispiel der Lindt & Sprüngli-Gruppe dürfen also die gezeigten Bestandesänderungen nicht mit Marktpreisen bewertet werden, sondern sind auf der Basis der Produktionskosten festzusetzen. Auch genügt die Tatsache, dass ein Kunde Ware bestellt hat, noch nicht für den Ausweis als erzielter Umsatz. Erst wenn die Ware fakturiert ist, und der Kunde nicht mehr vom Geschäft zurücktreten kann, gilt der Umsatz als realisiert.
– *Abschreibungen:* Während den einzelnen Perioden werden insbesondere langfristig gebundene Vermögenswerte im Rahmen der Produktion genutzt (Anlagen, Maschinen, Fahrzeuge). Sie verlieren dadurch an Wert. Der entsprechende Aufwand ist sorgfältig zu schätzen und als Abschreibungsaufwand in der Erfolgsrechnung zu erfassen.
– *Periodisierung:* Es besteht die Möglichkeit, dass ein Teil des Aufwands einer Periode weder bezahlt, noch in Rechnung gestellt worden ist. Das Gebot der Periodenabgrenzung verlangt nun, dass dieser fehlende Aufwand zu verbuchen ist. Der gleiche Sachverhalt kann auch für den Ertrag zutreffen. Auch da gilt es, dafür zu sorgen, dass der Ertrag periodengerecht ausgewiesen wird.

Selbst bei sehr sorgfältiger Buchführung bleibt ein gewisser Bewertungs- und Handlungsspielraum bestehen. Eine wichtige Konsequenz dieser Tatsache ist, dass die gefällten Bewertungs- und Buchführungsentscheide dokumentiert werden. Auch sollten einmal gewählte Buchführungsprinzipien während mehreren Perioden unverändert beibehalten werden. Dadurch wird die Vergleichbarkeit der Resultate und damit die Qualität der Daten erhöht (Grundsatz der Stetigkeit).

Zusammenfassung

Ertrag ist dadurch charakterisiert, dass in einem Bilanzkonto ein Geld-, Sachgüter- oder Dienstleistungszugang verbucht wird, ohne dass gleichzeitig ein entsprechender Abgang festgehalten wird. Analog dazu bewirkt der Aufwand einen einseitigen Abgang an Geld, Sachgütern oder Dienstleistungen.
Die kontenmässige Erfassung des Ertrags und Aufwands erfolgt in strenger Logik zu den Buchungsregeln der Aktiv- und Passivkonten. Da Zunahmen

in Aktivkonten, aber auch Abnahmen in Passivkonten auf der Soll-Seite erfasst werden, ist der Ertrag auf der Haben-Seite des Kontos zu verbuchen. Nur so kann die Systematik der doppelten Buchhaltung, d.h. jede Buchungstatsache wird 1x im Soll und 1x im Haben eines Kontos festgehalten, gewahrt bleiben. Genau umgekehrt verhält es sich mit den Aufwandskonten. Da Abnahmen in den Aktivkonten und Zunahmen in den Passivkonten im Haben erfasst werden, gehört der Aufwand auf die Soll-Seite des Kontos.

Die Erfolgsrechnung vermittelt eine Übersicht des während einer Periode angefallenen Ertrags und Aufwands. Übersteigt die Summe der Erträge die Aufwendungen, resultiert netto ein Geld-, Sachgüter- oder Dienstleistungszugang, d.h. das Unternehmen hat einen Gewinn erzielt. Erreicht der Ertrag den Gesamtbetrag des Aufwands nicht, muss ein Verlust registriert werden, d.h. es sind netto Geld, Sachgüter oder Dienstleistungen abgeflossen.

Eine aussagekräftige Erfolgsrechnung hat gewissen Gliederungskriterien zu gehorchen. In einer ersten Stufe ist der Erfolg aus der operativen Tätigkeit (Vergleich Betriebsertrag und Betriebsaufwand) unverfälscht von übrigen Einflussgrössen auszuweisen. Die zweite Stufe orientiert über den Ertrag und Aufwand aus dem Finanzbereich. Wiederum separat zu zeigen sind die neutralen Positionen. Dazu gehören der Ertrag und der Aufwand aufgrund ausserordentlicher Ereignisse sowie betriebsfremde Erfolgsgrössen (branchenfremde und/oder periodenfremde Positionen).

Bezüglich der Darstellung hat sich in der Schweiz die Staffel- oder Berichtsform durchgesetzt. Die konkrete Gestaltung der Erfolgsrechnung variiert allerdings aufgrund der grossen Freiräume sehr stark.

Glaubwürdige Erfolgsrechnungen setzen eine sorgfältige Aufbereitung der Daten voraus. Zu den wichtigsten Grundsätzen gehören die Einhaltung des Realisationsprinzips (nur realisierte Umsätze sind auszuweisen), die Wahl sachgerechter Abschreibungsmethoden (der Wertverzehr der genutzten Anlagen, Maschinen, Fahrzeuge ist als Aufwand zu erfassen) sowie eine korrekte Periodisierung (Zuweisung des Ertrags und Aufwands auf die einzelnen Perioden).

Konzept der doppelten Buchhaltung 4

Kontensystem 4.1

Aktiv- und Passivkonten 4.1.1

In diesem Kapitel werden die bisherigen Erkenntnisse zu einem Gesamtsystem zusammengefasst und an einem Beispiel illustriert.

Grundsätzlich werden zwei Typen von Bilanzkonten, die Aktiven und die Passiven, unterschieden. Sie orientieren als Bestandesgrössen über den zukünftigen Nutzenzugang (Aktiven) bzw. Nutzenabgang (Passiven). Die Inhalte der Bilanzkonten sind immer zeitpunktbezogen. Die Führung der Aktiv- und Passivkonten erfolgt aufgrund klarer Prinzipien, d.h. Buchungsregeln. Diese werden durch die Tatsache, dass Aktiven mit den Anfangsbeständen auf der Soll-Seite eröffnet werden, determiniert (vgl. Abb. 4/1).

Buchungsregeln für Aktiv- und Passivkonten   Abb. 4/1

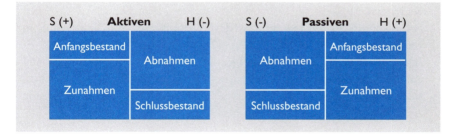

Aufwands- und Ertragskonten 4.1.2

Die Erfolgskonten zeigen den Geld-, Sachgüter- und Dienstleistungsabgang (Aufwand) bzw. -zugang (Ertrag) während einer Periode. Die Inhalte sind zeitraumbezogen und erfassen den Aufwand und Ertrag kumulativ für die jeweilige Periode. Für die Erfolgskonten werden deshalb bei der Eröffnung keine Beträge aus der letzten Periode übernommen. Die Buchungsregeln für die Aufwands- und Ertragskonten leiten sich aus den Gesetzmässigkeiten, die für die Aktiven und für die Passiven gelten, ab (vgl. Abb. 4/2).

Abb. 4/2   **Buchungsregeln für Aufwands- und Ertragskonten**

4.1.3 Buchungsregeln

Das System der doppelten Buchhaltung geht davon aus, dass jede Buchungs-tatsache je 1x im Soll und 1x im Haben eines Kontos eingetragen wird. Es existieren Buchungstatsachen, die sich ausschliesslich in den Bilanzkonten auswirken. Dazu gehören:

– *Aktiventausch:* Es wird je ein Aktivkonto durch eine Zu- bzw. Abnahme verändert.
– *Passiventausch:* Es wird je ein Passivkonto durch eine Zu- bzw. Abnahme verändert.
– *Bilanzzunahme:* Es erfolgt sowohl eine Zunahme einer Aktiv- als auch einer Passivposition.
– *Bilanzabnahme:* Sowohl eine Passiv- als auch eine Aktivposition wird redu-ziert.

Alle vier Typen von Buchungstatsachen haben keinen Einfluss auf den Erfolg des Unternehmens. Erst wenn sich eine Transaktion 1x in einem Bilanz-konto und 1x in einem Erfolgskonto auswirkt, handelt es sich um eine er-folgswirksame Buchungstatsache. Dazu zählen:

– *Aufwand:* Festzuhalten ist eine Abnahme in einem Aktivkonto oder eine Zunahme in einem Passivkonto (in beiden Fällen Eintrag im Haben) so-wie die Verbuchung des Aufwands (im Soll).
– *Ertrag:* Festzuhalten ist eine Zunahme in einem Aktivkonto oder eine Ab-nahme in einem Passivkonto (in beiden Fällen Eintrag im Soll) sowie die Verbuchung des Ertrags (im Haben).

Mit der Systematik des Buchführungssystems lassen sich alle Typen von Buchungstatsachen logisch erklären (vgl. Abb. 4/3).

Systematik der Buchführung   Abb. 4/3

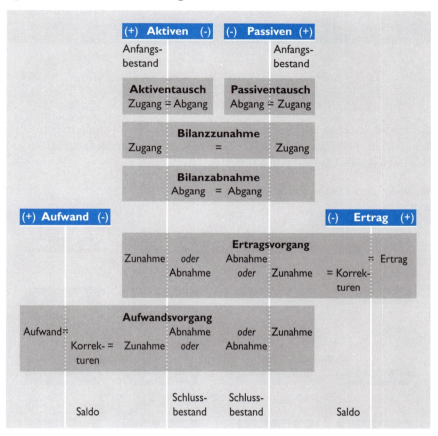

Kontenführung   4.2

Journal und Hauptbuch   4.2.1

Um die praktische Handhabung der Buchführung zu erleichtern, werden die Buchungstatsachen zunächst in einem «Journal» erfasst. Unter diesem Arbeitsinstrument ist eine chronologische Übersicht zu den einzelnen Buchungstatsachen zu verstehen, welche mehr oder weniger Information enthalten kann. Zu den Mindestangaben gehören das Datum und die Nummer der Buchungstatsache, der Buchungssatz, ein kurzer Text sowie der jeweilige Betrag (vgl. Abb. 4/4).

Abb. 4/4 **Beispiel eines Journals**

Datum	Beleg-Nr.	Buchungssatz		Text	Betrag (in CHF)
		Soll	Haben		
3.1.	1	Kasse	Umsatz	Verkaufte Waren	20 000
5.1.	2	Bankschuld	Kasse	Einzahlung Bargeld	15 000
…	…	…	…	…	…

Aufgrund der Eintragungen im Journal erfolgt die Verbuchung in den Konten, d.h. im Hauptbuch. Darunter ist die Gesamtheit der Konten zu verstehen, welche das Unternehmen führt (vgl. Abb. 4/5).

Abb. 4/5 **Beispiel eines Hauptbuchs**

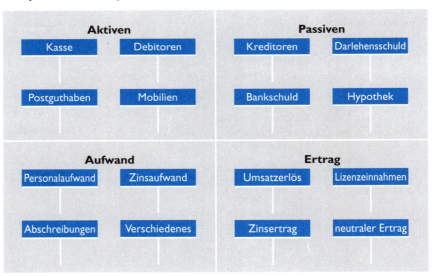

4.2.2 Beispiel der Kontenführung

Die Technik der Kontenführung wird anhand eines einfachen Beispiels erläutert. Die Bilanz eines Skiliftbetriebs zeigt zu Beginn der Abrechnungsperiode 20.3 folgendes Bild:

Aktiven	Eröffnungsbilanz per 1.1.20.3		Passiven
Kasse	5 000	Kreditoren	40 000
Postguthaben	20 000	Bankschulden	160 000
Debitoren	25 000	Darlehensschuld	500 000
Mobilien	100 000	Eigenkapital	300 000
Anlage	850 000		
	1 000 000		1 000 000

Während der Periode wurden folgende Geschäftsfälle registriert:

1)	Bareinnahmen durch den Verkauf von Karten	CHF	400 000.–
2)	Einzahlung von Bargeld bei der Bank	CHF	380 000.–
3)	Verkauf von Karten an Kunden gegen Rechnung	CHF	50 000.–
4)	Erhöhung der Darlehensschuld durch Barbezug	CHF	40 000.–
5)	Bankbelastung für die Zahlung von Rechnungen	CHF	30 000.–
6)	Rechnung für Energie	CHF	40 000.–
7)	Postgutschrift für Zahlungen der Kunden	CHF	28 000.–
8)	Bankbelastung für Auszahlung der Saläre	CHF	240 000.–
9)	Rechnung für den Unterhalt der Anlage	CHF	35 000.–
10)	Abschreibung der Anlage	CHF	50 000.–
11)	Abschreibung der Mobilien	CHF	10 000.–
12)	Postbelastung für verschiedene Aufwendungen	CHF	25 000.–

In einem ersten Schritt sind die Aktiv- und Passivkonten zu eröffnen, d.h. die Anfangsbestände der Aktiven sind auf der Soll-, diejenigen der Passivkonten auf der Haben-Seite der Konten einzutragen.

Anschliessend ist aufgrund der Analyse der einzelnen Belege das Journal zu erstellen (vgl. Abb. 4/6). Im Mittelpunkt dieser Arbeit steht die Herleitung der Buchungssätze. Sie bildet die Basis für die Eintragung der Buchungstatsachen ins Hauptbuch (vgl. Abb. 4/7).

Die eigentliche Verbuchung der Transaktionen im Hauptbuch zeigt einmal mehr den unterschiedlichen Charakter der einzelnen Buchungstatsachen (Aktiventausch, Passiventausch, Bilanzzunahme, Bilanzabnahme, Ertrag, Aufwand). Zu deren Illustration wird neben dem Journal (vgl. Abb. 4/6) gezeigt, um was für eine Buchungstatsache es sich jeweils handelt.

Abb. 4/6 **Journal zur Illustration der Kontenführung (Beträge in CHF 1 000.–)**

Nr.	Buchungssatz		Text	Betrag	Buchungs-vorgang
	Soll	Haben			
1	Kasse	Umsatzerlös	Barverkauf Karten	400	Ertrag
2	Bankschuld	Kasse	Einzahlungen	380	Bilanzabnahme
3	Debitoren	Umsatzerlös	Kreditverkäufe Karten	50	Ertrag
4	Kasse	Darlehensschuld	Erhöhung Darlehen	40	Bilanzzunahme
5	Kreditoren	Bankschuld	Bezahlung der Rechnung	30	Passiventausch
6	Energieaufwand	Kreditoren	Rechnung	40	Aufwand
7	Postguthaben	Debitoren	Zahlungen Kunden	28	Aktiventausch
8	Personalaufwand	Bankschuld	Saläre	240	Aufwand
9	Unterhalt	Kreditoren	Rechnung	35	Aufwand
10	Abschreibungen	Anlage	Wertverzehr Anlage	50	Aufwand
11	Abschreibungen	Mobilien	Wertverzehr Mobilien	10	Aufwand
12	Versch. Aufw.	Postguthaben	Diverser Aufwand	25	Aufwand

Nach Verbuchung aller Transaktionen werden die Konten saldiert, d.h. bei den Aktiv- und Passivkonten werden die Schlussbestände und bei den Aufwands- und Ertragskonten die Schlusssalden auf der «schwächeren» Seite des Kontos eingetragen. Damit sind alle Konten ausgeglichen.

Die Schlussbilanz zeigt als Übersicht aller Schlussbestände der Aktiv- und Passivkonten, dass per Ende der Periode eine Differenz von CHF 50 000.– entstanden ist. Da der zukünftige Nutzenzugang (Aktiven) überwiegt, handelt es sich um einen Gewinn. Genau das gleiche Resultat zeigt die Erfolgsrechnung, indem auch dort eine Differenz von CHF 50 000.– entsteht und zwar aus dem Vergleich der Salden der Ertrags- und der Aufwandskonten. Inhaltlich bedeutet dies, dass während der Periode ein Netto-Zugang an Geld, Sachgütern und Dienstleistungen erfolgt ist, was ebenfalls als Gewinn zu bezeichnen ist. Genau dieser Nutzenzugang von CHF 50 000.– während der Periode hat den gleich hohen Nutzenüberschuss in der Bilanz von CHF 50 000.– bewirkt.

Beispiel zur Kontenführung (Beträge in CHF 1 000.–)

Abb. 4/7

Bilanzkonten			Erfolgsrechnungskonten		
Aktivkonten		Passivkonten	Aufwandskonten		Ertragskonten

(+) Kasse (-)	(-) Kreditoren (+)	(+)Personalaufw. (-)	(-) Umsatzerlös (+)
AB 5 | 2) 380	5) 30 | AB 40	8) 240 |	| 1) 400
1) 400 |	| 6) 40	|	| 3) 50
4) 40 | SB 65	SB 85 | 9) 35	S 240	S 450 |
445 | 445	115 | 115	240 | 240	450 | 450

(+)Postguthaben (-)	(-) Bankschuld (+)	(+)Energieaufw. (-)
AB 20 | 12) 25	2) 380 | AB 160	6) 40 |
7) 28 |	| 5) 30	|
| SB 23	SB 50 | 8) 240	S 40
48 | 48	430 | 430	40 | 40

(+) Debitoren (-)	(-) Darlehen (+)	(+)Abschreib. (-)
AB 25 | 7) 28	| AB 500	10) 50 |
3) 50 |	| 4) 40	11) 10 |
| SB 47	SB 540 |	S 60
75 | 75	540 | 540	60 | 60

(+) Mobilien (-)	(+) Unterhalt (-)
AB 100 | 11) 10	9) 35 |
| SB 90	S 35
100 | 100	35 | 35

(+) Anlagen (-)	(-) Eigenkapital (+)	(+)Versch.Aufw. (-)
AB 850 | 10) 50	| AB 300	12) 25 |
| SB 800	SB 300 |	S 25
850 | 850	300 | 300	25 | 25

Aktiven	Bilanz per 31.12.20.3		Passiven	Aufwand	Erfolgsrechnung 20.3		Ertrag
Kasse	65	Kreditoren	85	Personalaufw.	240	Umsatzerlös	450
Postguthaben	23	Bankschuld	50	Energieaufwand	40		
Debitoren	47	Darlehen	540	Abschreibungen	60		
Mobilien	90	Eigenkapital	300	Unterhalt	35		
Anlagen	800	Gewinn	50	Versch. Aufw.	25		
	1 025		1 025	Gewinn	50		
					450		450

4.2.3 Das System der doppelten Buchführung im Überblick

Dank der Erkenntnisse aus dem gezeigten Beispiel kann die Idee der doppelten Buchhaltung grafisch zusammengefasst werden (vgl. Abb. 4/8 und 4/9). Im Wesentlichen wird gezeigt, dass

– die Anfangsbestände der Aktiven und Passiven auf die Soll- bzw. Haben-Seite der Bilanzkonten zu übertragen sind
– die Buchungstatsachen im Journal zu erfassen sind
– jede Buchungstatsache entweder 1x in der Bilanz im Soll und 1x im Haben festzuhalten ist (erfolgsneutral) oder aber 1x in einem Bilanzkonto und 1x in einem Erfolgsrechnungskonto zu verbuchen ist (Erfolgsvorgang)
– nach der Verbuchung aller Buchungstatsachen die Konten zu saldieren sind (Eintrag Schlussbestände bei Aktiven und Passiven bzw. der Schlusssalden bei Aufwands- und Ertragskonten)
– die Bilanz und die Erfolgsrechnung aufgrund der Erfolgsvorgänge eine gleich hohe Differenz als Erfolg (Gewinn oder Verlust) ausweisen.

Abb. 4/8 **Doppelte Erfolgsermittlung (Beträge in CHF)**

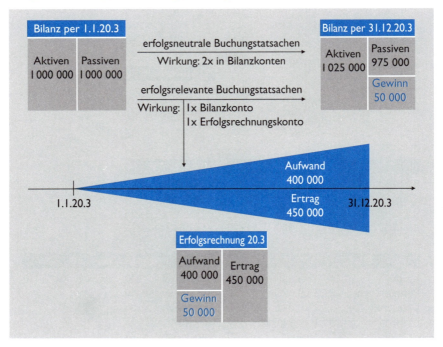

Zusammenhänge der doppelten Buchhaltung

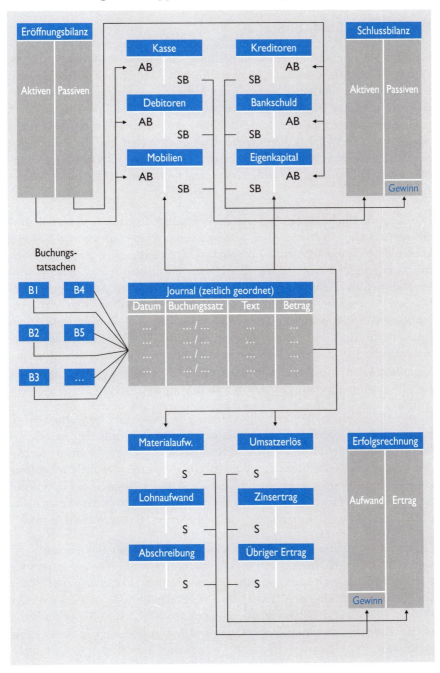

4.3 Abschluss

4.3.1 Probe- und Saldobilanz

Grundsätzlich besteht für ein Unternehmen die Möglichkeit, die Rechnung täglich, wöchentlich, monatlich, vierteljährlich oder jährlich abzuschliessen. Entscheidend ist die Frage, ob sich der Aufwand im Vergleich zur zusätzlichen Information lohnt. Normalerweise werden in der Praxis neben dem gesetzlich vorgeschriebenen Jahresabschluss monatliche oder vierteljährliche Abschlüsse durchgeführt. Der Genauigkeitsgrad solcher Zwischenabschlüsse ist allerdings geringer, da nur ein Teil der Abschlusskorrekturen vorgenommen wird. Vollumfänglich erfolgen diese erst im Rahmen des Jahresabschlusses.

Die doppelte Buchhaltung, bzw. das immer gültige Prinzip, wonach jede Buchungstatsache sowohl eine «Soll-» als auch eine «Haben-Buchung» bewirkt, kontrolliert sich gewissermassen selbst. Die Summe aller Soll-Positionen muss immer gleich der Summe aller Haben-Positionen sein. Zunächst wird im Rahmen der Eröffnung der gleiche Gesamtbetrag an Anfangsbeständen bei den Aktiven ins Soll und bei den Passiven ins Haben eingesetzt. Anschliessend erfolgt die Verbuchung aller Transaktionen, ebenfalls mit je einer Buchung im Soll und im Haben eines Kontos. Als Folge davon muss die Summe aller Soll-Salden jederzeit gleich der Summe aller Haben-Salden sein. Um diese Übereinstimmung als Kontrollmittel zu automatisieren, wird der Abschluss oft in tabellarischer Form erstellt (vgl. Abb. 4/10).

In der Probebilanz, die auch als Umsatzziffernkontrolle bezeichnet wird, werden die Totalbeträge aller Buchungen eingetragen (mit Anfangsbeständen, aber ohne Schlussbestände und Schlusssalden). Die Saldobilanz hingegen erfasst nur noch die Salden der einzelnen Konten. Da die Probebilanz ausgeglichene Beträge zeigt, ist nur logisch, dass der Ausweis der jeweiligen Salden der einzelnen Konten auf der entsprechenden Soll- oder Haben-Seite der Saldobilanz wiederum zu einer ausgeglichenen Rechnung führen muss.

Die separate Zusammenstellung der Salden der Bilanzkonten führt zum Ausweis des Erfolgs, da die Aktiven und Passiven nach einer Rechnungsperiode nur im Ausnahmefall betragsmässig übereinstimmen. Dabei zeigt die Bilanz vor Gewinnverteilung den Betrag des Erfolgs der Periode als Gewinn oder Verlust. Die gleiche Differenz, allerdings auf der «anderen» Seite, resultiert bei der Zusammenstellung aller Ertrags- und Aufwandskonten in der Erfolgsrechnung.

Abschluss in Tabellenform (Beträge in CHF 1 000.–)

Abb. 4/10

Konten	Probebilanz		Saldobilanz		Bilanz vor Gewinn-verteilung		Erfolgs-rechnung		Bilanz nach Gewinn-verteilung	
	Soll	Haben	Soll	Haben	Akti-ven	Pas-siven	Auf-wand	Er-trag	Akti-ven	Pas-siven
Kasse	445	380	65		65				65	
Postguthaben	48	25	23		23				23	
Debitoren	75	28	47		47				47	
Mobilien	100	10	90		90				90	
Anlagen	850	50	800		800				800	
Kreditoren	30	115		85		85				85
Bankschuld	380	430		50		50				50
Darlehensschuld		540		540		540				540
Eigenkapital		300		300		300				350
Personalaufwand	240		240				240			
Energieaufwand	40		40				40			
Abschreibungen	60		60				60			
Unterhalt	35		35				35			
Versch. Aufwand	25		25				25			
Umsatzerlös		450		450				450		
	2 328	2 328	1 425	1 425	1 025	975	400	450	1 025	1 025
Erfolg des Jahres						50	50			
Total	2 328	2 328	1 425	1 425	1 025	1 025	450	450	1 025	1 025

Gewinnverteilung

4.3.2

Nach Erstellen der Bilanz vor Gewinnverteilung und der Erfolgsrechnung stellt sich die Frage, wie der erzielte Gewinn zu behandeln ist. Bei Aktiengesellschaften sind dabei gesetzliche Auflagen zu beachten. So wird insbesondere vorgeschrieben, dass nur ein Teil der Gewinne an die Eigentümer ausgeschüttet werden darf. Der Rest ist als «Reserven» im Unternehmen zurückzubehalten.

Das Beispiel (vgl. Abb. 4/10) zeigt, dass das Unternehmen beschlossen hat, den gesamten Gewinn einzubehalten. Dadurch erhöht sich das Eigenkapital, d.h. der zukünftige Nutzenabgang an die Eigentümer, um den Periodengewinn. Gleichzeitig zeigt die Bilanz nach Gewinnverteilung wieder ein ausgeglichenes Bild.

Eine Ausschüttung eines Teils des Gewinns (z.B. 50%) würde zu einer Erhöhung des Fremdkapitals um die Hälfte des Gewinns führen, da die Eigentümer einen Anspruch auf die Dividende haben, die Auszahlung aber erst in der
nächsten Periode erfolgen wird. Allfällige Verluste werden in der Regel mit
dem Eigenkapital verrechnet, da sich in diesem Umfang der zukünftige Nutzenabgang an die Eigentümer verringert hat (vgl. Abb. 4/11).

Abb. 4/11   **Behandlung des Periodenerfolgs**

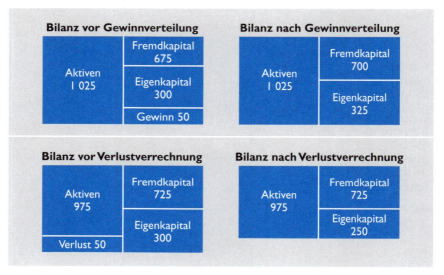

Zusammenfassung

Um die Auswirkungen der Buchungstatsachen auf die Bilanz und die Erfolgsrechnung einfach und zweckmässig zu gestalten, werden Aktiv- und Passivkonten sowie Ertrags- und Aufwandskonten unterschieden. Dabei erfolgt die Erfassung der Buchungstatsachen auf der Basis klarer Buchungsregeln. Im Mittelpunkt steht stets das Prinzip, dass immer zwei Konten beeinflusst werden und zwar je 1x auf der Soll-Seite und 1x auf der Haben-Seite. Soweit sich ein Geschäftsvorfall zweimal in Bilanzkonten auswirkt, ist er erfolgsneutral. Immer dann, wenn er je ein Bilanz- und ein Erfolgskonto tangiert, handelt es sich um eine erfolgsrelevante Buchungstatsache. Beim Abschluss der Konten werden die Salden aller Konten ermittelt, und es wird geprüft, ob die Summe aller Soll-Eintragungen derjenigen der Haben-Eintragungen entspricht. Trifft dies zu, wird durch die Gegenüberstellung der Schlussbestände der Aktiven und Passiven (Schlussbilanz) der Erfolg der Periode ermittelt. Die gleiche Differenz resultiert aus der Zusammenstellung aller Salden der erfolgswirksamen Konten (Erfolgsrechnung). Diese Vorgehensweise bezweckt – im Sinne eines Kontrollmechanismus – den doppelten Erfolgsausweis. Zusätzlich gelingt es, dank theoretisch konsistenter Vorgehensweise, Bilanz und Erfolgsrechnung einwandfrei und als logische Einheit zu erklären.

Führung der Warenkonten 5

Grundproblematik 5.1

Beispiel zu den Warenkonten 5.1.1

Bis jetzt wurde in den Beispielen immer davon ausgegangen, dass ein Unternehmen eine Leistung (z.B. Beförderung von Skifahrern, Beratungen, Verkauf von Software) erbringt und diese am Markt verkauft. Die «Produktion» der Leistungen verursacht Aufwand und deren Verkauf Ertrag. Das Typische an diesen Beispielen ist, dass keine physischen Produkte erstellt werden. Logischerweise können die erbrachten Leistungen deshalb nicht «gelagert» und zu einem späteren Zeitpunkt verkauft werden. Diese Einschränkungen werden nun fallen gelassen und es werden Unternehmen gezeigt, die Produkte herstellen und/oder mit Waren handeln. Bei Handelsunternehmen geht es darum, Produkte einzukaufen, für die Kunden am Lager zu halten und diese aufgrund von Bestellungen oder direkt zu verkaufen.

Die Sachverhalte werden an einem Beispiel der Schuhhandelsbranche illustriert. Ein Unternehmen kauft in Italien Schuhe ein und verkauft sie an Detailgeschäfte in der Schweiz. Dem Jahr 20.3 liegt folgender Warenfluss zu Grunde:

– *Anfangsbestand:* 500 Paar Schuhe zum Einstandspreis (= Beschaffungspreis) von CHF 100.–; Lagerwert 1.1.20.3: CHF 50 000.– (500 x CHF 100.–)

– *Einkäufe:* 5 000 Paar Schuhe zum Einstandspreis von CHF 100.–; Einstandswert der Einkäufe = CHF 500 000.– (5 000 x CHF 100.–)

– *Verkäufe:* 4 500 Paar Schuhe zum Verkaufspreis von CHF 150.–; Verkaufspreis der verkauften Waren = CHF 675 000.– (4 500 x 150.–); Einstandspreis der verkauften Waren = CHF 450 000.– (4 500 x CHF 100.–)

– *Schlussbestand:* 1 000 Paar Schuhe zum Einstandspreis von CHF 100.–; Lagerwert 31.12.20.3 = CHF 100 000.– (1 000 x CHF 100.–)

– *Bruttogewinn der Verkäufe:* Differenz des Werts der verkauften Waren zu Verkaufspreisen und zu Einstandspreisen, d.h. CHF 675 000.– ./. CHF 450 000.– = CHF 225 000.– oder 4 500 x 50.– = CHF 225 000.–.

Zusammenfassend kann festgehalten werden, dass das Unternehmen während des Jahres 20.3 5000 Paar Schuhe eingekauft hat und davon 4500 Paar im gleichen Jahr abgesetzt hat (vgl. Abb. 5/1).

Abb. 5/1   **Beispiel zu den Warenkonten**

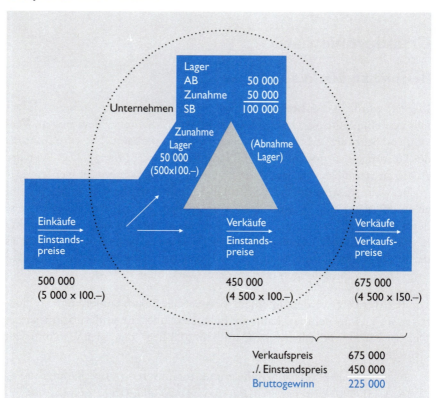

Buchhalterisch bestehen zwei grundsätzliche Alternativen zur Führung der Warenkonten. Sie werden im Folgenden vorgestellt.

5.1.2 Verbuchung der Wareneinkäufe als Aktivzunahme («Exakte Methode»)

Bei dieser Methode der Führung von Warenkonten werden die Einkäufe als Aktiventausch interpretiert und aktiviert. Damit verändert sich der Lagerwert nach jedem Einkauf um die entsprechenden Einstandspreise.

Bei Verkäufen erfolgt die Verbuchung des Verkaufserlöses auf der Basis von Verkaufspreisen als Warenertrag. Gleichzeitig wird bei jedem Verkauf zusätzlich die entsprechende Lagerabnahme gemäss Einstandspreisen festgehalten. Die Verkäufe werden damit durch zwei Buchungssätze erfasst.

Es wird wie folgt gebucht:

Einkäufe:	1) Warenlager / Kasse	CHF 500 000.–
Verkäufe:	2) Debitoren / Warenertrag	CHF 675 000.–
	und gleichzeitig	
	3) Warenaufwand / Warenlager	CHF 450 000.–

Die Buchungen zeigen, dass während des Jahres der Warenaufwand und Warenertrag laufend mitgeführt werden und damit die Höhe des aktuellen Bruttogewinns jederzeit abgerufen werden kann.

Der Schlussbestand des Warenlagerkontos resultiert durch Saldierung des Kontos.

Die Anwendung dieser Methode erfordert, dass bei jedem Verkauf die entsprechenden Einstandspreise bekannt sind; nur so können die Lagerabnahmen zeitgleich verbucht werden. Damit kann z.B. bei Detailhandelsunternehmen mit Tausenden von Produkten ein beträchtlicher Aufwand verbunden sein. Der Mehraufwand rechtfertigt sich aber dadurch, dass als «Gegenleistung» der Bruttogewinn während des Jahres problemlos hergeleitet werden kann und die Werte der Lagerbestände jederzeit bekannt sind.

Verbuchung des Wareneingangs als Aufwand («Praktiker-Methode») 5.1.3

Im Gegensatz zur obigen Methode wird davon ausgegangen, dass die eingekauften Waren im gleichen Jahr wieder veräussert werden. Sie werden deshalb bereits im Zeitpunkt des Einkaufs als Aufwand erfasst. Der Lagerbestand von Anfang Jahr bleibt während der ganzen Periode unverändert.

Die Verkäufe werden als Warenertrag erfasst, ohne dass die entsprechende Lageränderung mitgeführt wird.

Die Buchungen zeigen folgendes Bild:

Einkäufe: 1) Warenaufwand / Kreditoren   CHF 500 000.–
Verkäufe: 2) Debitoren / Warenertrag   CHF 675 000.–

Diese einfache Buchungsmethode hat zur Konsequenz, dass während des Jahres im Konto «Warenaufwand» nur die Wareneinkäufe sowie der Warenertrag, nicht aber der Warenaufwand und der Bruttogewinn bekannt sind. Auch fehlen Informationen zum aktuellen Lagerwert.

Zusätzlich entsteht am Ende der Periode das Problem, dass die Konten keine Ermittlung des Schlussbestands der Waren ermöglichen. Deshalb ist zunächst der Lagerwert auf der Basis der Inventur (Bestandesaufnahme) zu ermitteln. Sobald der Betrag jedoch bekannt ist, kann das Konto «Warenlager» nachgeführt, d.h. abgeschlossen werden. Im gezeigten Beispiel ist der Inventarwert CHF 100 000.–. Deshalb wird am Ende der Periode beim Abschluss zunächst der Schlussbestand des Lagers im Konto «Warenlager» im Haben eingetragen. Anschliessend ist das Konto auszugleichen. Dabei resultiert eine Lageränderung, die während der Periode stattgefunden hat. Im Beispiel handelt es sich um eine Lagererhöhung. Sie ist wie folgt zu verbuchen:

Lagerzunahme: 3) Warenlager / Warenaufwand   CHF 50 000.–

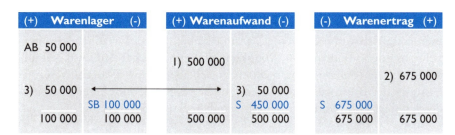

Die Buchung korrigiert den Sachverhalt dahingehend, dass nicht, wie angenommen worden ist, das gesamte Volumen der eingekauften Waren verkauft worden ist, sondern eine um CHF 50 000.– kleinere Menge. Hätte das Unternehmen mehr verkauft als eingekauft, müsste umgekehrt gebucht werden:

Lagerabnahme: Warenaufwand / Warenlager   .....

Durch diese Buchung wird das Lager auf den richtigen Wert reduziert und der Warenaufwand um den ab Lager bezogenen Wert erhöht.

Die Verbuchung der Einkäufe via Warenaufwand ist während des Jahres ohne Zweifel einfacher. Erst beim Jahresende muss der Anfangsbestand des Lagers angepasst werden. Ein Nachteil dieser Methode ist, dass während des Jahres keine Information über die Lagerbestände oder den aktuellen Bruttogewinn vorhanden ist. Selbstverständlich zeigen beide Methoden am Ende der Periode den gleichen Warenertrag und Warenaufwand und damit auch den gleichen Bruttogewinn.

Im Folgenden werden die wichtigsten Methoden zur Führung der Warenkonten vorgestellt.

Methoden zur Führung der Warenkonten 5.2

Ein Unternehmen hat in der Praxis die Möglichkeit, je nach Informationsbedürfnis, vom einfachsten Verfahren (Einkonto-Methode) bis zur professionellen Warenkontoführung (Dreikonto-Methode mit Soll-Endbestand) eine Variante auszuwählen. Im Vordergrund steht die Frage, wieviel Aufwand für die Kontenführung in Kauf genommen werden soll. Dabei wird die Aussagekraft bei der Verbuchung auf mehreren Konten wesentlich gesteigert.

Die am häufigsten angewendeten Methoden zur Führung der Warenkonten sind das Gemischte Warenkonto, das Dreigeteilte Warenkonto und die Warenkontoführung mit Soll-Endbeständen (vgl. Abb. 5/2).

Methoden zur Führung der Warenkonten   Abb. 5/2

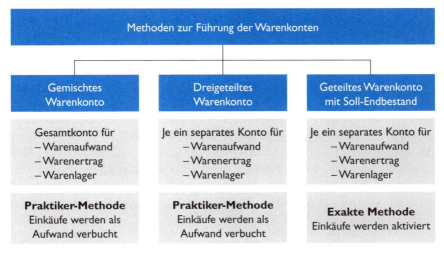

Die drei Methoden werden am Beispiel des Schuhhandelsunternehmens gezeigt. Zur Illustration werden zusätzliche Geschäftsfälle eingebaut. Für 20.3 sind folgende Sachverhalte relevant:

Anfangsbestand des Warenlagers	CHF	50 000.–
1) Einkäufe	CHF	490 000.–
2) Bezugsspesen der Einkäufe	CHF	30 000.–
3) Verkäufe (Einstandspreis CHF 460 000.–)	CHF	715 000.–
4) Rabatt, Skonto an Debitoren	CHF	25 000.–
5) Unsere Rücksendungen	CHF	10 000.–
6) Rücksendungen unserer Kunden (Einstandspreis CHF 10 000.–)	CHF	15 000.–
7) Rabatt, Skonto auf Kreditoren	CHF	10 000.–
8) Endbestand des Warenlagers gemäss Inventar	CHF	100 000.–

Bei allen Methoden steht immer die Frage des Ausweises sachgerechter Werte für die Positionen

− Bruttogewinn
− Einstandspreis der verkauften Waren (Warenaufwand)
− Nettoverkaufserlös (Warenertrag)

im Vordergrund der Überlegungen.

5.2.1   Gemischtes Warenkonto

Die Führung eines Gemischten Warenkontos basiert für alle Transaktionen (egal ob bilanz- oder erfolgswirksam) lediglich auf einem einzigen Warenkonto (vgl. Abb. 5/3). Am Ende der Periode sind zur Ermittlung der Eckdaten des Warenverkehrs (Warenertrag, Warenaufwand, Bruttogewinn) ergänzende Berechnungen erforderlich.

Das Beispiel zeigt, dass als Saldo des Kontos lediglich der Nettowert «Bruttogewinn» mit CHF 225 000.– erkennbar wird. Alle übrigen Grössen sind – wenn sie überhaupt berechnet werden – zu rekonstruieren. Der Einstandspreis der verkauften Waren (= Warenaufwand) beläuft sich auf CHF 450 000.– (Einkaufsfakturen CHF 490 000.– + Bezugsspesen CHF 30 000.– ./. Aufwandsminderungen CHF 10 000.– ./. Rücksendungen CHF 10 000.– ./. Lagerzunahme CHF 50 000.–) und der Nettoerlös (= Warenertrag) auf CHF 675 000.– (= Verkaufserlös CHF 715 000.– ./. Retouren CHF 15 000.– ./. Erlösminderungen CHF 25 000.–).

Das Gemischte Warenkonto (Beträge in CHF)   Abb. 5/3

Soll (-)		Warenkonto		Haben (+)
AB	Anfangsbestand	50 000	3) Verkaufserlöse	715 000
1)	Einkäufe	490 000	5) Unsere Rücksendungen	10 000
2)	Bezugsspesen	30 000	7) Aufwandsminderungen	10 000
4)	Erlösminderungen	25 000	8) Schlussbestand	100 000
6)	Rücksend. unserer Kunden	15 000		
		610 000		835 000
	Saldo = Bruttogewinn	225 000		
		835 000		835 000

Das Gemischte Warenkonto verhindert einen separaten Ausweis des Warenertrags und –aufwands. Auch kann der Wert des Lagers während des Jahres
nicht erkannt werden. Deshalb ist diese Methode für die Führung der
Warenkonten abzulehnen. Sie wird nur noch in kleinen Unternehmen oder
einem unbedeutenden Warenhandel angewendet.

Dreigeteiltes Warenkonto   5.2.2

Im Gegensatz zum Gemischten Konto werden bei Dreigeteilten Warenkonten ein Bilanzkonto (Warenlager) sowie zwei Erfolgsrechnungskonten (Warenertrag und Warenaufwand) geführt. Die in der Praxis am weitesten ver-
breitete Methode ist die Kombination Dreigeteilter Konten mit einer Verbuchung der Einkäufe als Aufwand.

(+) Warenlager (-)		(+) Warenaufwand (-)		(-) Warenertrag (+)	
AB 50 000		1) 490 000 5) 10 000		4) 25 000	3) 715 000
		2) 30 000 7) 10 000		6) 15 000	
8) 50 000		8) 50 000			
	SB 100 000		S 450 000	S 675 000	
100 000	100 000	520 000 520 000		715 000	715 000

Das Beispiel lässt erneut erkennen, dass der Lagerwert nicht mitgeführt wird.
Ende Jahr zeigt das Inventar einen Wert von CHF 100 000.–. Deshalb ist eine
Lagerzunahme (Geschäftsfall 8) zu verbuchen.

Auch dieses Beispiel illustriert, dass während des Jahres nur die Warenerträge
den effektiven Sachverhalten entsprechen. Das Konto «Warenaufwand» zeigt
demgegenüber während den einzelnen Perioden die Beträge für die Wareneinkäufe. Der Bruttogewinn als Gegenüberstellung zwischen Warenerträgen

und Warenaufwendungen resultiert erst Ende Jahr nach Verbuchung der Lageränderung.

5.2.3   Dreigeteiltes Warenkonto mit Soll-Endbeständen

Die Warenkontoführung mit Soll-Endbeständen wird immer dann angewendet, wenn jederzeit Daten über die Lagerbestände, den Warenertrag und den Warenaufwand sowie den Bruttogewinn verfügbar sein sollen. Voraussetzung für diese strenge Anforderung ist, dass die Einstandspreise der verkauften Waren laufend erfasst und nachgeführt werden. Bei jedem Verkauf (und auch bei Retouren) ist gleichzeitig die Lageränderung zu buchen.

(+) Warenlager (-)		(+) Warenaufwand (-)		(-) Warenertrag (+)	
AB 50 000	3b) 460 000 ↔	3b) 460 000		4) 25 000	3a) 715 000
1) 490 000	5) 10 000			6a) 15 000	
2) 30 000	7) 10 000				
6b) 10 000 ←		→	6b) 10 000		
	SB 100 000		S 450 000	S 675 000	
580 000	580 000	460 000	460 000	715 000	715 000

Die Methode mit Soll-Endbeständen bringt am meisten Information. Je nach spezifischen Bedürfnissen und dem Ausbaustand des Rechnungswesens ist sie zu empfehlen. Der automatisierte Ausweis der Soll-Endbestände der Lager entbindet aber nicht von der Pflicht, auch bei dieser Methode den Wert des Lagers durch Inventur zu ermitteln und allfällige Differenzen zwischen dem Inventarwert und dem Soll-Endbestand zu analysieren und allenfalls auszubuchen. Die Abweichungen resultieren z.B. aus allfälligen Fehlern bei der Inventur oder aus Qualitätsverlusten durch unsachgemässe Lagerung.

5.3   Ermittlung des Inventarbestands

5.3.1   Beispiel zur Bewertung der Warenkonten

Die Bewertung des Warenlagers scheint zunächst unproblematisch, da die Waren gemäss Einstandspreisen zu erfassen sind. Diese verändern sich jedoch in der Regel während des Jahres, so dass sich die Frage stellt, welche Waren des Lagers zuerst veräussert werden und somit als Aufwand in der Erfolgsrechnung zu erfassen sind. In den meisten Fällen ist ein exakter Nachweis des Verbrauchs aus wirtschaftlichen Überlegungen nicht durchführbar. Aus die-

sem Grund werden Verbrauchsfolgeverfahren verwendet, bei denen Annahmen über die generelle zeitliche Abfolge getroffen werden. Die verbreitesten
Verfahren sind das FIFO-Verfahren (First In – First Out) und das LIFO-Ver-
fahren (Last In – First Out). Zusätzlich kommt auch die Bewertung mit Hilfe
der Durchschnittspreis-Methode zum Einsatz. Die Verfahren werden im
Folgenden am Beispiel des Schuhhandelsunternehmens vorgestellt. Um die
unterschiedlichen Wirkungen der verschiedenen Methoden zeigen zu können, werden im Beispiel steigende Einkaufspreise unterstellt.

Das Unternehmen verfügt per 1.1.20.3 über ein Lager von 500 Paar Schuhen
à CHF 100.–/Paar. Während des Jahres wird die benötigte Anzahl Paar Schuhe
zum jeweils aktuellen Marktpreis eingekauft (vgl. Abb. 5/4).

Wareneinkäufe der Schuhhandels AG   Abb. 5/4

Datum	Menge (Paar)	Preis (CHF/Paar)	Wert (CHF)
01.01.20.3	500	100	50 000
28.02.20.3	1 000	100	100 000
31.05.20.3	2 000	101	202 000
31.08.20.3	1 500	103	154 500
30.11.20.3	500	105	52 500
31.12.20.3	1 000	?	?

Während der Periode werden 4 500 Paar Schuhe verkauft.

FIFO- und LIFO-Methode   5.3.2

Die beiden Verfahren orientieren sich an unterschiedlichen Annahmen bezüglich des Lagerverbrauchs.

1. FIFO-Methode
Die FIFO-Methode geht davon aus, dass immer zuerst diejenigen Waren ver-
kauft werden, die am längsten am Lager waren. Damit werden – bei einer
Preissteigerung – den Verkäufen relativ tiefe Preise gegenübergestellt. Der
Wert des Lagers dagegen basiert auf aktuellen (hohen) Ansätzen.

500	Paar	à	CHF 100.–	=	CHF 50 000.–
1 000	Paar	à	CHF 100.–	=	CHF 100 000.–
2 000	Paar	à	CHF 101.–	=	CHF 202 000.–
1 000	Paar	à	CHF 103.–	=	CHF 103 000.–
Warenaufwand für 4 500 Paar				=	CHF 455 000.–

Der Lagerwert berechnet sich wie folgt:

500	Paar	à	CHF 103.–	=	CHF	51 500.–
500	Paar	à	CHF 105.–	=	CHF	52 500.–
Warenlager für 1 000 Paar				=	CHF 104 000.–	

2. LIFO-Methode

Bei der LIFO-Methode werden diejenigen Waren, die gerade erst eingekauft worden sind, zuerst verkauft. Dies führt bei Preiserhöhungen zu höheren Warenaufwendungen (und damit tieferen Gewinnen). Die Bewertung des Lagers erfolgt mit vorsichtigen, tiefen Ansätzen. Für das Beispiel ergeben sich folgende Werte:

500	Paar	à	CHF 105.–	=	CHF	52 500.–
1 500	Paar	à	CHF 103.–	=	CHF	154 500.–
2 000	Paar	à	CHF 101.–	=	CHF	202 000.–
500	Paar	à	CHF 100.–	=	CHF	50 000.–
Warenaufwand für 4 500 Paar				=	CHF 459 000.–	

Der Lagerwert berechnet sich wie folgt:

500	Paar	à	CHF 100.–	=	CHF	50 000.–
500	Paar	à	CHF 100.–	=	CHF	50 000.–
Warenlager für 1 000 Paar				=	CHF 100 000.–	

Je nach Bedeutung des Warenlagers und der Intensität der Preisaufschläge können die gewählten Verfahren nennenswerte Konsequenzen auf die Bilanz- bzw. Erfolgsrechnungswerte haben. Eine mögliche Kompromisslösung ist die Anwendung der Durchschnittspreis-Methode.

5.3.3   Durchschnittspreis-Methode

Das Unternehmen verfolgt im Rechnungswesen nicht die effektive Bewegung der Lagerbestände, sondern bewertet den Verbrauch mit dem kontinuierlichen Durchschnittspreis, der nach jedem Lagerzugang neu berechnet wird (vgl. Abb. 5/5). Dieses Verfahren wird in der Praxis immer häufiger angewendet.

Der Warenaufwand beträgt bei dieser Methode CHF 455 579.– (Summe der Lagerabgänge), der Wert des Warenbestandes CHF 103 421.–.

Beispiel zur Durchschnittspreismethode

Datum	Menge Ein-/ Auslagerung (Paar)	Preis (CHF/Paar)	Wert der Veränderung (CHF)	Menge am Lager (Paar)	Wert des Lagers (CHF)
01.01.20.3		100.0		500	50 000
14.02.20.3	- 300	100.0	- 30 000	200	20 000
28.02.20.3	1 000	100.0	100 000	1 200	120 000
08.05.20.3	- 800	100.0	- 80 000	400	40 000
31.05.20.3	2 000	101.0	202 000	2 400	242 000
20.07.20.3	- 2 000	100.8	- 201 667	400	40 333
31.08.20.3	1 500	103.0	154 500	1 900	194 833
21.09.20.3	- 1 000	102.5	- 102 544	900	92 289
30.11.20.3	500	105.0	52 500	1 400	144 789
05.12.20.3	- 400	103.4	- 41 368	1 000	103 421
31.12.20.3		103.4		1 000	103 421

Zusammenfassung

Je nach Bedürfnis kann die Führung der Warenkonten mit mehr oder weniger Aufwand betrieben werden. Eine hohe Qualität an Information resultiert, wenn die Wareneinkäufe als Aktiventausch behandelt und aktiviert werden («Exakte Methode»). Bei Verkäufen sind jedoch zwei Buchungen erforderlich. Einerseits werden die Lagerabgänge auf der Basis der Verkaufspreise als Warenertrag erfasst. Andererseits sind die Lagerabnahmen auf der Basis der Einstandspreise als Warenaufwand festzuhalten. Bei der Anwendung dieser Methode zeigt das Warenlager jederzeit den aktuellen Wert der Vorräte. Auch der Warenaufwand wird laufend mitgeführt, sodass es keine Probleme bereitet, während den Perioden den jeweils aktuellen Bruttogewinn herzuleiten.

Als Alternative wird angenommen, dass die Wareneinkäufe in der gleichen Periode wieder veräussert werden. Deshalb werden die Lagerzugänge direkt als Warenaufwand verbucht («Praktiker-Methode»). Die Verkäufe führen zu einer Ertragsbuchung, ohne dass gleichzeitig der entsprechende Warenaufwand erfasst wird. Als Konsequenz dieses Verfahrens bleibt der Saldo des Kontos «Warenlager» während der ganzen Periode unverändert. Das Konto «Warenaufwand» zeigt lediglich den Wert der eingekauften Ware. Es besteht während der Periode keine Möglichkeit, den Wert des Warenlagers, den Warenaufwand und den Bruttogewinn herleiten zu können. Am Ende der Periode ist zunächst der Lagerwert durch Inventur zu ermitteln und im Konto «Warenlager» einzusetzen. Anschliessend wird die Lageränderung verbucht. Erst jetzt resultiert der Warenaufwand (Wareneinkäufe +/– Warenlageränderung).

Bezüglich der Führung der Warenkonten existieren verschiedene Verfahren. Die einfachste Methode ist die Verbuchung aller Transaktionen auf einem einzigen Konto, dem sogenannten «Gemischten Warenkonto». Es erfasst sowohl bilanz- als auch erfolgsrelevante Sachverhalte und zeigt als Saldo den Bruttogewinn der jeweiligen Periode. Nur durch Zusatzberechnungen können der Warenaufwand und der Warenertrag ermittelt werden. Diese Methode ist nicht zu empfehlen und wird allenfalls von kleinen Unternehmen angewendet.

Wesentlich besser lässt sich der Warenverkehr mit Dreigeteilten Warenkonten abbilden. Sowohl für das Warenlager, den Warenaufwand und den Warenertrag werden separate Konten geführt. Bei der klassischen dreigeteilten Methode, die in der Praxis dominiert, werden die Einkäufe direkt als Aufwand erfasst mit dem Nachteil, dass die Werte des Warenlagers, des Warenaufwands und des Bruttogewinns während des Jahres nicht bekannt sind. Wenn immer möglich – und sinnvoll – sollte deshalb das Dreigeteilte Warenkonto um Soll-Endbestände erweitert werden. Dies bedeutet, dass die Lagerbewegungen konsequent als Veränderung des Warenlagerkontos erfasst werden (Einkäufe werden aktiviert, Verkäufe als Lagerabgänge gebucht).

Die Bewertung der Warenlager erfolgt in den seltensten Fällen gemäss effektivem Warenfluss. Meist werden vereinfachende Verbrauchsfolgeverfahren angewendet. Die FIFO-Methode unterstellt, dass diejenigen Vorräte zuerst verkauft werden, welche am längsten am Lager sind. Bei steigenden Preisen führt dies zu einem tieferen Warenaufwand (höhere Gewinne) und zu einer höheren Bewertung der Lager (mit aktuelleren Werten). Die LIFO-Methode dagegen geht davon aus, dass die «jüngsten» Lagerbestände zuerst verkauft werden. Damit wird ein höherer Warenaufwand verrechnet (tiefere Gewinne) bei vorsichtiger Bewertung der Warenlager (tiefe Ansätze). Die Durchschnittspreismethode arbeitet mit durchschnittlichen Werten, die nach jeder Warentransaktion neu berechnet werden. Dies führt im Sinne eines Kompromisses zu geglätteten Werten im Vergleich zu den Ergebnissen der beiden anderen Methoden.

Periodenabgrenzung 6

Grundproblematik 6.1

Der gesamte, zusätzlich geschaffene Wert eines Unternehmens («Value Added») kann erst am Ende der Lebenszeit festgestellt werden. Zu diesem Zeitpunkt können die investierten Beträge der Summe aller Auszahlungen während der Betriebstätigkeit sowie dem Liquidationserlös gegenübergestellt werden. Die Differenz entspricht dem durch die Unternehmenstätigkeit tatsächlich generierten Mehrwert.

Damit sich das Management, die Investoren und viele weitere Stakeholder jedoch umfassend über die aktuelle Performance einer bestimmten Periode und über die zukünftigen Entwicklungspotenziale eines Unternehmens informieren können, ist es eine Kernaufgabe des finanziellen Rechnungswesens, periodisierte Finanzberichte zur Verfügung zu stellen. Dazu sind die während der jeweiligen Periode relevanten Güter- und Leistungszugänge bzw. -abgänge zu bestimmen. Dies bereitet in vielen Fällen Probleme, da die Periodisierung einen künstlichen Eingriff in die längerfristigen Aktivitäten eines Unternehmens darstellt. Die Aussagekraft der Finanzberichterstattung variiert, je nachdem wie sorgfältig die Periodenabgrenzung vorgenommen wird. Es muss aber auf jeden Fall das Ziel sein, alle erkennbaren periodenfremden Erträge und Aufwendungen zu neutralisieren. Nur so erhält die Periodenrechnung das ihr zustehende Gewicht.

Im Rahmen der Periodisierung können sachliche und zeitliche Abgrenzungen unterschieden werden. Die Abstimmung der Aufwendungen auf die in der Rechnungsperiode realisierten leistungsentsprechenden Erträge wird als sachliche Abgrenzung bezeichnet. Beispiele dafür sind die Periodisierung von Aufwendungen für Forschung und Entwicklung, die Zurechnung der Abschreibungen genutzter Anlagen auf einzelne Perioden oder die Periodisierung von Marketingaufwendungen.

Bei der zeitlichen Abgrenzung geht es darum, sämtliche Erträge und Aufwendungen, welche zeitraumbezogen anfallen, den «richtigen» Perioden zuzuweisen. Erträge und Aufwendungen, die mehrere Rechnungsperioden berühren, sind demnach den einzelnen, betroffenen Rechnungsperioden verursachungsgerecht zuzurechnen, unabhängig davon, in welchen Perioden die effektiven Geldflüsse anfallen. Typische Beispiele dafür sind Mieten oder Zinsen. Die zeitliche Abgrenzung wird im Rechnungswesen mit Hilfe von transitorischen Konten vorgenommen. Auf deren Wesen sowie die Verbuchung der zeitlichen Abgrenzungen wird im Folgenden näher eingegangen.

6.2 Transitorische Aktiven und Passiven

Bei der Erstellung der Bilanz (stichtagsbezogen) und der Erfolgsrechnung (zeitraumbezogen) für eine bestimmte Periode kann es einerseits vorkommen, dass einzelne, erfasste Buchungstatsachen nicht in die aus rein technischen Gesichtspunkten resultierenden Abschlussdaten hineingehören. Andererseits ist es möglich, dass zu diesem Zeitpunkt gewisse Transaktionen noch nicht gebucht wurden, obwohl sie die laufende Periode betreffen. Es ist die Aufgabe der Transitorischen Aktiven und Passiven (auch als aktive oder passive Rechnungsabgrenzungsposten bezeichnet), die zeitliche Abgrenzungsaufgabe zu übernehmen.

Bereits gebuchte, periodenfremde Aufwendungen und Erträge, welche die nächste Rechnungsperiode betreffen, werden «herausgebucht», d.h. eliminiert. Noch nicht erfasste, aber das laufende Geschäftsjahr betreffende Aufwendungen und Erträge sind nachzutragen. Dadurch gelingt es, den richtigen Periodengewinn auszuweisen. Die Abgrenzung erfolgt meist unmittelbar vor dem Rechnungsabschluss.

Folgende Beispiele zu Transitorischen Aktiven und Passiven veranschaulichen die zeitliche Abgrenzungsproblematik:

Transitorische Aktiven (Aufwandsvortrag)
Die Jahresprämie für eine am 30.9.20.3 abgeschlossene Fahrzeugversicherung von CHF 6 000.– wurde per Vertragsabschluss bezahlt. Von diesen CHF 6000.– ist in der Erfolgsrechnung 20.3 nur ein Aufwand von CHF 1 500.– auszuweisen. Die restlichen CHF 4 500.– sind als Transitorisches Aktivum in der Jahresrechnung 20.3 abzugrenzen und auf die Rechnung 20.4 zu übertragen. Das Transitorische Aktivum verkörpert die Forderung für einen (bereits bezahlten) neunmonatigen Versicherungsschutz im neuen Jahr (zukünftiger Nutzenzugang in Form einer Dienstleistung, vgl. Abb. 6/1).

Beispiel eines Transitorischen Aktivums (Beträge in CHF)   Abb. 6/1

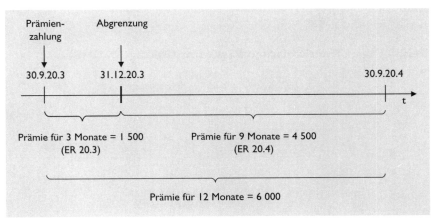

Transitorische Aktiven (Ertragsnachtrag)

Ein Architekturunternehmen hat Ende 20.3 gegenüber einem Kunden ein Guthaben für abgeschlossene Arbeiten im Wert von rund CHF 20 000.–, das erst im Januar 20.4 abgerechnet wird. Der Betrag wird der Erfolgsrechnung 20.3 als Ertrag gutgeschrieben. Gleichzeitig werden die CHF 20 000.– als Transitorisches Aktivum erfasst, welches das Guthaben gegenüber dem Kunden für die bereits erbrachte Leistung darstellt (zukünftiger Nutzenzugang in der Form «Flüssiger Mittel»). Der Betrag wird nicht über die Debitoren gebucht, da noch keine Rechnung gestellt worden ist. Es müssen allerdings vertragliche Grundlagen vorhanden sein (Anwendung des Realisationsprinzips).

Transitorische Passiven (Aufwandsnachtrag)

Ein Unternehmen hat per 30.4.20.3 eine Festhypothek im Umfang von CHF 600 000.– aufgenommen. Diese ist halbjährlich am 30.4. und 31.10. (nachschüssig) zu 4% zu verzinsen (Jahreszins CHF 24 000.–). Damit wird der Zins für die Periode vom 31.10.20.3 bis 30.4.20.4 erst am 30.4.20.4 fällig. In der Jahresrechnung 20.3 ist jedoch der Aufwand für die Monate November und Dezember zu berücksichtigen. Ohne eine zeitliche Abgrenzung würde er nicht erfasst. Der Jahresrechnung 20.3 sind deshalb für diese Zeitspanne CHF 4000.– als Aufwand zu belasten. Zusammen mit der per 31.10.20.3 zu leistenden Zahlung für das 1. Halbjahr von CHF 12 000.–, ergibt sich für 20.3 ein insgesamt erfasster Hypothekarzinsaufwand von CHF 16 000.– für 8 Monate. Der erst im Jahr 20.4 zu bezahlende aufgelaufene Zins für die Monate November und Dezember ist im Jahresabschluss 20.3 als Transitorisches Passivum in der Bilanz aufzuführen. Das Transitorische Passivum drückt die bis zum Rechnungsabschluss aufgelaufene Schuld für die Benützung der Hypothek aus (zukünftiger Nutzenabgang in der Form «Flüssiger Mittel», vgl. Abb. 6/2).

Abb. 6/2 **Beispiel eines Transitorischen Passivums (Beträge in CHF)**

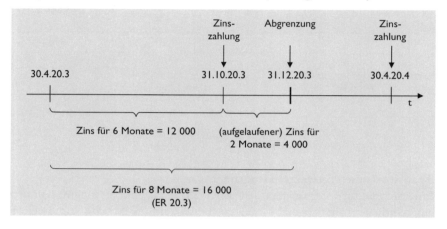

Transitorische Passiven (Ertragsvortrag)

Eine Fluggesellschaft hat für das Jahr 20.3 Einnahmen aus dem Verkauf von Tickets im Wert von CHF 10 000 000.– erzielt, wobei von den Kunden CHF 2 000 000.– für das Jahr 20.4 vorausbezahlt wurden. Der vorausbezahlte Teil wird in der Jahresrechnung 20.3 abgegrenzt und als Transitorisches Passivum verbucht; in der Erfolgsrechnung 20.3 wird nur ein Ertrag von CHF 8 000 000.– ausgewiesen. Das Transitorische Passivum hat den Charakter einer Verpflichtung für noch nicht erfolgte Flugleistungen (zukünftiger Nutzenabgang in Form von Dienstleistungen).

Die Beispiele verdeutlichen, dass immer dann, wenn in einer Abrechnungsperiode der Ertrag oder der Aufwand zeitlich nicht korrekt erfasst wurde, eine Transitorische Abgrenzung erforderlich ist. Je nachdem, ob die transitorische Buchung eine positive oder negative Korrektur des Periodenergebnisses bewirkt, werden Transitorische Aktiven und Transitorische Passiven unterschieden:

– *Transitorische Aktiven* stehen für ein Geldguthaben oder ein Guthaben einer bestimmten zukünftigen Dienstleistung, das im Rahmen der zeitlichen Abgrenzung berücksichtigt wird. Sie gehören zum Umlaufvermögen, da es sich immer um kurzfristige Aktiven handelt. Zu den Transitorischen Aktiven gehören im alten Jahr vorgenommene Zahlungen, die als Aufwand dem nächsten Jahr zu belasten sind (Aufwandsvortrag) oder Erträge, die dem abgelaufenen Jahr gutzuschreiben sind, aber erst im neuen Jahr eingehen (Ertragsnachtrag). Beide Typen von Buchungstatsachen führen zu einer positiven Korrektur (Verbesserung) des Periodenergebnisses.

– *Transitorische Passiven* widerspiegeln im Rahmen der zeitlichen Abgrenzung erfasste Verpflichtungen, in der Zukunft eine Zahlung oder eine Dienstleistung erbringen zu müssen. Sie gehören zum kurzfristigen Fremdkapital, da es sich immer um kurzfristige Passiven handelt. Transitorische Passiven stellen Einnahmen des laufenden Jahres dar, die dem folgenden Jahr als Ertrag zuzurechnen sind (Ertragsvortrag) oder aber Aufwendungen, die im alten Jahr angefallen sind, aber erst im neuen Jahr bezahlt werden (Aufwandsnachtrag). Beide Typen von Buchungstatsachen führen zu einer negativen Korrektur (Verschlechterung) des Periodenergebnisses.

Verbuchung der Transitorischen Positionen   6.3

Die Verbuchung der zeitlichen Abgrenzungen wird an den obigen Beispielen illustriert.

Fahrzeugversicherung (Transitorische Aktiven, Aufwandsvortrag)
Die Fahrzeugversicherungsprämie von CHF 6 000.–, die am 30.9.20.3 für die Zeit vom 30.9.20.3 bis 30.9.20.4 bezahlt wurde, ist wie folgt zu verbuchen:

– Prämienzahlung am 30.9.20.3:
  Versicherungsaufwand / Liquide Mittel   CHF 6 000.–
– Abgrenzungsbuchung am 31.12.20.3:
  Transitorische Aktiven / Versicherungsaufwand   CHF 4 500.–
– Rückbuchung am 1.1.20.4:
  Versicherungsaufwand / Transitorische Aktiven   CHF 4 500.–

S (+)	Versicherungsaufwand	H (-)		S (+)	Transitorische Aktiven	H (-)
30.9.20.3	6 000					
		31.12.20.3	4 500 ↔	31.12.20.3	4 500	
		S	1 500			SB	4 500
	6 000		6 000			4 500	4 500
				AB	4 500		
1.1.20.4	4 500	←		→		1.1.20.4	4 500

Konsequenz der Abgrenzung: Dem Geschäftsjahr 20.3 werden CHF 1 500.–, dem Jahr 20.4 CHF 4 500.– belastet. Dies entspricht dem wirtschaftlichen Sachverhalt.

Architekturleistungen (Transitorische Aktiven, Ertragsnachtrag)
Die Aufträge des Architekturunternehmens, die im Jahr 20.3 im Wert von CHF 20 000.– ausgeführt, aber noch nicht fakturiert wurden, führen zu folgenden Buchungen:

- Abgrenzungsbuchung am 31.12.20.3:
  Transitorische Aktiven / Ertrag aus Aufträgen   CHF 20 000.–
- Rückbuchung am 1.1.20.4:
  Ertrag aus Aufträgen / Transitorische Aktiven   CHF 20 000.–
- Fakturierung am 15.1.20.4:
  Debitoren / Ertrag aus Aufträgen   CHF 20 000.–

S (-)	Ertrag aus Aufträgen	H (+)	S (+)	Transitorische Aktiven	H (-)
	... 20.3 ...				
	31.12.20.3 20 000	↔	31.12.20.3 20 000		
S ...				SB	20 000
...			20 000		20 000
			AB 20 000		
1.1.20.4 20 000	←	→	1.1.20.4		20 000
15.1.20.4 20 000					

Konsequenz der Abgrenzung: Die Leistungen wurden 20.3 erbracht. Deshalb zeigt die Erfolgsrechnung 20.3 neu den Ertrag von CHF 20 000.–. In der Erfolgsrechnung 20.4 wird kein Ertrag aus den Leistungen von 20.3 ausgewiesen.

Festhypothek (Transitorische Passiven, Aufwandsnachtrag)
Die am 30.4.20.3 aufgenommene Festhypothek im Umfang von CHF 600 000.– mit halbjährlichen, nachschüssigen Zinszahlungen von CHF 12 000.– am 30.4. und 31.10. ist wie folgt zu verbuchen:

- Hypothekarzinszahlung am 31.10.20.3:
  Immobilienaufwand / Bank   CHF 12 000.–
- Abgrenzungsbuchung am 31.12.20.3:
  Immobilienaufwand / Transitorische Passiven   CHF 4 000.–
- Rückbuchung am 1.1.20.4:
  Transitorische Passiven / Immobilienaufwand   CHF 4 000.–
- Hypothekarzinszahlung am 30.4.20.4:
  Immobilienaufwand / Bank   CHF 12 000.–

S (+)	Immobilienaufwand	H (-)	S (-)	Transitorische Passiven	H (+)
31.10.20.3 12 000					
31.12.20.3 4 000	←——————————————→	31.12.20.3 4 000			
	S 16 000	SB 4 000			
16 000	16 000	4 000		4 000	
			AB 4 000		
	1.1.20.4 4 000 ↔ 1.1.20.4 4 000				
30.4.20.4 12 000					

Konsequenz der Abgrenzung: Der Immobilienaufwand 20.3 zeigt die korrekten CHF 16 000.– für die acht Monate des Jahres 20.3. Gleichzeitig widerspiegelt der Immobilienaufwand 20.4 die restlichen CHF 8 000.– für die ersten 4 Monate des Jahres 20.4.

Flugverkehrsgesellschaft (Transitorische Passiven, Ertragsvortrag)
Die im Jahr 20.3 verkauften Tickets im Betrag von CHF 10 000 000.– betreffen im Umfang von CHF 2 000 000.– das Jahr 20.4. Dies führt zu folgenden Buchungen:

– Vereinnahmung der verkauften Tickets im Jahr 20.3:
  Liquide Mittel / Flugertrag   CHF 10 000 000.–
– Abgrenzungsbuchung am 31.12.20.3:
  Flugertrag / Transitorische Passiven   CHF 2 000 000.–
– Rückbuchung am 1.1.20.4:
  Transitorische Passiven / Flugertrag   CHF 2 000 000.–

S (-)	Flugertrag	H (+)	S (-)	Transitorische Passiven	H (+)
	... 20.3 ...				
	... 20.3 10 000				
31.12.20.3 2 000	←——————————————→	31.12.20.3 2 000			
S ...		SB 2 000			
...		2 000		2 000	
			AB 2 000		
	1.1.20.4 2 000 ↔ 1.1.20.4 2 000				

(Beträge in CHF 1 000.–)

Konsequenz der Abgrenzung: In der Erfolgsrechnung 20.3 werden lediglich CHF 8 000 000.– als Flugertrag ausgewiesen. Die restlichen CHF 2 000 000.– werden 20.4 als Ertrag erfasst.

Anhand der Beispiele kann die sachgerechte Verbuchung zeitlicher Abgrenzungen über die transitorischen Konten abgeleitet werden:

— Per Abschlusstag einer Rechnungsperiode sind die Erträge und Aufwendungen über die Transitorischen Aktiven oder Passiven periodengerecht zu erfassen bzw. abzugrenzen. Bei Aufwandsminderungen oder Ertragserhöhungen erfolgt dies über das Konto «Transitorische Aktiven», bei Ertragsminderungen oder Aufwandserhöhungen über das Konto «Transitorische Passiven». Die Korrekturbuchungen bewirken, dass die Aufwands- und Ertragspositionen mit den tatsächlich für die Periode relevanten Geschäftsfällen in Übereinstimmung gebracht werden. Gleichzeitig werden für die abgegrenzten Leistungszugänge bzw. -abgänge Aktiv- bzw. Passivpositionen gebildet.

— Auf Anfang der neuen Rechnungsperiode werden die am Abschlusstag gebildeten Transitorischen Konten durch eine Rückbuchung (Umkehrung des bei der Abgrenzung gebildeten Buchungssatzes) aufgelöst. Dadurch sind einerseits die transitorischen Konten ausgeglichen. Andererseits werden damit die abgegrenzten Erfolgspositionen in die neue Rechnungsperiode übertragen.

— Transitorische Konten werden im Rahmen des Rechnungsabschlusses gebildet und nach der Wiedereröffnung der Konten in der nächsten Periode sofort wieder auf die entsprechenden Ertrags- bzw. Aufwandskonten zurückgebucht. Diese Regel führt dazu, dass während des Jahres auf den transitorischen Konten keine Buchungen erfolgen. In der Praxis werden die transitorischen Konten in der neuen Rechnungsperiode manchmal belassen und erst bei der nächsten periodischen Zahlung oder dem folgenden Rechnungsabschluss korrigiert. Dies schmälert allerdings die Aussagekraft des Rechnungswesens während des Jahres und ist deshalb nicht zu empfehlen.

Zusammenfassung

Bei der periodisierten Erfassung der finanzbuchhalterisch relevanten Tatbestände können sachliche und zeitliche Abgrenzungen unterschieden werden. Bei den sachlichen Abgrenzungen geht es um die Zuordnung der Aufwendungen auf die in der Rechnungsperiode realisierten leistungsentsprechenden Erträge. Die zeitliche Abgrenzung bezweckt die ursachengerechte Periodisierung von Erträgen und Aufwendungen, die mehrere Rechnungsperioden betreffen.

Die zeitlich richtige Abgrenzung der Erfolgskonten beim Rechnungsabschluss erfolgt auf der Basis sogenannter transitorischer Konten. Ziel ist es, den Periodenerfolg korrekt auszuweisen.

Bei Aufwandsminderungen und Ertragserhöhungen wird ein Transitorisches Aktivum gebildet, was zu einer positiven Korrektur (Verbesserung) des Periodenergebnisses führt. Transitorische Aktiven stehen für Geld- oder Dienstleistungsguthaben, die im Rahmen der zeitlichen Abgrenzung berücksichtigt werden. Sie gehören zum Umlaufvermögen.

Bei Aufwandserhöhungen und Ertragsminderungen wird ein Transitorisches Passivum gebildet, was zu einer negativen Korrektur (Verschlechterung) des Periodenergebnisses führt. Transitorische Passiven widerspiegeln im Rahmen der zeitlichen Abgrenzung erfasste Verpflichtungen, die in der Zukunft zu einer Zahlung oder Dienstleistung führen. Sie gehören zum kurzfristigen Fremdkapital.

In der Regel werden transitorische Konten auf den Rechnungsabschluss hin gebildet und sofort nach der Wiedereröffnung der Konten auf die entsprechenden Ertrags- bzw. Aufwandskonten zurückgebucht. In diesem Fall erfolgen während des Jahres keine Buchungen auf transitorischen Konten.

Bewertung 7

Grundproblematik 7.1

Bewertung von Gütern 7.1.1

Im Rechnungswesen bedeutet «bewerten» eine Aggregation von Mengen und Preisen in einen Geldbetrag. Theoretisch könnten die Ressourcen eines Unternehmens auch in anderen Einheiten (oder gar Kombinationen) angegeben werden. In übersichtlichen Verhältnissen ist die Angabe einer (unbewerteten) Inventarliste ebenso informativ wie eine vollständige Bilanz (Beispiel einer Inventarliste eines Landwirts: 20 Kühe, 10 Schweine, 15 ha Ackerland usw.). Steigt die Zahl der verschiedenen Ressourcen, wird dieses Vorgehen bald einmal unübersichtlich. Fehlt der Leserin oder dem Leser einer Inventarliste das Wissen über die einzelnen Positionen, bewegt sich der Informationsgehalt gegen Null. Dieses Problem kann gelöst werden, indem die einzelnen Positionen zusammengefasst und bewertet werden.

Immer dann, wenn ein Unternehmen einen Periodenabschluss erstellt und damit neben der Erfolgsrechnung auch die Bilanz zu ermitteln hat, kommt es um die Frage der Bewertung der einzelnen Positionen nicht herum. Je nachdem, welche Werte für die Aktiven und Passiven bzw. die entsprechenden Erfolgsrechnungspositionen (z.B. Abschreibungen) gewählt werden, resultiert ein anderes Bild der Vermögens-, Finanz- und Ertragslage.

Die Frage der Bewertung gehört damit zu den zentralen Problemstellungen des Rechnungswesens. Bezüglich der Informationsqualität wäre die Wahl von nutzenorientierten, subjektiven Werten die beste Lösung. Dabei ist zu beurteilen, in welchem Ausmass das Eigentum oder der Besitz eines Gutes oder einer Leistung dem Unternehmen zukünftigen Nutzen stiften wird (im Beispiel des Landwirts: Welcher Erfolg kann z.B. mit den 20 Kühen erzielt werden?).

Die Quantifizierung des zukünftigen Nutzenzugangs ohne Gegenleistung bereitet in der Praxis allerdings Schwierigkeiten und kann oft nicht zweifelsfrei nachgeprüft werden. Dadurch entstehen grosse Ermessensspielräume und Manipulationsgefahren. Deshalb werden oft objektive Werte, d.h. Ansätze, welche auf Marktdaten abgestützt sind, für die Bewertung herangezogen. Ziel dieser Ansätze ist die Einengung der Ermessensspielräume (vgl. Abb. 7/1).

Der Vorteil objektiver Werte liegt darin, dass für die meisten Güter oder Leistungen der Preis, d.h. der Betrag, den jemand für den Besitz oder das Eigentum hingeben muss oder zu zahlen bereit ist, hinreichend sicher ermittelt werden kann. Der Wert basiert nicht auf einer individuellen Schätzung des Nutzenpotenzials, sondern repräsentiert die Bewertung durch eine Vielzahl von Interessenten im wirtschaftlichen Tauschverkehr.

Abb. 7/1   **Übersicht Bewertungsansätze**

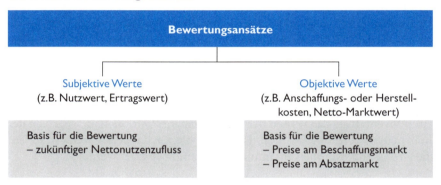

7.1.2   Wertkonzepte

Aus der Sicht des Zeitbezugs der Werte lassen sich historische oder aktuelle Werte unterscheiden.

1. Bewertung mit Herstell- oder Anschaffungskosten (Historical Cost)

Für die Bewertung ist derjenige historische Wert relevant, mit dem eine Bilanzposition früher in die Bilanz aufgenommen wurde. Allfällige Differenzen zum aktuellen Tageswert werden nicht aufgelöst. Dies erlaubt eine einfache und sichere Kontrolle der verwendeten Werte. Die Werte sind solange aussagekräftig, als dass sich das Preisniveau z.B. durch Inflation nicht wesentlich verändert.

2. Bewertung mit aktuellen Werten (Fair Value)

Bei dieser Variante werden möglichst aktuelle Werte verwendet. Dabei ist es denkbar, von Wiederbeschaffungspreisen oder vom Nettoverkaufswert auszugehen. Beim zweiten Ansatz wird der Preis auf dem Absatzmarkt ermittelt und um die für den Verkauf anfallenden Kosten vermindert (=Netto–Marktwert). Die Bewertung mit aktuellen Werten eignet sich vor allem dann, wenn Marktwerte, z.B. Börsenkurse, vorhanden sind. Zu den aktuellen Werten gehören auch Wertansätze, die auf zukünftigen Nutzengrössen basieren.

Bewertungsgrundsätze

In der Theorie und Praxis haben sich in der Bewertungsfrage eine Reihe von Bewertungsprinzipien entwickelt. Sie werden im Folgenden charakterisiert.

1. Bewertung zu Fortführungswerten (Going Concern Principle)

Im Rahmen der Rechnungslegung wird in der Regel davon ausgegangen, dass das Unternehmen auch in Zukunft weiter existieren wird (Ausnahmen: Unternehmen, die bereits bei der Gründung von einer befristeten Lebensdauer ausgehen, z.B. die Durchführung eines einmaligen Grossprojekts oder Unternehmen, welche liquidiert werden). Für den Abschluss sind daher nicht die Werte der Aktiven, die bei einer sofortigen Veräusserung am Markt erzielt werden könnten, relevant. Basis für die Bilanzierung bildet der Wert, den die einzelnen Positionen aus der Perspektive der Fortführung des Unternehmens haben (vgl. Abb. 7/2).

Beispiel zu Fortführungswerten

Abb. 7/2

Ein Medienunternehmen hat eine speziell gefertigte Druckanlage für CHF 100 Mio. gekauft. Wenn das Unternehmen diese Maschine heute sofort verkaufen müsste, könnten dafür höchstens CHF 60 Mio. erzielt werden. Das Unternehmen hat die Druckanlage im Sinne des Going Concern mit CHF 100 Mio. zu bilanzieren.

2. Herstell- oder Anschaffungskosten (Historical Cost)

Die Positionen des langfristig genutzten Sachanlagevermögens werden in der Regel höchstens gemäss historischen Anschaffungswerten oder Herstellkosten bilanziert. Auch hier verdeutlicht ein Beispiel die Idee der Bewertung (vgl. Abb. 7/3).

Beispiel zu Herstell- oder Anschaffungskosten

Abb. 7/3

Ein betrieblich genutztes Gebäude kostete vor zwei Jahren CHF 5 Mio. Selbst wenn dieses Gebäude heute zu CHF 6 Mio. verkauft werden könnte, würde es in der Bilanz mit einem Buchwert von CHF 5 Mio. erfasst.

Dem gezeigten Bewertungsprinzip liegt der Grundsatz der Vorsicht zu Grunde. Der bei einer Veräusserung erzielbare Gewinn wird nicht berücksichtigt. Dadurch können grosse Diskrepanzen zwischen dem effektiv erzielbaren und den in der Bilanz aufgeführten Werten entstehen. Letzteres trifft aber nicht für alle Bilanzpositionen zu. Ein typisches Beispiel ist die Position «Flüssige Mittel», die den effektiv im Unternehmen vorhandenen Betrag (in Geldeinheiten) widerspiegelt. Auch Rohmaterialien, die rasch weiterverarbeitet oder als Produkte veräussert werden, zeigen im Normalfall keine grossen Abweichungen zwischen Veräusserungswert und historischem Bilanzwert.

Der Vorteil der Bewertung zu Herstell- oder Anschaffungskosten liegt vor allem darin, dass bei der Beurteilung des zukünftigen Nutzenzugangs objektive Werte angewendet werden. Dabei wird in Kauf genommen, dass der Anschaffungswert einzelner Aktiven nicht den aktuellen Wert wiedergibt, der ihnen im Zeitpunkt der Bilanzerstellung zukommt.

3. Niederstwertprinzip

Auch dieses Konzept basiert auf der Idee der Vorsicht. Es geht davon aus, dass bei Aktiven, für welche die historischen Anschaffungs- und Herstellkosten und gleichzeitig aktuelle Werte bekannt sind, stets der tiefere der beiden Werte gewählt werden soll. Ausdrücklich festgehalten wird dieser Grundsatz z.B. im schweizerischen Aktienrecht zur Bewertung der Vorräte (vgl. Abb. 7/4).

Abb. 7/4   **Beispiel zum Niederstwertprinzip**

> Ein Unternehmen verfügt bei der Bilanzierung über Rohmaterialien, welche beim Einkauf CHF 1 Mio. gekostet haben (= Anschaffungskosten). Der aktuelle Marktwert dieser Rohmaterialien im Zeitpunkt der Bilanzerstellung beträgt CHF 0.9 Mio. (= Wiederbeschaffungs- oder Tageswert). Das Unternehmen hat bei der Anwendung des Niederstwertprinzips die Rohmaterialien mit CHF 0.9 Mio. zu bewerten.

Es wäre wohl am einfachsten, alle Aktiven mit dem historischen Anschaffungswert oder dem allenfalls tieferen Tageswert auszuweisen. Dieses Vorgehen würde allerdings der ökonomischen Realität nicht in allen Fällen gerecht werden. So können z.B. Maschinen nicht während ihrer gesamten Lebensdauer mit ihrem Anschaffungswert bilanziert bleiben, da sich ihr Wert durch die betriebliche Nutzung reduziert. Ebenso werden kaum alle Schuldner die Verpflichtungen in der vereinbarten Höhe bezahlen. Dementsprechend zeigt sich die Bewertungsproblematik auch auf der Passivseite der Bilanz.

Bewertung und Abschreibung der Aktiven   7.2

Debitoren   7.2.1

Debitoren resultieren aus dem ordentlichen Geschäftsverkehr, sobald Verkäufe (Lieferungen und Leistungen) nicht sofort einkassiert werden, sondern den Kunden eine Zahlungsfrist eingeräumt wird. Dies erfolgt in der Praxis häufig aus Marketing- oder Praktikabilitätsüberlegungen (z.B. sukzessive Lieferungen, die periodisch gesamthaft in Rechnung gestellt werden). Als Belege für das Rechnungswesen werden die Lieferscheine verwendet.

Die Position «Debitoren» besteht in der Praxis aus verschiedenen Einzelforderungen gegenüber diversen Kunden. Diese Einzelschulden werden in der Debitorenbuchhaltung festgehalten. Dabei wird zumeist der Name des Schuldners (Kundennummer), der offene Betrag, das Fälligkeitsdatum und ein Verweis auf den Beleg erfasst. Lediglich die Summe der offenen Forderungen erscheint in der Bilanz des Unternehmens.

Da aus Erfahrung nicht anzunehmen ist, dass bei Fälligkeit der Debitoren wirklich alle Kunden ihre Ausstände bezahlen werden, wird im Jahresabschluss jeweils eine Wertberichtigung für zweifelhafte Debitoren vorgenommen. Die Höhe dieser Wertberichtigung hängt von der Beurteilung der Wahrscheinlichkeit ab, inwieweit die Kunden ihre Rechnungen begleichen werden.

Da es im Rahmen der Bilanzerstellung oft nicht praktikabel ist, diese Einschätzung für jeden Kunden einzeln vorzunehmen, wird eine pauschale Wertkorrektur vorgenommen, die sich auf Erfahrungswerte stützt, welche allenfalls aufgrund von konjunkturellen Einflüssen (z.B. steigende Insolvenzrate) adjustiert werden muss. Solche Pauschalen werden häufig in Prozenten der ausstehenden Debitorenbestände, des Jahresumsatzes oder der Verkäufe auf Kredit angegeben. Die Wertkorrekturen auf Debitoren werden sinnvollerweise in einem separaten Konto «Delkredere» ausgewiesen, sodass jederzeit die Summe der Wertberichtigungen ersichtlich ist.

Tritt effektiv während des Jahres die Zahlungsunfähigkeit eines Kunden ein, wird dies in der Debitorenbuchhaltung vermerkt und der realisierte Debitorenverlust erfolgswirksam über das Aufwandskonto «Debitorenverlust» verbucht. Dabei findet jedoch keine direkte Anpassung des Delkredere statt – dieses wird lediglich bei jeder Bilanzerstellung beurteilt und adjustiert, wobei die Differenz als (nicht realisierter) Debitorenverlust in die Erfolgsrechnung fliesst. Das folgende Beispiel illustriert die Vorgehensweise zur Führung des Delkredere- und des Debitorenverlustkontos (vgl. Abb. 7/5).

Abb. 7/5 **Beispiel zur Bewertung der Debitoren (Beträge in CHF)**

> Bei Eröffnung der Rechnungsperiode beträgt der Debitorenbestand CHF 500 000.–,
> das Delkredere CHF 30 000.– (0). Während des Jahres werden Waren im Wert von
> CHF 4 000 000.– auf Rechnung verkauft (1). Insgesamt gehen Debitorenzahlungen
> über CHF 3 850 000.– ein (2). Für die Forderung über CHF 50 000.– gegenüber dem
> Kunden X erhalten wir vom Konkursrichter einen Verlustschein (3). Am Jahresende
> sollen sich die Wertberichtigungen auf 6% der offenen Forderungen belaufen (4).

Eine sachgerechte Führung der Konten führt zu folgenden Buchungen:

1) Debitoren / Warenertrag	CHF	4 000 000.–
2) Flüssige Mittel / Debitoren	CHF	3 850 000.–
3) Debitorenverlust / Debitoren	CHF	50 000.–
4) Debitorenverlust / Delkredere	CHF	6 000.–

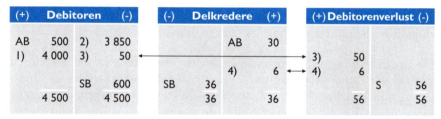

(Beträge in CHF 1 000.–)

Erkenntnis: Der Debitorenbestand Ende Jahr beträgt CHF 600 000.– und das
Delkredere nach der Abgrenzungsbuchung 6%, d.h. CHF 36 000.–. Die Debitorenverluste setzen sich zusammen aus effektiven Verlusten von
CHF 50 000.– sowie einer Erhöhung der Wertberichtigung für potenzielle
Verluste um CHF 6 000.–. Bei einer Reduktion der Debitoren würde durch
die Anpassung des Delkredere eine Reduktion der Debitorenverluste resultieren.

Beim Konto «Delkredere» handelt es sich um ein «ruhendes» Konto, d.h.
über dieses Konto werden während des Jahres keine Buchungen vorgenommen. Es dient am Bilanzstichtag einzig zur Korrektur der juristisch vorhandenen Forderungen, da nicht damit gerechnet werden kann, dass alle Kunden
bezahlen werden.

Die Buchungen auf dem Konto «Delkredere» lassen auf ein Passivkonto
schliessen. Dennoch sollte es als Wertberichtigung des Aktivkontos «Debitoren» geführt werden («Minus-Aktivkonto»), damit einerseits die Bilanz-

summe nicht aufgebläht wird und andererseits der Bilanzleser einen schnelleren Einblick in den wirtschaftlichen Sachverhalt erhält (vgl. Abb. 7/6).

Darstellung des Delkredere in der Bilanz (Beträge in CHF 1 000.–) Abb. 7/6

Aktiven			Schlussbilanz		Passiven
...		...	...		...
Debitoren	600	...	...		...
./. Delkredere	-36	564	...		...
...		...	...		...
		...			...

Bewertung des Anlagevermögens

7.2.2

Die Aktivierung erworbener Anlagen erfolgt normalerweise zu den Kosten, die für den Erwerb aufgewendet werden mussten. In diesem Umfang sollte die Maschine in der Zukunft auch effektiv Nutzen stiften. Im Prinzip sind dabei sämtliche Kosten, die mit der Beschaffung einer Anlage zusammenhängen, zu erfassen, also auch diejenigen für Installationen, Probeläufe, Anpassungen bei der Montage usw. Trotz dieses Prinzips aktivieren die Unternehmen oft nicht alle Kosten. Sie beschränken sich auf den eigentlichen Anschaffungspreis und belasten intern geleistete Installations- und Planungskosten einem Aufwandskonto der laufenden Periodenrechnung.

An einmal installierten Maschinen fallen früher oder später Unterhalts- und Reparaturarbeiten an. Das Ziel liegt dabei in der Instandhaltung der Anlagen. Solche Arbeiten werden normalerweise im entsprechenden Aufwandskonto verbucht. Die eindeutige Abgrenzung zwischen reiner Instandhaltung und wertvermehrenden Verbesserungen am Anlagepark (Zunahme Nutzenpotenzial) ist in der Praxis aber nie möglich. Die Ersetzung ganzer Maschinenteile verfolgt meistens sowohl den Zweck der Instandhaltung als auch jenen der Wertvermehrung bzw. Modernisierung. Es stellt sich daher die Frage, welcher Teil der Reparatur- und Unterhaltsleistungen wertvermehrend ist und damit aktiviert werden soll; der lediglich werterhaltende Teil wird als Aufwand verbucht (vgl. Abb. 7/7).

Beispiel zur Wertvermehrung Abb. 7/7

Ein Garagengebäude mit einem Buchwert von CHF 2 Mio. wird renoviert. Die Gesamtkosten belaufen sich auf CHF 1.5 Mio. Davon kann CHF 1 Mio. als Wertvermehrung betrachtet werden.

Es wird wie folgt gebucht:

1) Anlagen / Flüssige Mittel   CHF   1 000 000.–
2) Unterhaltsaufwand / Flüssige Mittel   CHF   500 000.–

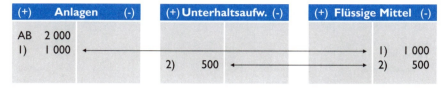

(Beträge in CHF 1 000.–)

Als Folge der beschränkten Lebensdauer einer Anlage wird deren aktivierter Wert sukzessive in Aufwand umgewandelt, d.h. die Anlage erbringt Nutzleistungen, und in diesem Umfang reduziert sich deren Wert. Deshalb ist die Anlage abzuschreiben. Bei der Bemessung der Abschreibungen besteht meist keine Möglichkeit, den Betrag der Entwertung ursächlich nachzuweisen. Es genügt die Tatsache, dass die Nutzung der Anlagen zeitlich begrenzt ist und dass am Ende der betrieblichen Verwendbarkeit höchstens noch ein Liquidationswert übrig bleibt.

Entscheidend für den Wert einer Anlage – und somit auch für das Mass der Abschreibung – ist grundsätzlich der Nutzen, der mit der Anlage in der Zukunft noch erzielt werden kann. Auch eine technisch noch so gute Maschine hat keinen Wert mehr, wenn für die Produkte kein Absatzmarkt vorhanden ist. Da jedoch niemand eine sichere Prognose stellen kann, bleibt die Bemessung der Abschreibung nach Massgabe des zukünftigen Nutzens schwierig.

Die Abschreibung darf also nicht allein an der technischen Entwertung der Anlage beurteilt werden. Es ist im Gegenteil in der Praxis immer wieder festzustellen, dass Anlagen weniger als Folge ihrer Abnutzung ersetzt werden; vielmehr liegt die Ursache im technischen Fortschritt oder einer Veränderung der Umweltgegebenheiten (z.B. neue Märkte, neue Produkte).

In seltenen Fällen kann es auch vorkommen, dass der Wert einer Anlageposition grösser wird, so z.B. wenn ein Stück Land neu erschlossen werden kann oder dessen Attraktivität aufgrund einer Verkehrserschliessung steigt. Aufgrund des Nutzenpotenzials hätte dies eine Aufwertung des Grundstücks zur Folge. Es ist aber zu betonen, dass solche Aufwertungen nur in Ausnahmefällen erfolgen sollten (Anwendung des Anschaffungskostenprinzips).

Verbuchung der Abschreibung des Anlagevermögens   7.2.3

Zur Verbuchung der Abschreibungen existieren zwei Methoden: die direkte und die indirekte Abschreibung.

Bei der direkten Methode wird der Wert der Position unmittelbar im Konto des Anlagevermögens vermindert und der Erfolgsrechnung als Aufwand belastet. Es wird wie folgt gebucht:

– Kauf einer Maschine zu Beginn der Periode:
  Maschinen / Flüssige Mittel   CHF 50 000.–
1) Abschreibung im 1. Jahr:
  Abschreibungen / Maschinen   CHF 15 000.–

(+)	Maschinen		(-)	(+)	Abschreibungen		(-)
AB	50 000						
		1)	15 000 ↔ 1)		15 000		
		SB	35 000			S	15 000
	50 000		50 000		15 000		15 000

Bilanz			Erfolgsrechnung	
...			...	
Maschinen	35 000		Abschreib.	15 000

Die direkte Abschreibung hat den Vorteil, dass es sich um einen einfachen Buchungsmechanismus handelt. Dafür entsteht ein Verlust an Information, denn in der Bilanz erscheint nur der Nettobilanzwert der Anlagen. Nicht ersichtlich ist, zu welchem Preis die Anlage ursprünglich beschafft wurde und welcher Teil davon bereits abgeschrieben worden ist.

Dieses Defizit wird mit der indirekten Abschreibung behoben. Dazu muss ein separates Konto «Wertberichtigung» geführt werden. Dieses Konto wird in der Praxis oft auch als «Kumulierte Abschreibungen» bezeichnet. Trotz dieser irreführenden Bezeichnung handelt es sich um ein Bilanzkonto. Im Konto des Anlagevermögens verbleibt der ursprüngliche Anschaffungswert der Position bestehen – der kumulierte Abschreibungsaufwand wird im dazugehörigen Wertberichtigungskonto festgehalten. Die Buchungen zeigen folgendes Bild:

- Kauf einer Maschine zu Beginn der Periode:
  Maschinen / Flüssige Mittel   CHF 50 000.–
1) Abschreibung im 1. Jahr:
  Abschreibungen / Wertberichtigung Maschinen   CHF 15 000.–

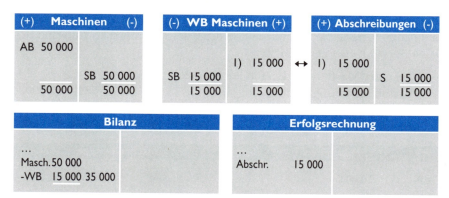

Genau gleich wie das Konto «Delkredere» wird auch das Konto «Wertberichtigungen» in der Bilanz als Abzugsposten zum entsprechenden Aktivkonto («Minus-Aktivkonto») geführt. Dabei werden in einer Vorkolonne die Wertberichtigungen vom ursprünglichen Anschaffungswert subtrahiert und der Wert der Anlagen netto in der Hauptkolonne der Aktiven ausgewiesen. Bezüglich der Aussagekraft und Verständlichkeit ist die in der Vergangenheit oft praktizierte Eingliederung von Wertberichtigungskonten auf der Passivseite abzulehnen.

7.2.4   Bestimmung des Abschreibungsbetrags

Der abzuschreibende Betrag hängt neben dem Anschaffungs- oder Buchwert von folgenden Parametern ab:

- Geschätzte Lebensdauer des Anlagegegenstands
- Voraussichtlicher Liquidationserlös am Ende der geschätzten Lebensdauer
- Abschreibungsmethode, welche die Zuteilung der Abschreibungsbeträge auf die einzelnen Perioden regelt.

Für die Schätzung der Lebensdauer gibt es Erfahrungszahlen, an denen sich das Rechnungswesen mehr oder weniger orientieren kann. Da der Gesetzgeber in der Schweiz wenig Einfluss auf die Abschreibungspraxis ausübt, variiert die Abschreibungsdauer allerdings von Unternehmen zu Unternehmen stark.

Die verschiedenen Abschreibungsmethoden werden an einem einfachen Beispiel illustriert (vgl. Abb. 7/8).

Beispiel zu den Abschreibungsmethoden

Abb. 7/8

Ein Unternehmen kauft einen Lastwagen für CHF 400 000.–. Geschätzte Lebensdauer: 10 Jahre. Liquidationserlös: CHF 50 000.–.

Es stellt sich die Frage, wie die CHF 350 000.– auf die Nutzungsdauer von 10 Jahren zu verteilen sind. In vielen Fällen kann nicht beurteilt werden, ob die Wertverminderung in den ersten Jahren grösser und in den letzten Jahren kleiner ist. Oft ist die Nutzung während der ersten Jahre am intensivsten und als Folge davon der Nutzenverzehr am grössten. Andererseits kann sich möglicherweise – gerade bei Fahrzeugen – vor allem in den ersten Jahren aufgrund der starken Abnahme des Marktpreises ein besonders hoher Abschreibungsbedarf ergeben. In der Praxis haben sich als Konsequenz dieser Unsicherheiten eine Reihe von Abschreibungsmethoden entwickelt, die das Phänomen der Entwertung unterschiedlich berücksichtigen. Im Folgenden werden die drei wichtigsten Verfahren kurz vorgestellt:

– Leistungsproportionale Abschreibung
– Zeitproportionale Abschreibung
– Degressive Abschreibung.

1. Leistungsproportionale Abschreibung

Der Kauf von Anlagen (im Beispiel der Lastwagen) wird als Investition betrachtet, die in der Zukunft einen Nutzen bringen wird. Diese Leistungen werden im Voraus geschätzt. Der Anlagewert wird aufgrund der erbrachten Leistungen, d.h. des effektiven Nutzenabgangs während der einzelnen Perioden abgeschrieben. Die folgenden Grössen bilden die Basis für die formelmässige Berechnung:

A_t = Abschreibungsbetrag in der Periode t

n = Lebensdauer (geschätzt)

L_t = Leistungen in der Periode t

$\sum_{i=1}^{n} L_i$ = Summe aller Leistungen der Anlage (geschätzt)

R = Restwert, Liquidationswert am Ende der Lebensdauer

W = Anschaffungswert

Zur Berechnung der Abschreibungen für die Periode t wird wie folgt vorgegangen:

$$A_t = (W - R) \cdot \frac{L_t}{\sum\limits_{i=1}^{n} L_i}$$

Die Investition für den Lastwagen beträgt netto CHF 350 000.–. Es wird mit einer Leistung von 500 000 gefahrenen Kilometern gerechnet. Dementsprechend beträgt die Abschreibung pro Fahrkilometer CHF 0.70. In einem Jahr mit z.B. 60 000 Fahrkilometern werden CHF 42 000.– und in einem solchen mit 80 000 Fahrkilometern CHF 56 000.– als Aufwand der Erfolgsrechnung belastet.

Die leistungsproportionale Abschreibung ist ohne jeden Zweifel sachgerecht; die Schwierigkeit liegt aber in der Quantifizierung der Leistungen (was ist die Gesamtleistung, wie hoch sind die Periodenleistungen?).

2. Zeitproportionale Abschreibung

Diese Methode geht davon aus, dass der Wert der Anlage proportional zur Zeit abnimmt. Falls die erbrachten Leistungen der Anlage pro Zeiteinheit konstant sind, entspricht dieses Verfahren der leistungsproportionalen Abschreibung. Die Periodenabschreibung berechnet sich wie folgt:

$$A_t = \frac{W - R}{n}$$

Im Beispiel des Lastwagens wird mit einer Lebensdauer von 10 Jahren gerechnet. Der jährliche Abschreibungsbetrag beläuft sich dementsprechend auf CHF 35 000.– (CHF 350 000.– für 10 Jahre).

Der Vorteil dieser Methode liegt in ihrer Einfachheit. Geschätzt werden müssen nur die Lebensdauer der Anlage und der allenfalls verbleibende Restwert.

3. Degressive Abschreibung

In diese Kategorie fallen alle Abschreibungsverfahren, die in den ersten Jahren mehr abschreiben als in späteren Perioden. Das am häufigsten angewendete Verfahren ist die «Geometrisch-Degressive Methode». Dabei wird vom jeweiligen Buchwert ein bestimmter Prozentsatz pro Jahr abgeschrieben, z.B.

10, 20 oder 25%. Der Prozentsatz bleibt jeweils konstant. Die Berechnung der Abschreibungen basiert auf folgenden Überlegungen:

r = Prozentsatz

$k = \dfrac{r}{100}$

B_t = Buchwert am Ende der Periode t

$$A_1 = W \cdot k \qquad\qquad ; B_1 = W \cdot (1-k)$$
$$A_2 = W \cdot (1-k) \cdot k \qquad ; B_2 = W \cdot (1-k)^2$$
$$\dots\dots \qquad\qquad ; \qquad \dots\dots$$
$$\dots\dots \qquad\qquad ; \qquad \dots\dots$$

$$\boxed{A_t = W \cdot (1-k)^{t-1} \cdot k \qquad ; B_t = W \cdot (1-k)^t}$$

Die Anwendung dieser Methode führt dazu, dass die Anlage nie auf Null abgeschrieben wird. Nach Ablauf der Lebensdauer n verbleibt ein Restwert R von:

$$R = W \cdot (1-k)^n$$

Wenn der oben erwähnte Lastwagen jährlich um 20% abgeschrieben wird, resultieren folgende Werte:

Periode	Buchwert	Abschreibung	Restwert
1	400 000	80 000	320 000
2	320 000	64 000	256 000
3	256 000	51 200	204 800
usw.			

Bedeutung der Abschreibung   7.2.5

Eine wichtige Funktion der Abschreibung des Anlagevermögens besteht in der gleichzeitigen Bereitstellung von Mitteln zum Ersatz erneuerungsbedürftiger Anlagen und Einrichtungen. Dies wird am Beispiel eines Industriebetriebs illustriert (vgl. Abb. 7/9).

Finanzierung durch Abschreibung (Beträge in CHF)

Aufwand		Erfolgsrechnung Industriebetrieb	Ertrag
Materialaufwand	100 000	Barerlöse	600 000
Löhne	200 000		
Gemeinkosten	200 000		
Abschreibungen	60 000		
Reingewinn	40 000		
	600 000		600 000

Durch den Erlös sind im Umfang sämtlicher Aufwendungen Flüssige Mittel in den Betrieb zurückgeflossen. Diese werden fortlaufend wieder für die Beschaffung von Material sowie für die Bezahlung der Löhne und Gemeinkosten verwendet. Diejenigen Beträge allerdings, welche den im Aufwand festgehaltenen Abschreibungen entsprechen und durch den Erlös zu einer Erhöhung der Flüssigen Mittel führen, stehen später zur Erneuerung der Anlagen zur Verfügung. Bis zu diesem Zeitpunkt häufen sich die durch die Abschreibungen «zurückgewonnenen» Mittel allmählich an. Sie sind bis zur effektiven Erneuerung gezielt anzulegen (z.B. im Umlaufvermögen). Durch die Abschreibung der Anlagen ändert sich das Bilanzbild (vgl. Abb. 7/10).

Mittelbarer Effekt der Abschreibungen auf die Bilanz (Beträge in CHF)

Bilanz zu Beginn				Bilanz nach vollständiger Abschreibung der Anlagen			
Umlaufvermögen	400 000	Fremdkapital	500 000	Umlaufvermögen	1 000 000	Fremdkapital	500 000
Anlagevermögen	600 000	Eigenkapital	500 000	Anlagevermögen	0	Eigenkapital	500 000
	1 000 000		1 000 000		1 000 000		1 000 000

Nach der Erneuerung der Anlagen zeigt die Bilanz wieder das gleiche Bild wie am Anfang.

Natürlich sind die Abläufe in der Wirklichkeit nicht so schematisch. Die Erneuerung der Anlagen erfolgt etappenweise. Ferner führt der Ersatz alter Anlagen meistens zu höheren Kosten, sei es als Folge der Teuerung oder des technischen Fortschritts. Auch wird in den seltensten Fällen eine Anlage genau gleich sein wie die alte. Bei der Neuanschaffung sollte den veränderten Umweltbedingungen Rechnung getragen werden (z.B. höheres Produktionsvolumen, rationellere Herstellung, automatische Steuerung, höhere Wartungs- und Bedienungsfreundlichkeit). Auf diese Weise werden die durch die Abschreibungen zurückgewonnenen Mittel die Kosten der Erneuerung kaum voll decken können. Die zusätzlich erforderlichen Mittel sind deshalb durch Selbstfinanzierung (zurückbehaltene Gewinne) oder durch die Aufnahme von Kapital (eigenes oder fremdes) aufzubringen.

Bewertung der Passiven   7.3

Auf der Passivseite der Bilanz ergeben sich weniger Bewertungsschwierigkeiten als bei den Aktiven. Dies ist auf folgende Gründe zurückzuführen:

— Die meisten Fremdkapitalpositionen stehen in ihrem Betrag fest. So zeigen z.B. die Positionen «Kreditoren» und «Obligationenanleihen» jene Beträge, die in der Zukunft zu bezahlen sind, um die Schulden des Unternehmens gegenüber den Kreditgebern zu tilgen.
— Eine eigentliche Bewertung des Eigenkapitals entfällt, da diese Kapitalgruppe den Residualanspruch der Eigentümer am Unternehmen zeigt. Indirekt wird das Eigenkapital aber gleichwohl bewertet, da es im Rechnungswesen als Differenz der bewerteten Aktiven und der bewerteten Fremdkapitalpositionen betrachtet werden kann.

Die eigentliche Bewertungsproblematik bei den Passiven konzentriert sich damit auf den Wertansatz der Rückstellungen. Es handelt sich dabei, wie früher bereits erwähnt wurde, um Verbindlichkeiten, die sich dadurch auszeichnen, dass sie mit einer oder mehreren «Unsicherheiten» verbunden sind. Beispiele sind Steuerrückstellungen (mutmassliche Schuld für noch nicht definitiv veranlagte Ertragssteuern, welche das laufende Jahr betreffen) und Garantierückstellungen (z.B. aufgrund der Produktehaftpflicht für fehlerhafte Güter, die im laufenden Jahr verkauft worden sind). In beiden Fällen ist die Wahrscheinlichkeit einer Zahlung gegeben. Der genaue Betrag ist aber noch nicht bekannt. Ebenso besteht die Möglichkeit, dass der Empfänger oder der Zeitpunkt der Zahlung noch nicht fest stehen (z.B. bei Garantieleistungen). Auch kann es vorkommen, dass heute erwartete Forderungen in der Zukunft überhaupt nicht bezahlt werden müssen (z.B. bei Prozessrückstellungen).

Allen Arten von Rückstellungen ist die Tatsache gemeinsam, dass der zukünftige Nutzenabgang in der laufenden Periode verursacht wurde, aber erst später wirksam wird. Die entsprechenden Aufwendungen sind aufgrund des Periodisierungsprinzips in jener Periode, während der sie verursacht werden, zu berücksichtigen.

Die Problematik der hohen Unsicherheiten bei der Bewertung von Rückstellungen führt dazu, dass eine Reihe von Voraussetzungen zu beachten
sind:

- Es muss sich um eine aktuelle Verpflichtung handeln, die aufgrund eines
  konkreten Ereignisses existiert (z.B. ein fehlerhaftes Produkt ist verkauft
  worden, und das Unternehmen wurde heute von einem Kunden auf Produktehaftpflicht verklagt).
- Aus dem Geschäftsfall ist ein zukünftiger Geld-, Güter- oder Dienstleis-
  tungsabfluss zu erwarten (Wahrscheinlichkeit > 50%).
- Der Betrag muss verlässlich geschätzt werden können. Es ist dabei sinnvoll, in der Bilanz den wahrscheinlichsten Wert (Modus) auszuweisen.

Rückstellungen werden zulasten des gleichen Erfolgskontos gebildet, über
das auch gebucht worden wäre, läge die endgültige Abrechnung bereits vor.
Die Auflösung der Rückstellung erfolgt dann, wenn die Verpflichtung hinreichend abgeklärt ist. Allfällige Differenzen sind wiederum über die Erfolgsrechnung aufzulösen. Ebenso ist eine bestehende Rückstellung erfolgswirksam aufzulösen, wenn die ursprünglichen Gründe ihres Bestands später weg-
fallen. Das folgende Beispiel illustriert die Verbuchung von Rückstellungen
(vgl. Abb. 7/11).

Abb. 7/11   **Beispiel zur Verbuchung von Rückstellungen**

> Im Jahr 20.2 konnte ein neues Automodell auf den Markt gebracht werden, womit ein
> Umsatz im ersten Jahr von CHF 10 Mio. generiert wird (1). Es wird erwartet, dass
> aufgrund einer gewährten Garantie total 8% dieser Fahrzeuge zurückgenommen wer-
> den müssen, wobei den Kunden der Kaufpreis zurückerstattet wird (2).
> Im Jahr 20.3 müssen qualitativ ungenügende Fahrzeuge im Wert von CHF 0.7 Mio.
> zurückgenommen werden (3). Ferner kann der Umsatz im zweiten Verkaufsjahr auf
> CHF 20 Mio. gesteigert werden (4), wobei aufgrund von Qualitätsverbesserungen bei
> dieser zweiten Serie nur noch mit einer Rücknahmequote von 5% gerechnet werden
> muss (5). Ende 20.3 läuft die Garantieverpflichtung der verkauften Serie von 20.2
> aus (6).

Im Jahr 20.2 sind folgende Buchungen erforderlich:

1) Flüssige Mittel / Verkaufserlös   CHF 10 000 000.–
2) Verkaufserlös / Garantierückstellung   CHF   800 000.–

(−)	Garantierückstellung	(+)		(−)	Verkaufserlös	(+)
					1)	10 000
	2)	800	↔ 2)	800		
SB	800		S	9 200		
	800	800		10 000		10 000

(Beträge in CHF 1 000.–)

Während des Jahres 20.3 wird wie folgt gebucht:

3) Garantierückstellungen / Flüssige Mittel   CHF   700 000.–
4) Flüssige Mittel / Verkaufserlös   CHF   20 000 000.–
5) Verkaufserlös / Garantierückstellung   CHF   1 000 000.–
6) Garantierückstellung / neutraler Ertrag   CHF   100 000.–

(−)	Garantierückstellung	(+)		(−)	Verkaufserlös	(+)
	AB	800				
3)	700				4)	20 000
	5)	1 000	↔ 5)	1 000		
6)	100					
SB	1 000		S	19 000		
	1 800	1 800		20 000		20 000

(Beträge in CHF 1 000.–)

Die Auflösung der in der Vorperiode zu hoch angesetzten Rückstellungen (Bildung von CHF 800 000.–, erforderlich CHF 700 000.–) wird als neutraler Ertrag verbucht, da es sich um einen periodenfremden Erfolg handelt. Mit diesem Vorgehen wird das ordentliche Ergebnis der aktuellen Periode nicht verfälscht. Unschön ist allerdings, dass aus heutiger Sicht der Aufwand derjenigen Periode, in welcher die Rückstellung gebildet wurde, nicht der Realität entspricht. Es ist aber anzumerken, dass die Information über den effektiven Geldabfluss damals nicht vorhanden war. Damit war der früher gebuchte Aufwand aus der damaligen Optik gleichwohl korrekt.

Abschliessend ist festzuhalten, dass Rückstellungen nicht mit Reserven oder sonstigen Eigenkapitalpositionen verwechselt werden dürfen. Bei Rückstellungen handelt es sich um verursachte, aber noch nicht restlos geklärte zukünftige Geld-, Sachgüter- und Dienstleistungsabgänge gegenüber Dritten. Reserven dagegen verkörpern in der Regel einbehaltene Gewinne und sind damit Teil des Eigenkapitals. Diese zukünftigen Geld-, Sachgüter- und Dienstleistungsabgänge erfolgen gegenüber den Eigentümern.

Zusammenfassung

Eine zentrale Problematik der Rechnungslegung bildet die Frage der Bewertung. Im Vordergrund steht eine sachgerechte Schätzung des zukünftigen Nutzenzugangs (Aktiven) bzw. -abgangs (Passiven). Konkret bedeutet dies, dass für die jeweiligen Positionen der Bilanz Bewertungsansätze festzulegen sind.

Da jede Bewertung immer mit gewissen Unsicherheiten belastet ist und dementsprechend grosse Ermessens- und Handlungsspielräume zulässt, haben sich eine Reihe von Bewertungsgrundsätzen etabliert. Sie bezwecken, den Manipulationsspielraum einzuengen und die Bewertung zu objektivieren.

Das wohl wichtigste Prinzip ist die Maxime, dass die Bewertung aus der Sicht der Fortführung des Unternehmens vorzunehmen ist. Im Vordergrund steht die Frage, welchen Nutzenzu- bzw. -abgang einzelne Positionen im Rahmen der zukünftigen Betriebstätigkeit bewirken. Als weiterer Grundsatz gilt, dass bei der Bewertung in der Regel Herstell- und Anschaffungskosten den allfälligen Tageswerten vorgezogen werden. Auch dies erfolgt im Hinblick auf eine grössere Objektivität, da die historischen Werte auf effektiv abgewickelten Preisen basieren. Als dritter Grundsatz wird aus der Perspektive einer vorsichtigen Bewertung bei Aktiven, für die Anschaffungs- und Wiederbeschaffungswerte existieren, stets der tiefere der beiden Werte gewählt.

Eine sorgfältige Bewertung der Debitoren erfordert eine Beurteilung, in welchem Ausmass die offenen Rechnungen in der Zukunft nicht bezahlt werden. In diesem Umfang ist eine Wertberichtigung, ein sogenanntes «Delkredere», zu bilden. Dieses Konto wird in der Bilanz als «Minus-Aktivkonto» gezeigt. Es korrigiert den Gesamtbetrag der Debitoren um die mutmasslichen Verluste in der Zukunft.

Bei der Bewertung des Anlagevermögens ist davon auszugehen, dass die Nutzung der Anlagen zu einem Wertverzehr führt. Die entsprechenden Aktiven sind abzuschreiben, damit der jeweilige Buchwert das noch vorhandene Nutzenpotenzial widerspiegelt. Bezüglich der Technik der Abschreibungen kann die Direkte Methode gewählt werden. Dabei erfolgt die Verbuchung der Abschreibungen im jeweiligen Anlagekonto. Die Information über die Anschaffungskosten geht bei diesem Verfahren verloren. Als Alternative können die Abschreibungen über separate Wertberichtigungskonten erfasst werden. Sie zeigen als «Minus-Aktivkonto» den gesamten Betrag der bisherigen Abschreibungen. Demgegenüber zeigt das Anlagekonto während der gesamten Nutzungsdauer die Anschaffungskosten.

Da der Wertverzehr vom Alter der Anlage, deren Abnutzung, dem technischen Fortschritt, aber auch von Markt- und Umweltfaktoren beeinflusst wird, ist die Quantifizierung der Abschreibungen sehr schwierig. Als Konsequenz haben sich verschiedene Abschreibungsverfahren etabliert, welche die Quantifizierungsproblematik zu lösen versuchen. Im Vordergrund stehen die leistungsorientierte, die zeitproportionale und die degressive Abschreibung. Je nach Anlage, Art der Nutzung, Art der gefertigten Produkte usw. kann das eine oder andere Verfahren den Anforderungen besser gerecht werden.

Neben diesen technischen und methodischen Betrachtungen darf die eigentliche Bedeutung der Abschreibungen nicht vergessen werden. Sie repräsentieren als wichtige «Gegenwerte» zu den Erlösen einen der Hauptpfeiler, um neue Anlagen zu finanzieren. Die Abschreibungen sind in diesem Sinne ein wichtiges Mittel zur langfristigen Unternehmenssicherung.

Auf der Passivseite zeigt sich die Bewertungsproblematik vor allem bei den Rückstellungen. Im Mittelpunkt steht die Erfassung bereits verursachter, aber noch nicht definitiv feststehender Verpflichtungen. Dieses Vorgehen ist im Rahmen einer aussagekräftigen Rechnungslegung unverzichtbar, denn nur so gelingt es, mit grosser Wahrscheinlichkeit feststehende zukünftige Nutzenabgänge an Dritte bereits heute angemessen zu berücksichtigen.

Geldflussrechnung

Wesen und Bedeutung der Geldflussrechnung

Grundidee

Die Bilanz zeigt als Momentaufnahme z.B. am Anfang oder am Ende einer Periode die Aktiven (zukünftiger Nutzenzugang), das Fremdkapital (zukünftiger Nutzenabgang an Dritte) sowie das Eigenkapital (zukünftiger Nutzenabgang an die Eigentümer). Demgegenüber orientiert die Erfolgsrechnung über den während einer Periode erfolgten Nutzenzu- (Gewinn) bzw. Nutzenabgang (Verlust). Die Geldflussrechnung als dritter Bestandteil des Abschlusses hat die Aufgabe, über den während einer Periode erfolgten Geldfluss zu berichten. Zwischen den drei Elementen Bilanz, Erfolgsrechnung und Geldflussrechnung besteht ein enger Zusammenhang (vgl. Abb. 8/1).

Zusammenhang zwischen Bilanz, Erfolgsrechnung und Geldflussrechnung (Beträge in CHF)

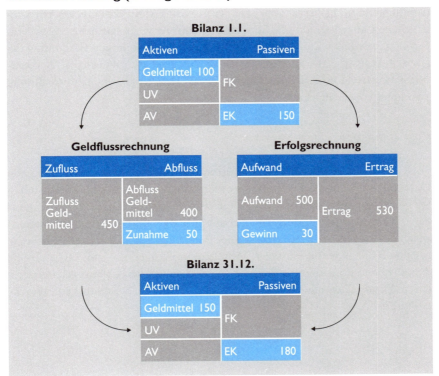

Die Geldflussrechnung ist für die Beurteilung der Geschäftsaktivitäten von hoher Bedeutung. Mit der Geldflussrechnung gelingt es, die Veränderung der Geldmittel zu beurteilen und die Ursachen zu klären. Diese Aufstellung kann als vergangenheitsorientierte Geldflussrechnung (welcher Mittelfluss hat stattgefunden?), aber auch als zukunftsorientierte Geldflussrechnung (welcher Mittelfluss wird erwartet?) erfolgen. Aus kurzfristiger Sicht, z.B. monatlich erstellt, bildet die Geldflussrechnung ein wichtiges Instrument zur Beurteilung der Höhe der Zahlungsströme. Langfristig orientiert, z.B. als mehrjährige Finanzplanung, vermag sie wertvolle Hinweise zur strategischen Finanzlage zu geben.

In vielen Fällen findet die Geldflussrechnung auch deshalb eine besondere Beachtung, weil der Mittelfluss eine von Bewertungsfragen weitgehend unabhängige Orientierungsgrösse darstellt. Insbesondere werden durch die Erfassung der effektiv erfolgten Geldströme Manipulationsspielräume wie z.B. die Abschreibung oder die Bildung und Auflösung von Rückstellungen neutralisiert.

Das schweizerische Aktienrecht hat bisher auf die Pflicht zur Erstellung einer Geldflussrechnung verzichtet. Mit der Revision des Aktienrechts wird für sämtliche Unternehmen, die über eine bestimmte wirtschaftliche Grösse verfügen, das Erstellen der Geldflussrechnung zum notwendigen Bestandteil des Jahresabschlusses. Bei modernen nationalen und internationalen Accountingstandards ist eine Geldflussrechnung als Bestandteil der Jahresrechnung zwingend vorgeschrieben.

8.1.2   Fondswahl

Die Grundidee der Geldflussrechnung besteht in der Analyse des Geldflusses. Dazu muss aber primär definiert werden, was unter Geldfluss zu verstehen ist. Normalerweise gehören dazu die Flüssigen Mittel, d.h. Geld sowie geldnahe Positionen wie Postguthaben, Bankguthaben und kurzfristige Festgeldanlagen. Aus Sicht der Beurteilung der Finanzlage spielt es in der Regel eine geringe Rolle, wie die Flüssigen Mittel zusammengesetzt sind. Da die Höhe der einzelnen Positionen zufällig ist, werden sie für die Geldflussrechnung zu einem Fonds «Flüssige Mittel» zusammengefasst und als Gesamtheit betrachtet (vgl. Abb. 8/2).

Beispiele von Fonds

In der Praxis sind kurzfristige, jederzeit fällige Bankverbindlichkeiten (Kon-
tokorrente) oft Teil des Cashmanagements und stehen deshalb in engem
Zusammenhang zu den Flüssigen Mitteln. Trifft dies zu, kann es sinnvoll
sein, einen Fonds «Netto-Flüssige Mittel» abzugrenzen (vgl. Abb. 8/2).
Weiter gefasste Fonds, die z.B. «Flüssige Mittel und Wertschriften» oder das
gesamte Nettoumlaufvermögen (Umlaufvermögen – kurzfristiges Fremdkapital) zusammenfassen, sind abzulehnen, da die von ihnen verwendete Interpretation des Mittelflusses mit der Idee einer Beurteilung des Geldflusses
nicht mehr übereinstimmt. Die Aussagekraft solcher Rechnungen wird zudem durch die Bewertung der Wertschriften, der Debitoren und vor allem
auch der Warenlager, welche sich in vollem Umfang auf den Fonds auswirken, stark beeinträchtigt. Die folgenden Überlegungen basieren – wenn von
Geldfluss gesprochen wird – auf dem Fonds «Flüssige Mittel», wobei darunter
immer die Mittelgesamtheit «Geld, Post- und Bankguthaben sowie kurzfristige Festgeldanlagen» verstanden wird. Dieser Fonds findet in der Schweiz
immer stärkere Beachtung.

Aufbau der Geldflussrechnung   8.1.3

Eine moderne Geldflussrechnung differenziert den Mittelfluss nach Ursachen. Wichtigste Kategorien sind die Geldflüsse (Cashflows) aus der Betriebstätigkeit, der Investitionstätigkeit sowie der Finanzierungstätigkeit. Die Bereiche lassen sich wie folgt charakterisieren:

1. Cashflow aus Betriebstätigkeit

Dieser Teil des Geldflusses erfasst sämtliche Mittelflüsse, die im Zusammenhang mit der eigentlichen Betriebstätigkeit des Unternehmens stehen. Es handelt sich um den wichtigsten Teil der Geldflussrechnung. Dieser Cashflow zeigt, welche Mittel aufgrund der Betriebstätigkeit dem Unternehmen während der Betrachtungsperiode zu- bzw. abgeflossen sind. Eine konsequente Berechnung dieses Mittelflusses hat den effektiven Geldfluss zu erfassen. Bestandteile des Cashflows aus Betriebstätigkeit sind:

– alle Geldzuflüsse durch die Betriebstätigkeit (Einzahlungen von Kunden, übrige Einzahlungen aus Betriebstätigkeit)
– alle Geldabflüsse durch die Betriebstätigkeit (Auszahlungen an Lieferanten, an das Personal sowie für den übrigen Betriebsaufwand).

2. Cashflow aus Investitionstätigkeit

Zu diesem Teil der Geldflussrechnung gehören sämtliche Mittelabflüsse für z.B. den Kauf von Wertschriften, Maschinen, Mobilien, Fahrzeugen, Grundstücken, Gebäuden, Beteiligungen. Es handelt sich um eine langfristige Bindung von Flüssigen Mitteln in Aktiven, die im Rahmen der Betriebstätigkeit genutzt werden. Ebenfalls zur Investitionstätigkeit gehören Mittelzuflüsse aus Devestitionen von Positionen des Umlaufs- und vor allem auch des Anlagevermögens.

3. Cashflow aus Finanzierungstätigkeit

Der Geldfluss aus Finanzierungstätigkeit erfasst alle Mittelzuflüsse aus der Aufnahme langfristiger Fremdkapitalien und der Erhöhung des Eigenkapitals. Zusätzlich gehören in diesen Bereich der Geldflussrechnung Mittelabflüsse durch die Rückzahlung von Fremdkapital oder Eigenkapital. Zur Illustration wird der Aufbau einer modern gegliederten Geldflussrechnung gezeigt (vgl. Abb. 8/3).

Gliederung der Geldflussrechnung

Geldzufluss aus Betriebstätigkeit
 – Einzahlungen von Kunden ...
 – Sonstige Einzahlungen ... ...
Geldabfluss aus Betriebstätigkeit
 – Auszahlungen an Lieferanten ...
 – Auszahlungen an Mitarbeitende ...
 – Sonstige Auszahlungen ... ...
Cashflow aus Betriebstätigkeit ... ...

Geldabfluss aus Investitionen
 – Auszahlungen für Investitionen in Sachanlagen ...
 – Auszahlungen für Investitionen in Finanzanlagen ...
 – Auszahlungen für Investitionen in immaterielle Anlagen ... ...
Geldzufluss aus Devestitionen
 – Einzahlungen für Devestitionen in Sachanlagen ...
 – Einzahlungen für Devestitionen in Finanzanlagen ...
 – Einzahlungen für Devestitionen in immaterielle Anlagen ... ...
Cashflow aus Investitionstätigkeit ... ...

Geldzufluss aus Finanzierungen
 – Einzahlungen aus Erhöhung des Eigenkapitals (inkl. Agio) ...
 – Einzahlungen aus Erhöhungen des Fremdkapitals ... ...
Geldabfluss aus Definanzierungen
 – Auszahlungen für Herabsetzungen des Eigenkapitals ...
 – Auszahlungen für Herabsetzungen des Fremdkapitals ...
 – Auszahlungen für Gewinnausschüttungen ... ...
Cashflow aus Finanzierungstätigkeit ... ...

Zu-/Abfluss Flüssige Mittel = Veränderung Fonds ...

8.2 Erstellung der Geldflussrechnung

8.2.1 Liquiditätsnachweis

Eine Geldflussrechnung im weiteren Sinne besteht aus den beiden Elementen Liquiditätsnachweis und Geldflussrechnung im engeren Sinne.

Der Liquiditätsnachweis zeigt, wie sich der Fonds zusammensetzt, welche Veränderung die einzelnen Fondskonten während der Periode erfahren haben und inwieweit sich der Gesamtbetrag der Flüssigen Mittel erhöht bzw. reduziert hat (vgl. Abb. 8/4).

Abb. 8/4   **Liquiditätsnachweis**

Position	1.1.20.0	31.12.20.0	Veränderung
Kasse	…	…	+/-
Postguthaben	…	…	+/-
Bankguthaben	…	…	+/-
Fonds «Flüssige Mittel»	…	…	+/-

In der Praxis wird oft auf eine Wiedergabe dieses Teils der Geldflussrechnung verzichtet, weil der Informationsgehalt eher gering ist. Für einen doppelten Nachweis des Geldflusses ist er allerdings erforderlich.

8.2.2 Geldflussrechnung

Es ist die Aufgabe der Geldflussrechnung, die Veränderung des Fonds nachzuweisen. Dazu sind die Fondsänderungen nach Ursachen zu analysieren und gemäss Einflussbereichen systematisch zu erfassen (vgl. Abb. 8/5).

Die Übersicht zeigt, dass der Geldfluss aus den Gegenbeständen zu den Fondskonten, d.h. allen Konten der Bilanz, welche nicht dem Fonds angehören sowie der Erfolgsrechnung lückenlos hergeleitet werden kann. Die Zu- und Abflüsse an Geldmitteln aus Positionen der Erfolgsrechnung gehören in die erste Stufe, die geldrelevanten Konsequenzen aus dem Umlaufvermögen (ohne Fondskonten) und dem Anlagevermögen in die zweite und die Geldströme aus dem Fremd- und Eigenkapital in die dritte Stufe der Geldflussrechnung.

Quellen des Mittelflusses Abb. 8/5

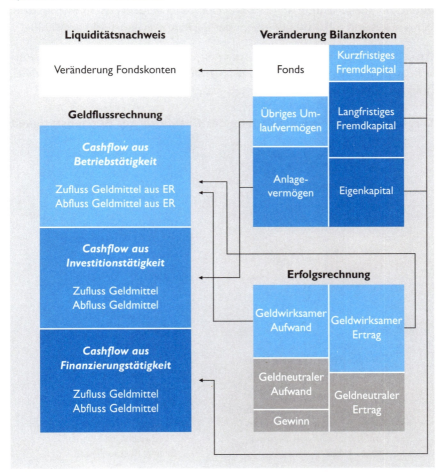

Direkte und indirekte Ermittlung des Cashflows aus Betriebstätigkeit 8.2.3

Der Nachweis des Cashflows aus Betriebstätigkeit ist besonders wichtig, weil er eine unmittelbare Beurteilung der operativen Tätigkeit des Unternehmens erlaubt. Die höchste Qualität an Information resultiert, wenn – wie oben dargestellt – der effektive Geldzu- bzw. Geldabfluss aus der Betriebstätigkeit direkt ermittelt und brutto gezeigt wird. Dies erfordert aber, dass bei jeder einzelnen Buchung analysiert wird, inwieweit die jeweilige Buchungstatsache zu einem Geldfluss (Veränderung der Konten «Geld», «Bank-» und «Postguthaben» sowie «Kurzfristige Festgeldanlagen») geführt hat. Dieser Prozess, der den gesamten Buchungsverkehr der Periode erfasst, ist sehr aufwändig.

Anstelle der Isolierung der geldrelevanten Buchungstatsachen können sämtliche geldneutralen Geschäftsfälle erfasst werden. Dies führt zu einem gleich hohen Cashflow aus Betriebstätigkeit (vgl. Abb. 8/6).

Abb. 8/6   **Direkte und indirekte Ermittlung des Cashflows aus Betriebstätigkeit**

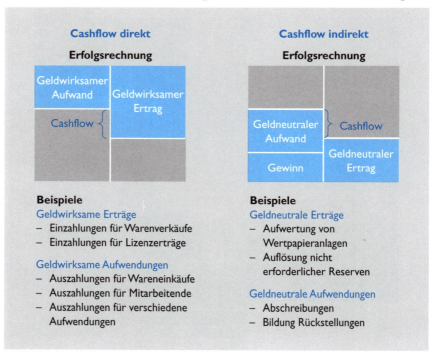

8.3   Illustration der Geldflussrechnung

8.3.1   Ausgangslage

Die Herleitung der Geldflussrechnung wird am Beispiel der «Oechsle AG» dargestellt. Es handelt sich um ein Unternehmen mit Sitz in Zürich, das fassweise Rot- und Weisswein einkauft und diesen mit modernen Anlagen in 7dl-Flaschen «Züribieter rot» und «Züribieter weiss» abfüllt. Den Vertrieb der fertigen Produkte erledigt die «Oechsle AG» selbstständig.

Die für die Erstellung der Geldflussrechnung massgebenden Bilanzen per
1.1.20.1 und 31.12.20.1 sowie die Erfolgsrechnung 20.1 zeigen das folgende
Bild (vgl. Abb. 8/7 und Abb. 8/8).

Bilanz der «Oechsle AG» (Beträge in CHF 1 000.–)   Abb. 8/7

Aktiven per				Passiven per		
		1.1.20.1	31.12.20.1		1.1.20.1	31.12.20.1
Kasse		8	6	Kreditoren	253	256
Postguthaben		16	20	Garantierückstellungen	12	14
Bankguthaben		23	20	**Kfr. Fremdkapital**	**265**	**270**
Debitoren	240		220			
./. Delkredere	12	228	11 209			
Warenlager		410	420	Darlehen	265	250
Transitorische Aktiven		15	15	Hypothek	500	550
Umlaufvermögen		**700**	**690**	**Lfr. Fremdkapital**	**765**	**800**
Mobilien	300		380			
./. WB Mobilien	100	200	140 240			
Fahrzeuge	100		100			
./. WB Fahrzeuge	20	80	40 60			
Immobilien	1 000		1 100	Aktienkapital	500	500
./. WB Immobilien	200	800	250 850	Reserven	250	270
Anlagevermögen		**1 080**	**1 150**	**Eigenkapital**	**750**	**770**
		1 780	**1 840**		**1 780**	**1 840**

Erfolgsrechnung der «Oechsle AG» (Beträge in CHF 1 000.–)   Abb. 8/8

Aufwand	Erfolgsrechnung 20.1		Ertrag
Warenaufwand	2 100	Warenertrag	2 800
Bruttogewinn	700		
	2 800		2 800
Personalaufwand	400	Bruttogewinn	700
Garantieaufwand	7		
Abschreibungen Mobilien	40		
Abschreibungen Fahrzeuge	20		
Abschreibungen Immobilien	50		
Übriger Aufwand	83		
Zinsaufwand	20		
Gewinn	80		
	700		700

Zusätzlich stehen folgende Informationen für die abgelaufene Periode zur Verfügung:

- vom Gewinn werden CHF 60 000.– als Dividende ausgeschüttet
- Kauf neuer Mobilien im Betrag von CHF 80 000.–
- Erneuerung eines Teils der Liegenschaft im Betrag von CHF 100 000.–
- Auszahlung von Garantieleistungen im Betrag von CHF 5 000.– und Erhöhung der restlichen Garantierückstellung um CHF 7 000.–.

8.3.2   Erarbeitung der Kerndaten

Die Herleitung der Geldflussrechnung hat aufgrund eines systematischen Vorgehens zu erfolgen. Basis bildet das von Schuler/Weilenmann empfohlene Arbeitsblatt (vgl. Abb. 8/9).

Zunächst sind alle Salden der Gegenbestände, d.h. der nicht im Fonds enthaltenen Aktiven und Passiven, per 1.1.20.1 und per 31.12.20.1 im «Kopf» des Formulars einzutragen. Dabei sind die Nettobeträge zu verwenden (Buchwerte nach Abzug des Delkrederes bzw. der Wertberichtigungen). Als Differenzbetrag erscheint bei der Eröffnungs- und der Schlussbilanz der Gesamtbetrag der Salden der «Fondskonten» unter der Rubrik «Flüssige Mittel» (Bestände der Konten «Geld», «Post» und «Bankguthaben») sowie in der Doppelkolonne die Veränderung des Saldos der Fondskonten.

Im Weiteren sind folgende Arbeitsschritte erforderlich:

1. Eintrag der gesamten Erfolgsrechnung im «Stamm» der Doppelkolonne «Veränderungen» und zwar den Ertrag ins «Soll» und den Aufwand ins «Haben».

2. Eintrag aller Veränderungen in den Gegenfondskonten, die während der Periode zu keiner «Geldbewegung» geführt haben, d.h. die keines der Konten des Fonds tangiert haben. Die Beträge sind sowohl in der Zeile des jeweiligen Kontos wie im «Stamm» des Formulars festzuhalten. Es handelt sich im gezeigten Beispiel um den Periodengewinn, die Abschreibung der Mobilien, der Fahrzeuge und der Immobilien sowie um die Erhöhung der Garantierückstellung.

3. Analyse aller Positionen des Umlaufvermögens und des kurzfristigen Fremdkapitals (ohne Fondskonten) und Eintrag der Veränderungen in der Zeile des Kontos und im «Stamm» des Arbeitsblattes. Dazu gehören die Veränderungen der Konten «Debitoren», «Warenlager», «Transitorische Aktiven» (im Beispiel unverändert), «Kreditoren» und «Garantierückstel-

lungen». Die Konten des Umlaufvermögens und des kurzfristigen Fremdkapitals sind nach diesen Eintragungen vollständig erklärt, d.h. es existieren keine Differenzen zwischen Eröffnungs- und Schlussbilanz mehr.

4. Analyse aller Positionen des Anlagevermögens und Eintrag der Veränderungen in das jeweilige Konto und in den «Stamm» des Formulars. Auch
   diese Konten sind nach dem Eintrag der Beträge vollständig erklärt.

5. Analyse aller Positionen des Fremd- und Eigenkapitals und Eintrag der
   Veränderungen in das jeweilige Konto und in den «Stamm» des Arbeitsblatts. Diese Konten sind damit ebenfalls ausgeglichen.

Nach dem doppelten Eintrag aller Veränderungen resultiert sowohl im «Kopf»
wie auch im «Stamm» des Arbeitsblatts der gleiche Saldo, nämlich die Veränderung des Saldos der Fondskonten (im Beispiel eine Abnahme der Flüssigen
Mittel um CHF 1000.–). Damit sind die Voraussetzungen für die Erstellung
der Geldflussrechnung geschaffen.

Abb. 8/9 **Schematische Herleitung der Geldflussrechnung «Oechsle AG» mit direktem Cashflow (Beträge in CHF 1 000.–)**

Konten	1.1.20.1		Veränderung		31.12.20.1	
	Aktiven	Passiven	Soll	Haben	Aktiven	Passiven
Debitoren	228			3) 19	209	
Warenlager	410		3) 10		420	
Trans. Aktiven	15				15	
Mobilien	200		4) 80	2) 40	240	
Fahrzeuge	80			2) 20	60	
Immobilien	800		4) 100	2) 50	850	
Kreditoren		253		3) 3		256
Garantie-RS		12	3) 5	2) 7		14
Darlehen		265	5) 15			250
Hypothek		500		5) 50		550
Aktienkapital		500				500
Reserven		250	5) 60	2) 80		270
Flüssige Mittel	47			1	46	
Total	1 780	1 780	270	270	1 840	1 840
Warenertrag			1) 2 800			
				1) 2 100	Warenaufwand	
				1) 400	Personalaufwand	
Erhöhung Garantie-RS			2) 7	1) 7	Garantieaufwand	
Abschreibungen Mobilien			2) 40	1) 40	Abschreibungen Mobilien	
Abschreibungen Fahrzeuge			2) 20	1) 20	Abschreibungen Fahrzeuge	
Abschreibungen Immobilien			2) 50	1) 50	Abschreibungen Immobilien	
				1) 83	Übriger Aufwand	
				1) 20	Zinsaufwand	
Gewinn			2) 80	1) 80	Gewinn	
Abnahme Debitoren			3) 19			
				3) 10	Zunahme Warenlager	
				3) 5	Garantiezahlungen	
Zunahme Kreditoren			3) 3			
				4) 80	Investition Mobilien	
				4) 100	Investition Immobilien	
				5) 15	Rückzlg. Darlehen	
Erhöhung Hypothek			5) 50			
				5) 60	Ausschüttung Dividenden	
			3 069	3 070		
Geldabfluss			1			
			3 070	3 070		

Liquiditätsnachweis und Geldflussrechnung 8.3.3

In einem ersten Schritt wird im Liquiditätsnachweis gezeigt, wie sich die Konten des Fonds entwickelt haben (vgl. Abb. 8/10). Dabei resultiert eine Abnahme des Fonds «Flüssige Mittel» von CHF 1 000.–.

Liquiditätsnachweis «Oechsle AG» (Beträge in CHF 1 000.–)

Abb. 8/10

Position	1.1.20.1	31.12.20.1	Veränderung
Kasse	8	6	- 2
Postguthaben	16	20	+ 4
Bankguthaben	23	20	- 3
Fonds «Flüssige Mittel»	47	46	- 1

Anschliessend sind alle Beträge im Stamm des Arbeitsblatts, die nicht durch Gegenpositionen ausgeglichen werden, in die entsprechende Stufe der Geldflussrechnung zu übertragen (vgl. Abb. 8/11). Zur Illustration werden die jeweiligen Indizes in der Geldflussrechnung genannt. Interessant ist die Analyse des Geldflusses für drei Bereiche:

– *Einzahlungen von Kunden*: Während der Berichtsperiode wurde ein Warenertrag von CHF 2 800 000.– erzielt. Damit erhöhten sich die per 1.1.20.1 vorhandenen Debitoren von CHF 228 000.– auf CHF 3 028 000.–. Per 31.12.20.1 betrug der Bestand der Debitoren (nach Berücksichtigung des Delkrederes) noch CHF 209 000.–. Damit sind Einzahlungen von Kunden im Betrag von CHF 2 819 000.– eingegangen. Dieser Betrag resultiert im Rahmen der Erarbeitung der Geldflussrechnung durch die Addition des Warenertrags (CHF 2 800 000.–) und der Abnahme der Debitoren (CHF 19 000.–).

– *Auszahlungen von Lieferanten:* Während der Berichtsperiode wurden Waren mit einem Einstandspreis von CHF 2 100 000.– verkauft. Gleichzeitig hat sich das Warenlager um CHF 10 000.– erhöht. Damit wurden Waren im Wert von CHF 2 110 000.– eingekauft. Die per 1.1.20.1 vorhandenen Kreditoren von CHF 253 000.– erhöhten sich während der Periode um CHF 2 110 000.– auf CHF 2 363 000.–. Da per 31.12.20.1 noch Kreditoren im Betrag von CHF 256 000.– offen waren, erfolgen Auszahlungen für Kreditoren im Betrag von CHF 2 107 000.–. Dieser Betrag resultiert im Rahmen der Erarbeitung der Geldflussrechnung durch die Addition des Warenaufwands (- CHF 2 100 000.–) und der Zunahme des Warenlagers (- CHF 10 000.–) sowie die Berücksichtigung der Erhöhung der Kreditoren (CHF 3 000.–).

–   *Garantieleistungen:* Während der Berichtsperiode wurde eine erfolgswirk-
    same Erhöhung der Garantierückstellungen von CHF 12 000.– auf CHF
    19 000.– vorgenommen. Diese Buchung hat keinen Einfluss auf den Geld-
    fluss des Unternehmens. Da die Rückstellung per 31.12.20.1 noch CHF
    14 000.– beträgt, erfolgten während der Periode Auszahlungen von CHF
    5 000.–. Dieser Betrag ist als Teil des operativen Cashflows zu zeigen.

Die nach Betrachtung aller Daten im Stamm des Arbeitsblatts resultierende
Geldflussrechnung zeigt in Übereinstimmung mit dem Liquiditätsnachweis
ebenfalls eine Abnahme der Flüssigen Mittel von CHF 1 000.–. Wesentlich
wichtiger ist allerdings der Nachweis der Ursachen, welche zu dieser Abnahme geführt haben. Im Beispiel «Oechsle AG» wurde ein Cashflow aus Betriebstätigkeit von CHF 204 000.– erzielt. Während der gleichen Periode
wurden CHF 180 000.– in das Anlagevermögen investiert. Der Finanzie-
rungsbereich zeigt eine Abnahme der Flüssigen Mittel um CHF 25 000.–
(erhöhte Fremdfinanzierung von netto CHF 35 000.– sowie eine Gewinn-
ausschüttung von CHF 60 000.–).

Die gezeigte Geldflussrechnung basiert auf einer direkten Ermittlung des
Cashflows aus Betriebstätigkeit. Damit verbunden ist ein vollständiger Ausweis der Geldbewegungen, welche aufgrund der operativen Tätigkeit erfolgt
sind. Im gezeigten Beispiel werden die Geldflüsse allerdings aus der Erfolgsrechnung abgeleitet und nachkonstruiert. Beispiele dazu sind die Zuflüsse aus
den Verkäufen (Verkaufserlös erhöht um die zusätzlichen Zahlungen der Debitoren, da der Saldo der Debitoren während der Periode abgenommen hat)
oder die Zahlungen für Wareneinkäufe (Warenaufwand korrigiert um die Lageränderung und um die Zunahme der Kreditoren). Effektiv sachgerecht
wäre eine Erfassung aller Geldbewegungen bei jeder einzelnen Buchung.
Dies würde zu einem erheblichen Aufwand führen.

Geldflussrechnung der «Oechsle AG» mit direktem Ausweis des Cashflows aus Betriebstätigkeit (Beträge in CHF 1 000.–)   Abb. 8/11

Geldzufluss aus Betriebstätigkeit				
– Einzahlungen von Kunden				
– Warenertrag	1)	2 800		
– Abnahme der Debitoren	3)	19	2 819	
Geldabfluss aus Betriebstätigkeit				
– Auszahlungen an Lieferanten				
– Warenaufwand	1)	- 2 100		
– Zunahme Warenlager	3)	- 10		
– Zunahme Kreditoren	3)	3	- 2 107	
– Auszahlungen an Mitarbeitende	1)	- 400		
– Auszahlungen für Garantieleistungen	1)	- 5		
– Auszahlungen für übrigen Aufwand	1)	- 83		
– Auszahlungen für Zinsen	3)	- 20	- 508	
Cashflow aus Betriebstätigkeit			**204**	**204**
Geldabfluss aus Investitionen				
– Kauf von Mobilien	4)	- 80		
– Kauf von Immobilien	4)	- 100	- 180	
Cashflow aus Investitionstätigkeit			**- 180**	**- 180**
Geldzufluss aus Finanzierungen				
– Erhöhung Hypothek	5)	50	50	
Geldabfluss aus Definanzierungen				
– Rückzahlung Darlehen	5)	- 15		
– Ausschüttung Dividenden	5)	- 60	- 75	
Cashflow aus Finanzierungstätigkeit			**- 25**	**- 25**
Abnahme Flüssige Mittel				**- 1**
Flüssige Mittel am Anfang der Periode				47
Flüssige Mittel am Ende der Periode				46

In der Praxis weit häufiger ist der Ausweis der Umsatztätigkeit mit einem indirekt ermittelten Cashflow. Bei diesem Vorgehen werden alle geldwirksamen Erfolgsvorgänge durch den geldneutralen Aufwand und Ertrag ersetzt. Im Arbeitsblatt fallen alle Positionen der Erfolgsrechnung mit Index 1 weg. Sämtliche übrigen Herleitungen bleiben unverändert (vgl. Abb. 8/12).

Abb. 8/12 **Schematische Herleitung der Geldflussrechnung «Oechsle AG» mit indirektem Cashflow (Beträge in CHF 1 000.–)**

Konten	1.1.20.1 Aktiven	1.1.20.1 Passiven	Veränderung Soll	Veränderung Haben	31.12.20.1 Aktiven	31.12.20.1 Passiven
Debitoren	228			3) 19	209	
Warenlager	410		3) 10		420	
Trans. Aktiven	15				15	
Mobilien	200		4) 80	2) 40	240	
Fahrzeuge	80			2) 20	60	
Immobilien	800		4) 100	2) 50	850	
Kreditoren		253		3) 3		256
Garantie-RS		12	3) 5	2) 7		14
Darlehen		265	5) 15			250
Hypothek		500		5) 50		550
Aktienkapital		500				500
Reserven		250	5) 60	2) 80		270
Flüssige Mittel	47			1	46	
Total	1 780	1 780	270	270	1 840	1 840

	Soll	Haben	
Gewinn	2) 80		
Erhöhung Garantie-RS	2) 7		
Abschreibungen Mobilien	2) 40		
Abschreibungen Fahrzeuge	2) 20		
Abschreibungen Immobilien	2) 50		
Abnahme Debitoren	3) 19		
		3) 10	Zunahme Warenlager
		3) 5	Garantiezahlungen
Zunahme Kreditoren	3) 3		
		4) 80	Investition Mobilien
		4) 100	Investition Immobilien
		5) 15	Rückzlg. Darlehen
Erhöhung Hypothek	5) 50		
		5) 60	Ausschüttung Dividenden
	269	270	
Geldabfluss	1		
	270	270	

Der Cashflow kann bei dieser Methode sehr einfach aus den geldneutralen Veränderungen der Erfolgsrechnung und den Veränderungen der entsprechenden Konten des Umlaufvermögens (Debitoren, Kreditoren und Warenlager) abgeleitet werden. Es resultiert eine Geldflussrechnung mit indirektem Ausweis des Cashflows aus Betriebstätigkeit (vgl. Abb. 8/13).

Geldflussrechnung der «Oechsle AG» mit indirektem Ausweis des Cashflows aus Betriebstätigkeit (Beträge in CHF 1 000.–) Abb. 8/13

Betriebsbereich			
– Gewinn	2)	80	
– Erhöhung Garantierückstellungen	2)	7	
– Abschreibungen Mobilien	2)	40	
– Abschreibungen Fahrzeuge	2)	20	
– Abschreibungen Immobilien	2)	50	
– Abnahme Debitoren	3)	19	
– Zunahme Warenlager	3)	- 10	
– Zunahme Kreditoren	3)	3	
– Auszahlungen für Garantieleistungen	3)	- 5	
Cashflow aus Betriebstätigkeit		**204**	**204**
Geldabfluss aus Investitionen			
– Kauf von Mobilien	4)	- 80	
– Kauf von Immobilien	4)	- 100	
Cashflow aus Investitionstätigkeit		**- 180**	**- 180**
Geldzufluss aus Finanzierungen			
– Erhöhung Hypothek	5)	50	
Geldabfluss aus Definanzierungen			
– Rückzahlung Darlehen	5)	- 15	
– Ausschüttung Dividenden	5)	- 60	
Cashflow aus Finanzierungstätigkeit		**- 25**	**- 25**
Abnahme Flüssige Mittel			**- 1**
– Flüssige Mittel am Anfang der Periode			47
– Flüssige Mittel am Ende der Periode			46

Zusammenfassung

Es ist die Aufgabe der Geldflussrechnung, die Veränderung der Geldmittel während einer Periode nachzuweisen. Dazu werden grundsätzlich alle liquiditätswirksamen Bewegungen einer Periode erfasst und systematisch dargestellt. Moderne Geldflussrechnungen fokussieren dabei auf den Fonds «Flüssige Mittel». In der Praxis wird der Fonds oft um die «Kurzfristigen Bankverbindlichkeiten» erweitert und als Fonds «Netto-Flüssige Mittel» definiert. Abzulehnen ist jede weitere Fassung des Begriffs der Liquidität, da dadurch die Aussagekraft der Geldflussrechnung verloren geht.

Bezüglich des Aufbaus der Geldflussrechnung hat sich durchgesetzt, dass zuerst derjenige Teil der Geldflüsse (Cashflow) gezeigt wird, der durch die betriebliche Tätigkeit entstanden ist. Bei der im praktischen Alltag üblichen Herleitung des Geldflusses gehören neben dem geldwirksamen Ertrag und Aufwand in diesen Bereich der Geldflussrechnung die Veränderungen der Konten Debitoren, Vorräte, Kreditoren und allenfalls transitorische Positionen. Die zweite Stufe zeigt den Geldfluss aus der Investitionstätigkeit und die dritte Stufe denjenigen aus der Finanzierungstätigkeit.

Eine vollständige Geldflussrechnung besteht aus einem Liquiditätsnachweis, der über die Entwicklung der Fondskonten berichtet, sowie der eigentlichen Geldflussrechnung.

Die Erarbeitung der Geldflussrechnung erfolgt aufgrund eines klaren methodischen Konzepts. Im gezeigten Arbeitsblatt wird in einem ersten Schritt der Cashflow aus Betriebstätigkeit direkt ermittelt. Dazu wird die gesamte Erfolgsrechnung mit in die Überlegungen einbezogen. Neutralisiert werden nur die nicht geldwirksamen Ertrag und Aufwand. Als Alternative kann der Cashflow aus Betriebstätigkeit auch indirekt, durch die geldneutralen Positionen der Erfolgsrechnung, erklärt werden. Diese Vorgehensweise ist einfacher, bringt aber auch weniger Information. Bei beiden Varianten sind die Positionen der Erfolgsrechnung durch die Veränderung von Konten des Umlaufvermögens (ohne Fondskonten) zu ergänzen.

In einem zweiten Schritt wird durch eine Analyse der verbleibenden Konten des Umlaufvermögens (z.B. Wertschriften) sowie der Konten des Anlagevermögens hergeleitet, welche Cashflows aus der Investitionstätigkeit resultieren. Der gleiche Prozess, allerdings für die Konten des Fremd- und Eigenkapitals, erlaubt die Herleitung des Cashflows aus Finanzierungstätigkeit.

Die Geldflussrechnung zeigt als Resultat die gleiche Veränderung der Fondskonten wie der Liquiditätsnachweis. Darüber hinaus liefert sie wertvolle Hinweise auf die Ursachen der Veränderung des Fonds. Damit wird sie zu einem wichtigen Instrument zur Beurteilung der finanziellen Lage eines Unternehmens.

Kennzahlenanalyse 9

Einleitung 9.1

Wesen und Bedeutung der Kennzahlenanalyse 9.1.1

Ziel der Analyse von Rechnungswesendaten ist es, einen möglichst umfassenden Einblick in die aktuelle Vermögens-, Finanz- und Ertragslage des untersuchten Unternehmens zu erhalten. Finanzielle Kennzahlen leisten dabei eine wertvolle Hilfe, indem sie die Fülle verfügbarer Informationen auf einige wenige, ausgewählte Ratios konzentrieren und Quervergleiche zwischen Gesellschaften unterschiedlicher Grösse erlauben. Sie ermöglichen ein rasches Erkennen von Trends, Sonderfaktoren und Ausreissern. Die Interpretation der Daten setzt Vergleichsmassstäbe voraus. Beim «Zeitvergleich» wird mit Hilfe von Daten aus früheren Perioden die Entwicklung über die Zeit hinweg analysiert. Der «Betriebsvergleich» beruht auf einer Gegenüberstellung von Unternehmen derselben Branche. Beim «Soll-Ist-Vergleich» werden den effektiven Zahlen Daten mit Vorgabecharakter entgegengestellt.

Kennzahlen entstehen, wenn zwei oder mehrere betriebswirtschaftliche Grössen zueinander in Beziehung gesetzt werden. Als Kriterien dienen Ursache-Wirkungs-Relationen oder die Darstellung einer Teilgrösse am übergeordneten Ganzen. Anstelle einzelner Ratios gelangen häufig ganze Kennzahlensysteme zur Anwendung, welche die Veränderung einer spezifischen Spitzenkennzahl anhand ihrer Komponenten erläutern.

Die Beurteilung eines Unternehmens auf der Basis von Kennzahlen hat stets aufgrund einer Gesamtperspektive zu erfolgen. Dazu gehören eine Strategieanalyse (Analyse der Branchenstruktur, der Anspruchsgruppen sowie der gewählten Strategie des Unternehmens) sowie die Accountinganalyse (Analyse der gewählten Grundsätze der Rechnungslegung, der Informationsgestaltung und -verbreitung). Die Kennzahlenanalyse selbst ist eine wesentliche Voraussetzung für die Zukunftsprognose (Prognose künftiger Gewinn-, Cashflow- und Dividendenströme) sowie für die Unternehmensbewertung (Bewertung des Unternehmens als Ganzes und einzelner Teilbereiche). Erst diese ganzheitliche Betrachtung (vgl. Abb. 9/1) zeigt den vollen Stellenwert der Kennzahlenanalyse (vgl. dazu auch Hail, Luzi; Meyer, Conrad: Abschlussanalyse und Unternehmensbewertung).

Abb. 9/1   **Framework zur Abschlussanalyse und Unternehmensbewertung**

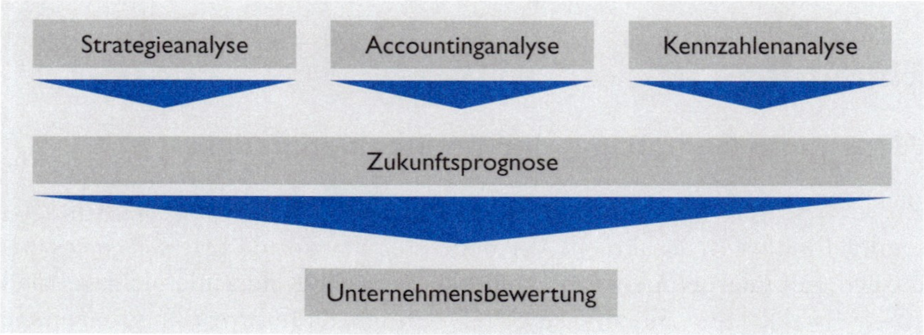

Für die Ermittlung und Interpretation der konkreten Kennzahlen lässt sich eine Reihe von Problembereichen identifizieren:

– *Kennzahlenauswahl:* Gesucht sind finanzielle Kenngrössen mit einem hohen Informationsgehalt bezüglich eines bestimmten Analysezwecks. Werden zu viele Ratios einbezogen, geht die Übersicht verloren, und ein Teil der Information ist redundant. Umgekehrt besteht die Gefahr, dass wichtige Angaben unbemerkt bleiben. Ideal wäre ein Kennzahlenset mit hoher Korrelation zu den weggelassenen Ratios, jedoch ohne allzu starke Überlappungen.

– *Datenqualität und -verfügbarkeit:* Die Angaben des finanziellen Rechnungswesens sind in hohem Masse subjektiv geprägt. Trotz Anwendung anerkannter Rechnungslegungsnormen bestehen zahlreiche Unterschiede sowohl innerhalb eines Standards als auch zwischen den verschiedenen Regelwerken. Für Vergleichszwecke ist eine sorgfältige Aufbereitung des Zahlenmaterials unumgänglich. Bei kleinen, nicht kotierten Unternehmen oder Angaben auf Segments- bzw. Produktebene stellt sich zusätzlich das Problem fehlender Daten.

– *Beobachtungszeitraum:* Der Erstellungszeitpunkt von Bilanz und Erfolgsrechnung ist mehr oder weniger willkürlich und steht selten in Einklang mit dem operativen Geschäftszyklus. Vor allem saisonale Schwankungen kommen darin nur beschränkt zum Ausdruck. Ausserdem kann mit buchhalterischen Massnahmen gezielt Bilanzpolitik im Hinblick auf eine Verbesserung der finanziellen Eckwerte betrieben werden (Window Dressing).

– *Grösseneffekte:* Der Vergleich zweier unterschiedlich grosser Gesellschaften – ein Hauptvorteil der Kennzahlenanalyse – beruht auf einer impliziten Annahme der Proportionalität. Das Verhältnis zwischen dem jeweiligen Zähler und Nenner wird als unabhängig von der Unternehmensgrösse betrachtet. Empirisch ist dieser Zusammenhang jedoch keineswegs gesichert.

– *Negative Zahlen und kleine Grössen im Nenner:* Unbedacht übernommen führen beide Phänomene zu zwar rechnerisch korrekten, inhaltlich jedoch falschen Aussagen. So ergibt z.B. ein Verlust in Kombination mit einem negativen Eigenkapital eine positive Eigenkapital-Rendite, tatsächlich ist man aber weit von einer Verzinsung des risikotragenden Kapitals entfernt.

Bereinigung der Daten   9.1.2

Die Kennzahlenanalyse steht und fällt – wie einleitend festgehalten wird – mit der Qualität der zu Grunde liegenden Daten. Deshalb ist der Bereinigung des Zahlenmaterials hohe Priorität einzuräumen. Die wesentlichen Problembereiche sind die folgenden:

– Auflösung Stiller Reserven
– Verrechnung der Wertberichtigungen (z.B. Delkredere, kumulierte Abschreibungen usw.) mit den Stammkonten
– Gliederung und Gruppierung der Daten
– Rundung der Zahlen.

Bei der wohl heikelsten Frage, der Problematik der Bereinigung der Abschlussdaten um sogenannte Stille Reserven, geht es darum, dass ein Unternehmen in seinem offiziellen Abschluss Daten präsentiert, welche nicht der tatsächlichen Vermögens-, Finanz- und Ertragslage entsprechen. Dies ist u.a. dann der Fall, wenn während früherer Perioden sogenannte «Stille Reserven», d.h. verdeckte Reserven, gebildet wurden. Konkret bedeutet dies Folgendes:

– In der Vergangenheit wurden z.B. höhere Abschreibungen getätigt und/oder höhere Rückstellungen gebildet, als effektiv notwendig gewesen wäre.
– Während der vergangenen Perioden wurden zu tiefe Gewinne ausgewiesen.
– Das heutige Umlauf- und Anlagevermögen weisen in den Büchern des Unternehmens eine zu tiefe Bewertung aus, die Rückstellungen sind zu hoch dotiert.
– Das aktuelle Eigenkapital wird als Residualgrösse zu tief ausgewiesen.

Meist erfolgt in späteren Jahren, vor allem während Perioden mit schlechten Ergebnissen, eine Auflösung früher gebildeter Stiller Reserven. Das führt zu folgenden Effekten:

- die Abschreibungen und der Rückstellungsaufwand werden in der aktuellen Periode tiefer gewählt, als betriebswirtschaftlich effektiv erforderlich gewesen wäre
- es werden zu hohe Gewinne ausgewiesen
- die Stillen Reserven reduzieren sich.

Dieser Sachverhalt wird an einem Beispiel illustriert (vgl. Abb. 9/2). Im Vordergrund steht das Bestreben, die gegen aussen präsentierten verfälschten Daten (Buchwerte) zu bereinigen und für die Kennzahlenanalyse aufzubereiten (effektive Werte).

Das Beispiel lässt erkennen, dass das tatsächliche Eigenkapital sowohl bei Beginn als auch am Ende der Periode höher gewesen ist und zwar jeweils um den Bestand der Stillen Reserven per Betrachtungszeitpunkt (1.1.20.3: CHF 450 000.–; 31.12.20.3: CHF 250 000.–). Die Veränderung der Stillen Reserven (im Beispiel eine Auflösung um CHF 200 000.–) hat zum einen den Bestand der Stillen Reserven in der Schlussbilanz um CHF 200 000.– auf CHF 250 000.– reduziert, zum anderen wird klar, dass das Unternehmen anstelle eines für Aussenstehende erkennbaren Gewinns von CHF 50 000.– effektiv einen Verlust von CHF 150 000.– erzielt hat.

Das Beispiel zeigt im Weiteren eindrücklich, dass durch die Bildung und Auflösung Stiller Reserven der grundsätzliche Gehalt des Abschlusses völlig entstellt werden kann. Damit erfolgt ein Verstoss gegen das Prinzip einer «Fair Presentation», der letztlich sowohl intern als auch extern nur Probleme bereitet. Fortschrittliche Unternehmen verzichten deshalb auf die Bildung solcher «Willkürreserven».

Das schweizerische Aktienrecht erlaubt eine Politik der Stillen Reserven. Allerdings ist der Betrag der während einer Periode netto aufgelösten Stillen Reserven im Anhang offen zu legen, soweit dadurch das erwirtschaftete Ergebnis wesentlich günstiger dargestellt wird. Die Fachempfehlungen zur Rechnungslegung Swiss GAAP FER und alle internationalen Regelwerke verlangen demgegenüber einen Ausweis der Vermögens-, Finanz- und Ertragslage nach dem Prinzip der «Fair Presentation». Willkürlich gebildete und aufgelöste Stille Reserven haben in solchen Abschlüssen nichts mehr zu suchen.

Beispiel zu Stillen Reserven (Beträge in CHF 1000.–)   Abb. 9/2

Bilanz per 1.1.20.3

Aktiven	Buch-wert	Effek-tive Werte	Stille Reser-ven	Passiven	Buch-wert	Effek-tive Werte	Stille Reser-ven
Waren	400	450	+50	Bankschulden	650	650	–
Übriges Umlaufverm.	200	200	–	Rückstellungen	200	100	–100
Anlagevermögen	800	1 100	+300	Aktienkapital	400	400	–
				Reserven	150	150	–
				Stille Reserven		450	+450
	1 400	1 750	+350		1 400	1 750	+350

Erfolgsrechnung 20.3

Aufwand	Buch-wert	Effek-tive Werte	Stille Reser-ven	Ertrag	Buch-wert	Effek-tive Werte	Stille Reser-ven
Warenaufwand	1 150	1 200	–50	Warenertrag	2 000	2 000	–
Personalaufwand	500	500	–				
Abschreibungen	200	300	–100				
Rückstellungsaufwand	100	150	–50				
Gewinn	50			Verlust		150	–
	2 000	2 150	–200		2 000	2 150	–

Bilanz per 31.12.20.3

Aktiven	Buch-wert	Effek-tive Werte	Stille Reser-ven	Passiven	Buch-wert	Effek-tive Werte	Stille Reser-ven
Waren	470	470	–	Bankschulden	690	690	–
Übriges Umlaufverm.	350	350	–	Rückstellungen	150	100	–50
Anlagevermögen	600	800	+200	Aktienkapital	400	400	–
				Reserven	180	180	–
				Stille Reserven		250	+250
	1 420	1 620	+200		1 420	1 620	+200

9.1.3 Beispiel zur Kennzahlenanalyse

Die Kennzahlenanalyse wird wiederum am Beispiel der «Oechsle AG» illustriert (vgl. Abb. 9/3 und 9/4).

Abb. 9/3 **Bilanz der «Oechsle AG» (Beträge in CHF 1000.–)**

Aktiven per		1.1.20.1		31.12.20.1	Passiven per		1.1.20.1	31.12.20.1
Kasse		8		6	Kreditoren		253	256
Postguthaben		16		20	Garantierückstellung		12	14
Bankguthaben		23		20	**Kfr. Fremdkapital**		**265**	**270**
Debitoren	240		220					
./. Delkredere	12	228	11	209				
Warenlager		410		420	Darlehen		265	250
Transitorische Aktiven		15		15	Hypothek		500	550
Umlaufvermögen		**700**		**690**	**Lfr. Fremdkapital**		**765**	**800**
Mobilien	300		380					
./. WB Mobilien	100	200	140	240				
Fahrzeuge	100		100					
./. WB Fahrzeuge	20	80	40	60				
Immobilien	1 000		1100		Aktienkapital		500	500
./. WB Immobilien	200	800	250	850	Reserven		250	270
Anlagevermögen		**1 080**		**1 150**	**Eigenkapital**		**750**	**770**
		1 780		**1 840**			**1 780**	**1 840**

Abb. 9/4 **Erfolgsrechnung der «Oechsle AG» (Beträge in CHF 1000.–)**

Aufwand	Erfolgsrechnung 20.1		Ertrag
Warenaufwand	2 100	Warenertrag	2 800
Bruttogewinn	700		
	2 800		2 800
Personalaufwand	400	Bruttogewinn	700
Garantieaufwand	7		
Abschreibungen Mobilien	40		
Abschreibungen Fahrzeuge	20		
Abschreibungen Immobilien	50		
Übriger Aufwand	83		
Zinsaufwand	20		
Gewinn	80		
	700		700

Für die Berechnung der einzelnen Ratios sind folgende Zusatzinformationen erforderlich:

- Cashflow aus Betriebstätigkeit 20.3:   CHF   204 000.–
- liquiditätswirksamer Aufwand 20.3:   CHF   2 615 000.–
- Anzahl Aktien: 5 000 à CHF 100.–
- Börsenkurs Ende 20.3:   CHF   200.–
- ausgeschüttete Dividende: CHF   60 000.–

Die am Beispiel der «Oechsle AG» gezeigte Kennzahlenanalyse lässt sich inhaltlich in fünf Bereiche gliedern (vgl. Abb. 9/5).

Übersicht zur Kennzahlenanalyse   Abb. 9/5

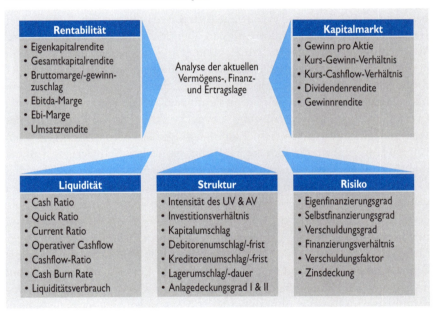

Bei der Rentabilität steht die Frage nach dem Verhältnis zwischen dem generierten Einkommen und dem investierten Kapital im Vordergrund. Die Liquidität beschäftigt sich mit der jederzeitigen Zahlungsfähigkeit. Bei der Struktur wird die operative Nutzung des vorhandenen Vermögens untersucht. Das Risiko bezieht sich primär auf die Kapitalstruktur und die damit verbundenen Zins- und Rückzahlungsverpflichtungen. Der Kapitalmarkt schliesslich beleuchtet die von aussen an ein Unternehmen herangetragenen Gewinn- und Wachstumserwartungen.

Im Folgenden werden zu allen Analysebereichen einige repräsentative Ratios kurz vorgestellt. Im Einzelfall hat die Auswahl der Ratios aber immer individuell und zweckbezogen zu erfolgen. Neben der Formel für die Berechnung der jeweiligen Ratios werden immer auch die Werte für die «Oechsle AG» gezeigt.

9.2 Analyse der Rentabilität

9.2.1 Allgemeines

Die Kennzahlen zur Rentabilität sind die wohl wichtigsten Anhaltspunkte für die Beurteilung der operativen Leistungskraft eines Unternehmens. Insbesondere die aktuelle und potenzielle Anlegerschaft ist zur Fundierung ihrer Investitionsentscheide an Informationen über den Erfolgsverlauf interessiert. Wird es einer Gesellschaft auch in Zukunft gelingen, nachhaltige Gewinne zu erarbeiten? Kann das bisherige Ertragswachstum beibehalten werden oder droht eine Einbusse? Aus betriebswirtschaftlicher Sicht wird erst dann ein ökonomischer Gewinn erzielt, wenn sämtliche Kosten – inklusive der kalkulatorischen Eigenmittelverzinsung – gedeckt sind. Das Grundprinzip der Renditekalkulation ist einfach: Eine Gewinngrösse wird zum investierten Kapital bzw. generierten Umsatz ins Verhältnis gesetzt. Schwieriger wird die praktische Umsetzung. Entscheidungen über die Art der einzubeziehenden Gewinngrösse (z.B. Reingewinn, Betriebsgewinn, Bruttogewinn), die zu wählende Bezugsbasis (z.B. Eigenkapital, Gesamtkapital, betrieblich gebundenes Kapital) sowie die anzuwendende Verzinsung (vor oder nach Abzug der Fremd- bzw. Eigenkapitalzinsen) sind erforderlich. Es erstaunt daher nicht, dass in Theorie und Praxis keine einheitliche Definition der Renditekennzahlen existiert, sondern je nach konkretem Untersuchungsgegenstand unterschiedliche Varianten zum Einsatz gelangen. Der Offenlegung der Berechnungsgrundlagen kommt unter diesen Umständen eine spezielle Bedeutung zu.

9.2.2 Eigenkapital- und Gesamtkapitalrendite

Im Rahmen der Shareholder Value-Debatte hat die Eigenkapitalrendite (ROE = Return on Equity) eine prominente Stellung erlangt. Weiterhin gilt sie als eine der wichtigsten Steuerungs- und Beurteilungsgrössen der operativen Leistungsfähigkeit. Im direkten Quervergleich sind jedoch branchentypische Eigenheiten, die individuelle Finanzierungssituation sowie das geschäftsspezifische Risiko angemessen zu berücksichtigen. Ihre Kernaussage bezieht sich auf die Effizienz des Mitteleinsatzes aus Sicht der Inhaber. Für die Berechnung wird der Reingewinn – allenfalls bereinigt um ausserordentliche und betriebsfremde Aufwands- und Ertragsposten – zum durchschnittlich während einer Periode gebundenen Eigenkapital in Relation gesetzt (Beträge in CHF 1 000.–):

$$\text{Eigenkapitalrendite} = \text{ROE} = \frac{\text{Reingewinn}}{\varnothing \ \text{Eigenkapital}} \cdot 100\% = \frac{80}{760} \cdot 100\% = 10.5\%$$

Die Gesamtkapitalrendite (ROA = Return on Assets) gilt als zentrale finanzwirtschaftliche Zielgrösse eines Unternehmens. Zwei Interpretationen sind möglich: Zum einen misst sie die Fähigkeit des Managements zur wirtschaftlich optimalen Nutzung des investierten Vermögens (Aktivseite der Bilanz) und zum anderen zeigt sie die gesamten Rückflüsse an die Kapitalgeber, losgelöst von der konkreten Finanzierungsform (Passivseite der Bilanz). Konsequenterweise sind die Fremdkapitalzinsen in die Berechnung einzubeziehen (Beträge in CHF 1 000.–):

$$\text{Gesamtkapitalrendite} = \text{ROA} = \frac{\text{Reingewinn} + \text{Fremdkapitalzinsen}}{\varnothing \ \text{Gesamtkapital}} \cdot 100\%$$
$$= \frac{80 + 20}{1\,810} \cdot 100\% = 5.5\%$$

Gewinnmargen und Umsatzrendite   9.2.3

Eine zweite Kategorie von Profitabilitätsmassen untersucht den Zusammenhang zwischen dem erwirtschafteten Erfolg und dem zumeist wichtigsten Gewinntreiber, dem operativen Umsatz. Hohe Verkaufserlöse ohne entsprechende Gewinne stellen auf die Dauer keine Option dar, weshalb das Umsatzwachstum stets auf seine Rentabilitätsfolgen zu prüfen ist. Die Bruttomarge (oft auch Handelsmarge genannt) erfasst das Verhältnis zwischen Warenaufwand und Nettoerlös (Handelsbetrieb) bzw. Herstellkosten der verkauften Ware und Nettoerlös (Fabrikationsbetrieb), ohne durch die Verwaltungs- und Vertriebskosten, die Investitions- und Finanzierungstätigkeit sowie die Steuern belastet zu werden. Je nach Informationsbedarf können Schritt für Schritt einzelne Aufwandskomponenten dazugezählt werden, um ein von bestimmten Elementen unverfälschtes Ergebnis zu erhalten. Auf Stufe Ebitda (Earnings before Interests, Taxes, Depreciation and Amortization) z.B. resultiert ein von willkürlichen Abschreibungen auf Sachanlagen und Amortisationen auf immateriellen Gütern unverzerrtes Bild. Schliesslich verdeutlicht die Umsatzrendite (ROS = Return on Sales) den pro Umsatzwerteinheit im Unternehmen verbleibenden Reingewinn (Beträge in CHF 1 000.–):

$$\text{Bruttomarge} = \frac{\text{Bruttogewinn}}{\text{Nettoerlös}} \cdot 100\% = \frac{700}{2\,800} \cdot 100\% = 25\%$$

$$\text{Bruttogewinnzuschlag} = \frac{\text{Bruttogewinn}}{\text{Warenaufwand}} \cdot 100\% = \frac{700}{2\,100} \cdot 100\% = 33.3\%$$

$$\text{Ebitda-Marge} = \frac{\text{Reingewinn vor Zinsen, Steuern, Abschreibungen und Amortisationen}}{\text{Nettoerlös}} \cdot 100\% = \frac{80+20+110}{2\,800} \cdot 100\% = 7.5\%$$

$$\text{Ebi-Marge} = \frac{\text{Reingewinn vor Zinsen}}{\text{Nettoerlös}} \cdot 100\% = \frac{80+20}{2\,800} \cdot 100\% = 3.6\%$$

$$\text{Nettomarge} = \text{Umsatzrendite} = \text{ROS} = \frac{\text{Reingewinn}}{\text{Nettoerlös}} \cdot 100\% = \frac{80}{2\,800} \cdot 100\% = 2.9\%$$

Wichtiger als die Analyse einzelner Kenngrössen ist jedoch die Zerlegung der Renditezahlen in ihre Komponenten (vgl. Abb. 9/6). Die Überleitung von der Umsatz- zur Gesamtkapitalrendite führt über den Kapitalumschlag, einer Kennzahl zur Umsatzwirkung je Geldeinheit des eingesetzten Kapitals. Vor allem in Handelsbetrieben und bei Massengütern ist eine hohe Kapitalnutzung erforderlich, da von tendenziell tiefen Margen ausgegangen werden muss.

Abb. 9/6 **Zerlegung der Renditekennzahlen (Beträge in CHF 1 000.–)**

$$\frac{\text{Reingewinn + Zinsen}}{\text{Nettoerlös}} \cdot 100\% \qquad \frac{\text{Nettoerlös}}{\text{Ø Gesamtkapital}} \qquad \frac{\text{Reingewinn + Zinsen}}{\text{Ø Gesamtkapital}} \cdot 100\%$$

Ebi-Marge • **Kapitalumschlag** = **Gesamtkapitalrendite (ROA)**

$$\frac{80+20}{2\,800} \cdot 100\% \quad \cdot \quad \frac{2\,800}{1\,810} \quad = \quad \frac{80+20}{1\,810} \cdot 100\%$$

$$3.57\% \quad \cdot \quad 1.55 \quad = \quad 5.53\%$$

Analyse der Liquidität   9.3

Allgemeines   9.3.1

Die Fähigkeit der Unternehmen, den fälligen Zahlungsansprüchen jederzeit
Folge zu leisten, gilt als wichtige unternehmerische Rahmenbedingung, deren Nichteinhalten ihre Existenz ernsthaft bedrohen kann. Vor allem die
kurzfristigen Finanzgläubiger und Lieferanten haben ein grosses Interesse an
der laufenden Überwachung der Liquidität. Langfristig wird jedoch das Ren-
tabilitätsziel höher als die Liquiditätssicherung eingestuft, da genügend Zah-
lungsmittel zwar eine notwendige, nicht aber hinreichende Voraussetzung für
den Erfolg darstellen. Grundsätzlich wird zwischen der dispositiven und der
strukturellen Liquidität unterschieden, worin die zwei wesentlichen Geld-
quellen, nämlich die kurzfristig verflüssigbaren Guthaben auf der Aktivseite
der Bilanz sowie die Generierung von Cash im Verlauf der regulären Geschäftstätigkeit, zum Ausdruck kommen.

Dispositive Liquidität   9.3.2

Bei diesem bestandesorientierten Konzept wird untersucht, inwieweit die zu
einem bestimmten Zeitpunkt vorhandenen flüssigen oder geldnahen Mittel
in der Lage sind, die kurzfristig erwarteten Zahlungsverpflichtungen zu erfüllen. Dazu wird eine horizontale Verknüpfung von liquiditätsrelevanten
Aktivposten mit den kurzfristigen Verbindlichkeiten vorgenommen (Beträge
in CHF 1 000.–):

$$\text{Cash Ratio} = \text{Liquiditätsgrad I} = \frac{\text{Flüssige Mittel}}{\text{kurzfristige Verbindlichkeiten}} \cdot 100\%$$

$$= \frac{46}{270} \cdot 100\% = 17\%$$

$$\text{Quick Ratio} = \text{Liquiditätsgrad II} = \frac{\text{Flüssige Mittel + kurzfristige Forderungen}}{\text{kurzfristige Verbindlichkeiten}} \cdot 100\%$$

$$= \frac{255}{270} \cdot 100\% = 94\%$$

$$\text{Current Ratio} = \text{Liquiditätsgrad III} = \frac{\text{Umlaufvermögen}}{\text{kurzfristige Verbindlichkeiten}} \cdot 100\%$$

$$= \frac{690}{270} \cdot 100\% = 256\%$$

Aussagekräftigste Kennziffer bildet die Quick Ratio, welche Geld und kurzfristig realisierbare Positionen des Umlaufvermögens dem kurzfristigen
Fremdkapital gegenüberstellt. Im Gegensatz zur Current Ratio bleibt das
Warenlager von der Analyse ausgeschlossen, um dem Umstand Rechnung zu
tragen, dass bei physischen Lagervorräten der Verkauf an Kunden und damit
die Umwandlung in Flüssige Mittel mit erheblichen Unsicherheiten behaftet
ist. Gegenüber der Cash Ratio erfolgt die Abgrenzung über den Einbezug
der Debitorenbestände. Es wird angenommen, dass die ausstehenden Kundenforderungen innert nützlicher Frist beglichen werden und die gebildeten
Wertberichtigungen die effektiven Zahlungsausfälle abzudecken vermögen.
Da es sich bei den Liquiditätsgraden um statische Grössen handelt, erlauben
sie nur bedingt Rückschlüsse auf die zukünftigen Zahlungsströme.

9.3.3   Strukturelle Liquidität

Bei der strukturellen Liquidität steht die Frage im Zentrum, ob die operative
Nutzung des Betriebsvermögens geeignet ist, einen Beitrag an die künftigen
Liquiditätsverpflichtungen zu leisten. Vor allem der Cashflow erlangt in die-
sem stromgrössenorientierten Konzept eine hohe Bedeutung, dient er doch
als Massgrösse für die Innenfinanzierungskraft des Unternehmens, d.h. den
Zufluss an selbsterarbeiteten liquiden Mitteln aus Betriebstätigkeit.

Die zentrale Informationsbasis zur Bestimmung des Cashflows bildet die
Geldflussrechnung. Sie liefert Angaben zum Fondsbeitrag aus der Betriebstätigkeit sowie zu den zahlungswirksamen Investitions- und Finanzierungsvor-
gängen. Vor allem eine Analyse mit Plan- statt mit Vergangenheitsdaten verspricht einen hohen Aussagegehalt hinsichtlich der künftigen Liquiditätsentwicklung. Beispiele für zeitraumbezogene, dynamische Kennzahlen sind die
Cashflow-Ratio als Massstab zur Bedienung des kurzfristigen Fremdkapitals
aus betrieblichen Umsätzen oder die Cash Burn Rate. Letztere zeigt, wie
lange (in Tagen, Monaten oder Jahren) die heute vorhandenen liquiden und
liquiditätsnahen Mittel zur Deckung der laufenden Betriebsausgaben ausrei-
chen. Neue Finanzierungsquellen oder Einnahmen aus künftigen Verkäufen
werden dabei vernachlässigt (Beträge in CHF 1 000.–):

$$\text{Cashflow-Ratio} \quad = \quad \frac{\text{Cashflow aus Betriebstätigkeit}}{\text{kurzfristige Verbindlichkeiten}} \cdot 100\% \quad = \frac{204}{270} \cdot 100\% = 75.6\%$$

$$\text{Cash Burn Rate} \quad = \quad \frac{\text{Flüssige Mittel} + \text{kurzfristige Forderungen}}{\text{liquiditätswirksame Aufwendungen}} \cdot 365 \text{ Tage}$$

$$= \quad \frac{46 + 209}{2\,615} \cdot 365 \quad = \quad 35.6 \text{ Tage}$$

Analyse der Vermögensstruktur 9.4

Allgemeines 9.4.1

Mit Hilfe der Kennzahlen zur Vermögensstruktur soll untersucht werden, ob dem Management eine effiziente Nutzung der Investitionen gelungen ist, und zwar in Bezug auf die Zusammensetzung, den Umschlag und die Finanzierung des Vermögens. In der Bilanz eines Unternehmens schlägt sich die operative Tätigkeit primär in den Positionen «Debitoren», «Kreditoren», «Lager» und «Sachanlagen» nieder. Daneben existieren jedoch zahlreiche andere potenzielle zukünftige Nutzenzugänge ohne Gegenleistung (= Aktiven), die nur unter bestimmten Bedingungen, häufig sogar überhaupt nicht, im finanziellen Rechnungswesen in Erscheinung treten. Angaben zu Leasinggeschäften, immateriellen Gütern wie Forschung und Entwicklung, Gewährleistungsverpflichtungen sowie derivativen Finanzinstrumenten sollten – wenn schon nicht in der Bilanz – zumindest im Anhang zur Jahresrechnung ersichtlich sein. Eng mit der Unvollständigkeit der Bilanz ist die Frage der Bewertung verknüpft. Da es den Gesetzen und Standards zur Rechnungslegung nur ansatzweise gelingt, die grundsätzlich subjektive Wertfindung objektiv fassbar zu machen, verbleibt ein erheblicher Ermessensspielraum.

Intensitätsgrade und Investitionsverhältnis 9.4.2

Die bilanzielle Zusammensetzung der Aktivseite gibt Hinweise auf das Investitionsvolumen einer Branche und dient als Indikator für die Kapitalbindung und damit das operative Geschäftsrisiko. Je höher der Anteil des langfristig gebundenen Anlagevermögens, desto anfälliger reagieren die Unternehmen auf konjunkturelle Schwankungen und desto länger ist tendenziell die Amortisationsdauer für die getätigten Investitionen. Ein hohes relatives Umlaufvermögen hingegen bewirkt einen ständigen Druck zur effizienten Lager- und Debitorenbewirtschaftung. Vor allem die Vorräte sind vielfältigen Einflüssen wie unerwarteter Preiszerfall, Verderblichkeit oder Änderung des Konsumverhaltens ausgesetzt. Als Kennzahlen, welche diese Wechselwirkungen zum Ausdruck bringen, eignen sich gleichsam die Intensität des Umlauf- und Anlagevermögens sowie das Investitionsverhältnis (Beträge in CHF 1 000.–):

$$\text{Intensität des Umlaufvermögens} = \frac{\text{Umlaufvermögen}}{\text{Gesamtvermögen}} \cdot 100\% = \frac{690}{1\,840} \cdot 100\% = 37.5\%$$

$$\text{Intensität des Anlagevermögens} = \frac{\text{Anlagevermögen}}{\text{Gesamtvermögen}} \cdot 100\% = \frac{1\,150}{1\,840} \cdot 100\% = 62.5\%$$

$$\text{Investitionsverhältnis} = \frac{\text{Umlaufvermögen}}{\text{Anlagevermögen}} \cdot 100\% = \frac{690}{1\,150} \cdot 100\% = 60\%$$

9.4.3 Umschlagskennzahlen

Umschlags- oder Aktivitätskennzahlen zeigen die Beziehung zwischen dem aktuellen Leistungsniveau und den dafür benötigten Investitionen. In ihrer Grundform bestehen sie aus einer Erfolgsgrösse dividiert durch die entsprechende Bilanzposition und verdeutlichen den pro investierte Geldeinheit erzielten Ertrag bzw. angefallenen Aufwand. Grundsätzlich gilt, dass je höher der Umschlag, desto besser die betriebliche Kapitalnutzung, was Rückschlüsse auf die Profitabilität und Liquidität zulässt. Aus der Verbindung von Bilanz und Erfolgsrechnung lassen sich Aussagen bezüglich des Kapitalbedarfs herleiten (Beträge in CHF 1 000.–):

$$\text{Kapitalumschlag} = \frac{\text{Nettoerlös}}{\varnothing\ \text{Gesamtvermögen}} = \frac{\text{Nettoerlös}}{\varnothing\ \text{Gesamtkapital}} = \frac{2\,800}{1\,810} = 1.5\text{x}$$

$$\text{Debitorenumschlag} = \frac{\text{Umsatz gegen Rechnung}}{\varnothing\ \text{Debitorenbestand}} = \frac{2\,800}{218.5} = 12.8\text{x}$$

$$\text{Debitorenfrist} = \frac{365\ \text{Tage}}{\text{Debitorenumschlag}} = \frac{365}{12.8} = 28.5\ \text{Tage}$$

$$\text{Kreditorenumschlag} = \frac{\text{Einkauf gegen Rechnung}}{\varnothing\ \text{Kreditorenbestand}} = \frac{\text{Warenaufwand} + \text{Lagererhöhung}}{\varnothing\ \text{Kreditorenbestand}}$$

$$= \frac{2\,100 + 10}{254.5} = 8.3\text{x}$$

$$\text{Kreditfrist} \quad = \frac{365 \text{ Tage}}{\text{Kreditorenumschlag}} = \frac{365}{8.2} = 44.5 \text{ Tage}$$

$$\text{Lagerumschlag} \quad = \frac{\text{Warenaufwand}}{\varnothing \text{ Lagerbestand}} = \frac{2\,100}{415} = 5.1 \times$$

$$\text{Lagerdauer} \quad = \frac{365 \text{ Tage}}{\text{Lagerumschlag}} = \frac{365}{5.1} = 71.6 \text{ Tage}$$

Wichtigste Kenngrösse ist der Kapitalumschlag, der besagt, wieviel Mal sich das gesamte Vermögen im Umsatz niederschlägt. Gleichzeitig führt die Multiplikation mit der Ebi-Marge zur Gesamtkapitalrendite. Über die Bewirtschaftung der Zahlungsbestände geben der Debitoren- und Kreditorenumschlag Auskunft. Zahlungskonditionen und -moral lassen sich ebenso daraus ablesen wie die zu erwartenden Finanzierungskonsequenzen einer aggressiven Expansion. Der Lagerumschlag gibt an, wie oft die Halb- und Fertigfabrikate bzw. die Handelswaren pro Periode umgesetzt werden, wobei die Methode der Lagerverbuchung (z.B. LIFO oder FIFO) das Ergebnis beeinflusst. Umgerechnet auf eine durchschnittliche Verweildauer gilt folgender Zusammenhang: Die Summe aus Lagerdauer und Debitorenfrist zeigt, wie lange es durchschnittlich dauert ab dem Zeitpunkt des Waren- oder Materialeingangs bis zur Bezahlung der Ware durch die Kunden (operativer Geschäftszyklus). Wird zusätzlich die Kreditfrist in Abzug gebracht, resultiert eine Masszahl für die Anzahl Tage, während der die Betriebstätigkeit flüssige Mittel im Unternehmen bindet (operativer Geldzyklus).

Deckungsgrade   9.4.4

Basierend auf der goldenen Bilanzregel, die besagt, dass langfristig gebundene Vermögenspositionen durch langfristig zur Verfügung gestelltes Kapital zu finanzieren sind, erfolgt die Berechnung der Anlagedeckungsgrade. Im Zentrum steht die Fristenkongruenz zwischen Kapitalbindung und Finanzierung. In einer weiterführenden Analyse wären zusätzlich die Aktiv- und Passivseite der Bilanz gemäss ihrer rechtlichen bzw. betriebswirtschaftlichen Fälligkeitsstruktur zu gliedern, um allfällige Finanzierungs- sowie Anlagelücken zu eruieren. Ebenso von Interesse wären zudem Angaben zur Zinsbindung und Währungszusammensetzung. Die Analyse der horizontalen Bilanzrelationen basiert auf folgenden Kennzahlen (Beträge in CHF 1 000.–):

$$\text{Anlagedeckungsgrad I} = \frac{\text{Eigenkapital}}{\text{Anlagevermögen}} \cdot 100\% = \frac{770}{1\,150} \cdot 100\% = 67.0\%$$

$$\text{Anlagedeckungsgrad II} = \frac{\text{Eigenkapital + langfristiges Fremdkapital}}{\text{Anlagevermögen}} \cdot 100\%$$

$$= \frac{770 + 800}{1\,150} \cdot 100\% = 136.5\%$$

9.5 Analyse des Finanzierungsrisikos

9.5.1 Allgemeines

Die Aufteilung der Passiven in Fremd- und Eigenkapital sowie die damit verbundenen Zahlungsströme (Zinsen, Dividenden, Kapitalein- und Kapitalrückzahlungen) erlauben einen Einblick in das Risikoverhalten und die Risikoposition des Unternehmens. Dabei gilt folgender Zusammenhang: Je höher der Fremdkapitalanteil, umso höher die Rendite des Eigenkapitals, aber nur solange, wie die Rendite des Gesamtkapitals die Verzinsung des Fremdkapitals übertrifft. Zugleich ist zu beachten, dass das Risiko der Eigenkapitalgeber mit zunehmender Verschuldung ansteigt. Eine Beurteilung der Kapitalstruktur hat daher stets vor dem Hintergrund einer Risiko-Rendite-Abwägung zu erfolgen. Ebenfalls relevant ist die Frage der Vollständigkeit der Erfassung allfälliger nicht bilanzierter, potenzieller zukünftiger Nutzenabgänge ohne Gegenleistung (= Passiven). Der Einbezug von Verpflichtungen aus z.B. Leasingkontrakten, schwebenden Geschäften, Rückstellungen gehört ebenso zur Abschlussbereinigung wie die eindeutige Zuordnung von Passivposten zum Fremd- oder Eigenkapital (z.B. Latente Steuern oder Rückstellungen mit Reservecharakter).

9.5.2 Eigen- und Selbstfinanzierungsgrad

Neben Risiko-Rendite-Überlegungen hängt der Entscheid zu Gunsten einer Fremd- oder Eigenfinanzierung von zahlreichen weiteren Faktoren ab. Beispiele sind die Kosten der Kapitalbeschaffung, das Mitspracherecht in Bezug auf das Management, die Dauer der Kapitalüberlassung, die konkreten Haftungsverhältnisse oder die Beteiligung am betrieblichen Erfolg. So besteht die Aufgabe der Unternehmensleitung darin, unter Berücksichtigung der unterschiedlichen Rechte und Pflichten, der Informations- und Transaktionskosten, der steuerlichen Aspekte sowie der eigenen Motive und Anreize eine

möglichst optimale Kapitalstruktur zu definieren. Ein hoher Eigenkapitalan-
teil, gemessen durch den Eigenfinanzierungsgrad, gilt als Zeichen für unternehmerische Unabhängigkeit und Bonität, steht aber zugleich in einem gewissen Widerspruch zur Rentabilität, handelt es sich doch (den Risiken entsprechend) um eine teure Finanzierungsquelle. Der Selbstfinanzierungsgrad
zeigt, inwieweit es einem Unternehmen gelungen ist, nach Ausschüttung der
Dividenden das betriebliche Wachstum aus eigener Kraft voranzutreiben
(Beträge in CHF 1 000.–):

$$\text{Eigenfinanzierungsgrad} = \frac{\text{Eigenkapital}}{\text{Gesamtkapital}} \cdot 100\% = \frac{770}{1\,840} \cdot 100\% = 41.8\%$$

$$\text{Selbstfinanzierungsgrad} = \frac{\text{Einbehaltene Gewinne}}{\text{Eigenkapital}} \cdot 100\% = \frac{270}{770} \cdot 100\% = 35.1\%$$

Verschuldungskennzahlen   9.5.3

Eine geänderte Blickweise auf die Bilanzstruktur ergibt sich aus Gläubigerop-
tik. Im Vordergrund steht die uneingeschränkte Fähigkeit zur Begleichung
der Zinsen sowie zur Rückzahlung der Schulden. Es empfiehlt sich daher
eine Unterscheidung zwischen operativen Verbindlichkeiten ohne explizite
Zinslast (z.B. Lieferantenkreditoren) und Finanzschulden. Als Differenz aus
Letzteren und den Flüssigen Mitteln resultiert die Nettofinanzsituation, die
entweder als Net Cash oder als Net Debt eine Aussage zu den zinspflichtigen
Kapitalien und zur damit einhergehenden Fixkostenbelastung erlaubt. Aus
steuerlicher Sicht ist ausserdem die Abzugsfähigkeit der Zinskosten zu beachten. Folgende Kennzahlen liefern Hinweise zur Verschuldung (Beträge in
CHF 1 000.–):

$$\text{Verschuldungsgrad} = \frac{\text{Fremdkapital}}{\text{Gesamtkapital}} \cdot 100\% = \frac{1\,070}{1\,840} \cdot 100\% = 58.1\%$$

$$\text{Finanzierungsverhältnis} = \frac{\text{Fremdkapital}}{\text{Eigenkapital}} \cdot 100\% = \frac{1\,070}{770} \cdot 100\% = 139.0\%$$

$$\text{Verschuldungsfaktor} = \frac{\text{Effektivverschuldung}}{\text{Cashflow aus Betriebstätigkeit}}$$
$$= \frac{\text{Fremdkapital} - \text{Flüssige Mittel} - \text{Debitoren}}{\text{Cashflow aus Betriebstätigkeit}}$$
$$= \frac{1\,070 - 46 - 209}{204} = 4$$

$$\text{Zinsdeckung} = \frac{\text{Reingewinn vor Zinsen und Steuern}}{\text{Zinsaufwand}} = \frac{\text{Ebit}}{\text{Zinsaufwand}}$$

$$= \frac{80 + 20}{20} = 5$$

Der Verschuldungsgrad und das Finanzierungsverhältnis zeigen auf, in welchem Umfang sich ein Unternehmen über Dritte finanziert. Eine Beurteilung hat neben der allgemeinen Wirtschaftslage auch branchen- und länderspezifische Eigenheiten sowie die jeweilige Rechtsform zu berücksichtigen. Der Verschuldungsfaktor dient als Massstab für die Fähigkeit einer Gesellschaft, ihre Nettoverbindlichkeiten (entweder gemessen am totalen Fremdkapital oder an den Finanzschulden) aus dem Cashflow aus Betriebstätigkeit zu begleichen. Die Berechnung beruht auf effektiven Zahlungsströmen und nicht auf Aufwands- oder Ertragsgrössen. Demgegenüber illustriert die Zinsdeckung (Times Interest Earned), wieviele Male die Zinskosten der Fremdfinanzierung aus dem Betriebsergebnis abgedeckt werden können. Als Richtmass für die regelmässige Bedienung der Finanzschulden sollte ein Wert von «zwei» nicht unterschritten werden.

9.6 Einschätzung durch den Kapitalmarkt

9.6.1 Allgemeines

Kotierte Gesellschaften stehen unter ständiger Beobachtung des Kapitalmarkts. Zur Fundierung ihrer Portfolioentscheide verlangen Anlegerinnen und Anleger Angaben zum Risiko-Rendite-Profil der verfügbaren Investitionsmöglichkeiten. Der Börse als hochentwickeltem Informationslieferant kommt dabei eine wichtige Bedeutung zu, entsprechen doch in einem effizienten Kapitalmarkt die vorherrschenden Aktienkurse jederzeit dem aktuellen Wissensstand. Die Auffassung, dass neue Informationen rasch und weitgehend vollständig in den Kursen verarbeitet werden, gilt heute weiterhin als akzeptiert, obwohl immer wieder Marktanomalien (z.B. Januar- oder Grösseneffekt) und vermeintlich irrationale Verhaltensweisen (z.B. Tendenz zur Selbstüberschätzung, Aversion gegenüber Verlusten oder Herdentrieb) empirisch nachgewiesen werden können. Die Tatsache, dass den beobachtbaren Aktienkursen – wenn schon kein vollständiger – ein hoher Informationsgehalt zugestanden wird, macht sie zum idealen, weil objektiven Vergleichsmassstab für die Berechnung kapitalmarktorientierter Kennzahlen. Aus der

Kombination einer Rechnungswesengrösse mit dem Börsenkurs erhofft man sich Einblick in die Zukunftsperspektiven eines Unternehmens, eingeschätzt durch die neutralen Marktkräfte. Daraus leitet sich eine relative Beurteilung (über die Zeit oder im Branchenvergleich) der operativen Leistungskraft ab.

Gewinn pro Aktie   9.6.2

Obwohl ohne unmittelbaren Kapitalmarktbezug, dient die Kennzahl «Gewinn pro Aktie» (EPS = Earnings per Share) als Leistungsmass und zentrale Inputgrösse für die Ermittlung weiterführender Kennziffern. Für die Berechnung sind die beiden Grössen «Gewinn» und «Anzahl Aktien» näher zu präzisieren. Bei der Grundvariante wird der Reingewinn durch den zeitgewichteten Durchschnitt der ausstehenden Titel dividiert. Im Idealfall werden mit Blick auf die Unternehmensbewertung Prognosezahlen verwendet:

$$\text{Gewinn pro Aktie} = \frac{\text{Reingewinn}}{\varnothing \text{ Anzahl ausstehende Aktien}} = \frac{80\ 000}{5\ 000} = 16$$

Market Comparables (Marktrenditen)   9.6.3

Wohl die bekannteste Kennzahl zur relativen Beurteilung kotierter Gesellschaften ist das Kurs–Gewinn–Verhältnis (PER = Price-to-Earnings Ratio). Diese Grösse zeigt, wie oft der Reingewinn im aktuellen Aktienkurs enthalten ist bzw. wie stark die Kapitalmärkte die zukünftigen Gewinnchancen auf den heutigen Zeitpunkt diskontieren. Eine im Vergleich zum Gesamtmarkt oder zur Branche tiefe PER deutet auf eine mögliche Unterbewertung und damit eine Kaufgelegenheit hin. Als weitere Ursachen kommen aber auch die schwache Gewinndynamik, das allgemeine Zinsniveau, die Qualität der publizierten Gewinne oder Unsicherheiten in Bezug auf die künftige Entwicklung in Frage. Eine hohe PER lässt sich in umgekehrter Weise interpretieren:

$$\text{Kurs-Gewinn-Verhältnis} = \frac{\text{Börsenkurs}}{\text{Gewinn pro Aktie}} = \frac{200}{16} = 12.5$$

$$\text{Kurs-Cashflow-Verhältnis} = \frac{\text{Börsenkurs}}{\text{Cashflow pro Aktie}} = \frac{200}{40.8} = 4.9$$

Die Profitabilität einer Gesellschaft lässt sich nicht nur mit Rechnungswesendaten, sondern auch mit Marktangaben überprüfen. Bei der Dividen-
denrendite interessieren die effektiven Rückflüsse an die Investoren, d.h. die
Dividenden- und Kapitalzahlungen, eventuell unter Berücksichtigung allfälliger Steuereffekte. Es ist jedoch zu beachten, dass für eine vollständige Renditekalkulation zusätzlich auch die Kursgewinne und -verluste miteinzube-
ziehen sind. Die Gewinnrendite (Earnings Yield) verkörpert den Kehrwert
des Kurs-Gewinn-Verhältnisses und zeigt die Verzinsung des marktbewerte-
ten Eigenkapitals durch den Periodenerfolg. Aus einem Vergleich mit der
Rendite risikofreier Kapitalanlagen (z.B. langfristige Staatsanleihen) resultiert
ein Mass für die Risikoprämie des Markts (Beträge in CHF 1 000.–):

$$\text{Dividendenrendite} \ = \ \frac{\text{Dividende pro Aktie}}{\text{Börsenkurs}} \cdot 100\% \ = \frac{12}{200} \cdot 100\% = 6\%$$

$$\text{Gewinnrendite} \quad = \ \frac{\text{Gewinn pro Aktie}}{\text{Börsenkurs}} \cdot 100\% \ = \frac{16}{200} \cdot 100\% = 8\%$$

Zusammenfassung

Mit der Kennzahlenanalyse erfolgt die Auswertung der Abschlussdaten mit
dem Ziel, einen möglichst umfassenden Einblick in die aktuelle Vermö-
gens-, Finanz- und Ertragslage zu erhalten. Dabei setzt die Interpretation
der Daten Vergleichsmassstäbe voraus. In Frage kommen «Zeitvergleiche»,
«Betriebsvergleiche» oder «Soll-Ist-Vergleiche».
Die Beurteilung eines Unternehmens mit Hilfe der Kennzahlenanalyse hat
immer aus einer Gesamtperspektive zu erfolgen. Dazu gehören die Analyse
der jeweiligen Branche, der involvierten Stakeholder und der gewählten
Strategie («Strategieanalyse») sowie die angewendeten Grundsätze zur Gestaltung der Rechnungslegung und der Informationspolitik («Accountinganalyse»).
Eine aussagekräftige Kennzahlenanalyse setzt die Bereinigung der Abschlussdaten voraus. Die wohl wichtigste Frage ist die Auflösung allfälliger
Stiller Reserven. Dadurch werden die Voraussetzungen für eine «Fair Presentation» geschaffen. Neben der Bereinigung der Daten ist zu definieren,
welche Kennzahlen im Einzelnen zu berechnen sind. Meist werden ganze
Kennzahlensysteme angewendet. Die wichtigsten Bereiche der Analyse
sind die Rentabilität, die Liquidität, die Struktur, das Risiko und die Einschätzung des Unternehmens durch den Kapitalmarkt.

Durch die Beurteilung der Rentabilität wird die Frage beantwortet, inwieweit es gelingt, die Mittel im Unternehmen effizient einzusetzen. Vor allem interessiert, inwieweit ein ökonomischer Gewinn erwirtschaftet wird, d.h. im Minimum sämtliche Kosten, inkl. einer Verzinsung des Eigenkapitals, gedeckt werden können. Die Ratios basieren auf Relationen der Ergebnisse zum eingesetzten Kapital oder zum erzielten Umsatz.

Die Analyse der Liquidität bezweckt die Beurteilung der Fähigkeit des Unternehmens, den Zahlungsverpflichtungen jederzeit nachkommen zu können. Angewendet werden sowohl statische Liquiditätskennzahlen der Bilanz (welche Mittel stehen zur Verfügung, um die kurzfristigen Verpflichtungen erfüllen zu können?) als auch dynamische Cashflowgrössen (wie verliefen die Zahlungsströme während der Periode, welches ist die zukünftige Liquiditätsentwicklung?).

Die Analyse der Vermögensstruktur konzentriert sich zunächst einmal auf den Aufbau der Aktivseite der Bilanz und untersucht die Kapitalbindung durch die Positionen des Umlauf- und Anlagevermögens. Daneben wird die Frage geprüft, wie vor allem das langfristige Vermögen finanziert wird. Schliesslich geben die Aktivitätskennzahlen eine Antwort auf die Frage, mit welcher Intensität die eingesetzten Kapitalien genutzt worden sind. Diese Betrachtung bezieht sich vor allem auf die Bereiche Gesamtkapital bzw. -vermögen, Debitoren, Warenlager und Kreditoren.

Im Mittelpunkt der Analyse des Finanzierungsrisikos steht die Überlegung, welche Relation zwischen Fremd- und Eigenkapital gewählt werden soll. Diese Entscheidung wird durch eine Reihe von Faktoren beeinflusst. Eine grosse Bedeutung haben Risiko-Rendite-Erwägungen. Daneben spielen aber auch die Kosten der Kapitalbeschaffung, das Mitspracherecht der Kapitalgeber, die Dauer der Kapitalüberlassung, steuerliche Aspekte usw. eine Rolle.

Schliesslich hat die Kennzahlenanalyse auch eine Antwort zu geben auf die Frage, wie der Kapitalmarkt das Unternehmen einschätzt. Der Einbezug von Aktienkursen bringt – neben einer starken Fokussierung auf Zukunftsperspektiven – eine Objektivierung der Betrachtung, indem die Vermögens-, Finanz- und Ertragslage durch neutrale Marktkräfte beurteilt wird. Von besonderem Interesse sind Relationen zwischen den Gewinnen bzw. Cashflows je Aktie und dem Börsenkurs.

Ausgewählte Fragen der Rechnungsführung

Im Mittelpunkt dieses Kapitels stehen einzelne Fragestellungen, denen aus der Sicht der praktischen Handhabung des Rechnungswesens eine besondere Bedeutung zukommt. Dazu gehören die Verbuchung des Wertschriften- und Immobilienverkehrs – zwei Bereiche, die im Allgemeinen nicht der betrieblichen Tätigkeit eines Unternehmens zugeordnet sind, jedoch die ausgewiesenen Ergebnisse massgeblich beeinflussen können. Neben einer kurzen Einführung zum Wesen des jeweiligen Geschäftsbereichs geht es insbesondere um die konkrete Darstellung der buchhalterischen Abwicklung, wobei beim Wertschriftenverkehr mehrere Verfahren gezeigt werden, um den Informationsgehalt unterschiedlicher Buchungsvarianten aufzuzeigen. Beim Immobilienverkehr steht die Abgrenzung zwischen Aufwand und Investition im Vordergrund der Ausführungen. Beide Bereiche sind hervorragend geeignet, um die Kenntnisse im Rechnungswesen zu vertiefen und für konkrete Problemstellungen anzuwenden. Das Kapitel wird abgerundet mit einer Übersicht zur Regelung des Rechnungswesens im schweizerischen Handelsrecht.

Führung der Wertschriftenkonten

Allgemeines

Bei den folgenden Ausführungen werden unter Wertschriften «Aktien» und «Anleihensobligationen» verstanden. Dabei investiert ein Unternehmen aus zwei Gründen in solche Papiere:

1. ertragbringende Anlage von Mitteln auf kurze Sicht
2. langfristige Beteiligung an anderen Unternehmen.

Im ersten Fall sind die Wertschriften als leicht verwertbare Aktiven unter «Wertschriften» dem Umlaufvermögen zuzuordnen, während sie im zweiten Fall als sogenannte «Beteiligung» im Anlagevermögen aufgeführt sind. Die folgenden Ausführungen konzentrieren sich auf die Behandlung der Wertschriften des Umlaufvermögens.

Analog zur Verbuchung der Warenkonten werden auch bei Wertschriften zwei Typen von Konten unterschieden:

– Wertschriftenbestandeskonten
– Wertschriftenerfolgskonten (meist weiter untergliedert in Wertschriftenertrag und –aufwand).

Diese Konten werden regelmässig durch eine Mengenkontrolle (Wertschriftenkontrolle) ergänzt.

10.1.2   Verbuchungsmethoden des Wertschriftenverkehrs

Zur Erfassung des Wertschriftenverkehrs können detaillierte, mehrteilige Konten-Konzepte angewendet werden. Denkbar wären z.B. separate Konten für die Bestände, Käufe, Verkäufe, Kurserfolge, Zins- und Dividendenerfolge und für die Verwaltungskosten. Abgesehen von Unternehmen, welche sich auf Wertschriftentransaktionen spezialisiert haben (Banken, Versicherungen usw.), wird in der Regel auf eine detaillierte Kontenführung verzichtet.

Grundsätzlich werden zur Verbuchung der Wertschriften drei Methoden unterschieden:

– Verbuchung aufgrund der Endbeträge der Bankabrechnungen
– Verbuchung aufgrund der Kurswerte
– separate Verbuchung der Einstandskosten und der Erfolgsbeiträge.

Die einzelnen Methoden werden im Folgenden kurz vorgestellt und gewürdigt. Sie unterscheiden sich in der Frage, welche Kostenelemente in der Bilanz (Konto «Wertschriftenbestand») und welche in der Erfolgsrechnung (Konto «Wertschriftenerfolg») zu berücksichtigen sind (vgl. Abb. 10/1).

Die Unterschiede der einzelnen Verfahren werden anhand eines einfachen Beispiels verdeutlicht (vgl. Abb. 10/2).

Methoden zur Verbuchung des Wertschriftenverkehrs

aufgrund Endbeträgen der Bankabrechnung	aufgrund Kurswerten	Trennung der Einstandskosten und der Erfolgsbeiträge
in der Bilanz:		
– Endbeträge der Bankabrechnung	– reine Kurswerte	– Kurswerte plus/minus Spesen
in der Erfolgsrechnung:		
– Wertschriftenerträge – Depotgebühren – Kursgewinne/-verluste	– Wertschriftenerträge – Depotgebühren – Kursgewinne/-verluste – Marchzinsen – Spesen	– Wertschriftenerträge – Depotgebühren – Kursgewinne/-verluste – Marchzinsen

Beispiel zu Wertschriftenkonten (Beträge in CHF)

Die Portfolio AG verfügt zu Beginn des Jahres 20.3 über 10 Aktien der Z-AG zum Kurs von je CHF 450.–. Bis zum Jahresende finden folgende Wertschriftentransaktionen statt:

1) Kauf CHF 10 000.– 3% Anleihe zum Kurs von 102% per 1. April 20.3:

Kaufpreis	10 200
Marchzinsen 1. Oktober 20.2 bis 1. April 20.3	150
	10 350
Kommissionen, Stempel und Gebühren	100
	10 450

2) Verkauf 10 Aktien Z-AG zum Kurs von CHF 525.– per 12. Juni 20.3:

Verkaufserlös	5 250
Kommissionen, Stempel und Gebühren	60
	5 190

3) Zinszahlung per 1. Oktober 20.3:

Inkasso Zins 3% Anleihe durch Bank	300
abzüglich 35% Verrechnungssteuer (VSt)	105
	195

4) Schlussbestand per 31. Dezember 20.3:

3% Anleihe zum Kurs von 101.5%	10 150
Marchzinsen 1. Oktober 20.3. bis 31. Dezember 20.3	75
	10 225

Erläuterungen zum Beispiel:

- Kursangaben für Obligationenanleihen verstehen sich in Prozent des Nominalwerts.
- Unter Marchzinsen werden die aufgelaufenen, jedoch noch nicht vergüteten Zinsguthaben, die dem Eigentümer eines Wertpapiers zustehen, verstanden. Im vorliegenden Beispiel erfolgt eine jährliche Zinszahlung am 1. Oktober. Die Portfolio AG als Käuferin wird am 1. Oktober 20.3 eine Zinsgutschrift von CHF 300.– erhalten. Da sie aber nicht über die ganze Laufzeit vom 1. Oktober 20.2 bis 1. Oktober 20.3 Eigentümerin war, muss sie dem Verkäufer im Zeitpunkt des Kaufs den aufgelaufenen Zinsanteil (für die Zeit vom 1. Oktober 20.2 bis zum 1. April 20.3) vergüten.
- Die Verrechnungssteuer (VSt) wird insbesondere bei Dividendenausschüttungen oder Zinszahlungen auf Obligationen von Schweizer Unternehmen an der Quelle erhoben. Der jeweilige Empfänger der Leistung (d.h. der Aktionär bzw. Gläubiger) kann die Verrechnungssteuer – sofern er die Dividenden bzw. Zinsen korrekt als Einkommen in der Steuererklärung deklariert – zurückfordern. Er verfügt somit über ein Guthaben gegenüber der Steuerverwaltung, welches er z.B. unter «Debitor Verrechnungssteuer» verbucht.

Im Folgenden wird die Buchungstechnik für die verschiedenen Verfahren vorgestellt (vgl. Abb. 10/3).

Bei sämtlichen Verfahren ist am Ende der Periode eine Inventur mit Festlegung der Bilanzkurse am Jahresende unerlässlich. Der ermittelte Soll-Endbestand wird verglichen mit dem bisherigen Ist-Saldo des Wertschriftenbestandeskontos und die Differenz über den Wertschriftenerfolg verbucht.

Obwohl in diesem Beispiel bei allen Verfahren am Ende der Periode der gleiche Wertschriftenerfolgssaldo resultiert, unterscheiden sich die Methoden bezüglich ihres Informationsgehalts (die Angaben in Klammern beziehen sich auf die Geschäftsfälle im vorhergehenden Beispiel):

- Bei der Verbuchung gemäss *Endbeträgen der Bankabrechnung* handelt es sich um das einfachste Verfahren, das im Wertschriftenbestandeskonto eine Mischung von Kurswerten, Kauf- bzw. Verkaufsspesen sowie Marchzinsen in Kauf nimmt. Ende des Jahres werden die im Bestand verbuchten Erfolgselemente mit einer Korrekturbuchung auf das Konto «Wertschriftenerfolg» übertragen (vgl. 4).
- Der *reinen Kurswertmethode* liegt die Idee zu Grunde, dass das buchführende Unternehmen eine Übersicht über den unverfälschten Kurserfolg seiner Wertschriften erhält. In der Bilanz werden dementsprechend nur die Kurswerte erfasst (vgl. 1a), während sämtliche Spesen und Marchzinsen der Erfolgsrechnung belastet werden (vgl. 1b).

Beispiel zur Verbuchung des Wertschriftenverkehrs (Beträge in CHF) Abb. 10/3

gemäss Endbeträgen der Bankabrechnung			gemäss Kurswerten		
1)	Ws-Bestand / Bank	10 450	1a)	Ws-Bestand / Bank	10 200
2)	Bank / Ws-Bestand	5 190	1b)	Ws-Erfolg / Bank	250
			2a)	Bank / Ws-Bestand	5 250
			2b)	Ws-Erfolg / Bank	60
			2c)	Ws-Bestand / Ws-Erfolg	750
3)	Bank / Ws-Erfolg	195	3)	Bank / Ws-Erfolg	195
	Debitor VSt / Ws-Erfolg	105		Debitor VSt / Ws-Erfolg	105
4)	Sollbestand 10 225		4)	Sollbestand 10 150	
	Istbestand 9 760			Istbestand 10 200	
	Ws-Bestand / Ws-Erfolg	465	4a)	Ws-Erfolg / Ws-Bestand	50
			4b)	Trans. Aktiven / Ws-Erfolg	75

gemäss Endbeträgen der Bankabrechnung

Wertschriftenbestand				Wertschriftenerfolg			
AB	4 500						
1)	10 450						
		2)	5 190				
						3)	300
4)	465					4)	465
		SB	10 225	S	765		
	15 415		15 415		765		765

gemäss Kurswerten

Wertschriftenbestand				Wertschriftenerfolg			
AB	4 500						
1a)	10 200			1b)	250		
2c)	750						
		2a)	5 250	2b)	60	2c)	750
						3)	300
4a)	50	4a)	50			4b)	75
		SB	10 150	S	765		
	15 450		15 450		1 125		1 125

Trennung der Einstandskosten und der Erfolgsbeiträge		
1a)	Ws-Bestand / Bank	10 300
1b)	Ws-Erfolg / Bank	150
2)	Bank / Ws-Bestand	5 190
3)	Bank / Ws-Erfolg	195
	Debitor VSt / Ws-Erfolg	105
4)	Sollbestand 10 150	
	Istbestand 9 610	
4a)	Ws-Bestand / Ws-Erfolg	540
4b)	Trans. Aktiven / Ws-Erfolg	75

Wertschriftenbestand				Wertschriftenerfolg		
AB	4 500					
1a)	10 300			1b)	150	
		2)	5 190			
				3)	300	
4a)	540			4a)	540	
				4b)	75	
		SB	10 150	S	765	
	15 340		15 340	915		915

Bei Verkäufen wird der reine Kurserfolg gesondert ausgewiesen (vgl. 2c). Auch am Jahresende werden die Wertschriften auf der Basis des jeweiligen Kurswerts bilanziert, was zur Folge hat, dass der Bestand um unrealisierte Kurserfolge zu korrigieren ist (vgl. 4a). Somit resultiert ohne Zweifel eine wertvolle Information. Dies darf aber nicht darüber hinwegtäuschen, dass die reinen Kurserfolge effektiv gar nicht erzielt werden, da bei jeder Wertschriftentransaktion immer gleichzeitig auch Spesen anfallen.

– Die Überlegung, dass bei der Kurswertmethode die reinen Kurserfolge nicht realisiert werden können, führt zur *Trennung in bilanzwirksame Einstandskosten und Erfolgsbeiträge*. Das Bestandeskonto wird dabei während des Jahres immer mit Bruttoeinstandspreisen (Kurswerte zuzüglich Spesen ohne Marchzinsen) bzw. Nettoverkaufspreisen geführt (vgl. 1a). Am Ende des Jahres erfolgt die Anpassung an aktuelle Werte. Gleichzeitig wird erkennbar, dass das Erfolgsrechnungskonto grundsätzlich alle Ertragskomponenten (Zinsen und Dividenden) erfasst. Erst am Ende der Periode wird zusätzlich der Aufwertungs- oder Abschreibungsbetrag verbucht (vgl. 4a).

Bezüglich der Frage, welche Methode in der Praxis die sinnvollste ist, kann keine eindeutige Antwort gegeben werden. Auch hier spielen Kosten-/Nutzenüberlegungen eine entscheidende Rolle. Vor allem muss sich der Bilanzierende darüber klar werden, welche Information er während des Jahres bezüglich seiner Wertschriften als relevant erachtet. Auch dürfte der Umfang des jeweils gehaltenen Portefeuilles einen Einfluss auf die konkrete Wahl des Verfahrens haben.

10.1.3 Analyse des Wertschriftenerfolgs

Wie die bisherigen Ausführungen gezeigt haben, setzt sich der Wertschriftenerfolg aus den Wertschriftenerträgen (Zinsen, Dividenden), den Spesen (Kommissionen, Stempel-, Depot- und andere Gebühren) sowie den auf den Wertschriften während der Periode erzielten Kursgewinnen bzw. -verlusten zusammen. Kurserfolge können grundsätzlich zwei Ursachen haben, wobei zur Verdeutlichung auf das vorher gezeigte Beispiel der Portfolio AG zurückgegriffen wird:

– Sie entstehen bei Verkäufen als Differenz zwischen Kauf- und Verkaufswert und sind damit realisierte Kursdifferenzen. Im Beispiel der Portfolio AG wurde beim Verkauf der 10 Aktien der Z-AG per 12. Juni 20.3 CHF 750.– Kursgewinn realisiert.

— Sie sind das Resultat der Bewertung am Abschlussstichtag. Bei der Portfolio AG wird die Anleihe am Jahresende zum Kurs von 101.50 bewertet bei einem Kaufkurs von 102. Daraus resultiert ein Kursverlust von 0.50 Prozentpunkten (was CHF 50.– entspricht), der allerdings nicht realisiert worden ist, da die Obligation sich noch immer im Eigentum der Portfolio AG befindet.

Es ergibt sich somit für die Portfolio AG folgende Zusammensetzung des Wertschriftenerfolgs von CHF 765.–:

Realisierte Erfolge	Gewinne	Verluste
Kursgewinn bei Verkauf Z-Aktien	CHF 750.–	
Zinsertrag	CHF 300.–	
Kommissionen, Stempel- und andere Gebühren		CHF 160.–
bezahlte Marchzinsen		CHF 150.–
Realisierter Gewinn		**CHF 740.–**
Unrealisierte Erfolge		
Anspruch Marchzinsen	CHF 75.–	
Kursverlust Anleihe		CHF 50.–
Unrealisierter Gewinn		**CHF 25.–**
Wertschriftengewinn total		**CHF 765.–**

Führung der Immobilienkonten   10.2

Allgemeines   10.2.1

Bei der Darstellung der Verbuchung des Immobilienverkehrs steht nicht wie beim Wertschriftenverkehr die Wahl zwischen mehreren Buchungsmethoden im Vordergrund, sondern vielmehr der unterschiedliche Charakter von Aufwendungen und Investitionen. Die Verbuchungsverfahren des Wertschriftenverkehrs unterscheiden sich letztlich auch immer in der Frage, was in der Bilanz und was in der Erfolgsrechnung verbucht werden soll.

Unter Immobilien (Liegenschaften) sind abgegrenzte Bodenflächen mit Einschluss der damit fest verbundenen Bauten, der Pflanzen, Quellen und des Grundwassers zu verstehen (vgl. Art. 667 ZGB). Über die Rechtsverhältnisse an den Liegenschaften wird ein Grundbuch geführt (vgl. Art. 942ff. ZGB). Es ist ein öffentliches Register, in das jeder – unter Nachweis eines rechtsschutzwürdigen Interesses – Einsicht nehmen kann.

Verträge über die Veräusserung und Belastung von Liegenschaften müssen zu ihrer Gültigkeit in das Grundbuch eingetragen werden. Mit der Eintragung erwirbt der Käufer das Eigentum an der Liegenschaft. In vielen Fällen finanziert der Käufer die Liegenschaft durch eine oder mehrere Hypotheken. Die so entstehenden Schulden sind dadurch gekennzeichnet, dass sie durch ein Grundpfandrecht auf die betreffende Liegenschaft sichergestellt werden.

Im Folgenden werden zunächst die aus der Sicht der Immobilien relevanten Konten vorgestellt. Anschliessend wird die Vorgehensweise der Käufe und Verkäufe von Liegenschaften an einem Beispiel gezeigt.

10.2.2 Inhalte der Immobilienkonten

Zu den Konten des Immobilienbereichs gehören die Bilanzkonten «Immobilien» und «Hypothekarschulden» sowie die Erfolgsrechnungskonten «Immobilienaufwand», «Immobilienertrag» und «Ausserordentlicher Erfolg aus Immobilien».

1. Immobilien
Auf den Konten «Immobilien» oder «Liegenschaften» werden die Bestände und Bewegungen der Liegenschaftsobjekte erfasst (vgl. Abb. 10/4). In vielen Fällen ist es zweckmässig, für betriebliche und ausserbetriebliche Liegenschaften sowie für unbebaute Grundstücke, Geschäftsliegenschaften und Wohnhäuser getrennte Konten zu führen.

Abb. 10/4 **Kontenschema Immobilien**

Soll (+)	Immobilien	Haben (-)
Anfangsbestand Zunahme Bestand aufgrund von: – Käufen – Neubauten – wertvermehrenden Umbauten Gewinne aus Verkäufen		Abnahme Bestand aufgrund von: – Verkäufen – Abschreibungen Verluste aus Verkäufen Schlussbestand

2. Hypothekarschulden
Zur Erfassung der Hypothekarschulden werden separate Konten «Hypotheken» innerhalb des Fremdkapitals geführt (vgl. Abb. 10/5). Sie erfassen die für den Kauf und den Betrieb der Liegenschaften erfolgte Finanzierung mit Sicherheit durch Grundpfandrechte.

Kontenschema Hypotheken

Soll (-)	Hypotheken	Haben (+)
Abnahme der Schulden durch: – Amortisationen – Rückzahlungen Schlussbestand	Anfangsbestand Zunahme der Schulden	

In der Regel werden auch für Hypotheken mehrere Konten geführt, wenn verschiedene Pfandrechte bestehen (1., 2. Hypothek usw.) oder die auf den einzelnen Liegenschaften lastenden Hypotheken getrennt ausgewiesen werden sollen (Hypothek Liegenschaft A, Hypothek Liegenschaft B).

3. Immobilienaufwand

Der mit Liegenschaften zusammenhängende ordentliche Aufwand und Ertrag wird auf den Konten «Immobilienaufwand» und «Immobilienertrag» erfasst. Allerdings ist festzuhalten, dass bei ausschliesslich für betriebliche Zwecke genutzte Liegenschaften auf die Führung besonderer Konten für den Immobilienerfolg verzichtet werden kann. Der durch die Betriebsliegenschaften verursachte Aufwand wird dann über die klassischen Erfolgskonten des Betriebs abgewickelt (z.B. Energieaufwand, Geschäftsaufwand, Zinsaufwand, Allgemeine Unkosten).

Werden Immobilienerfolgskonten geführt, erfasst das Konto «Immobilienaufwand» alle Nutzenabgänge, welche durch die Liegenschaften verursacht worden sind (vgl. Abb. 10/6). Je nach Bedürfnissen können separate Konten geführt werden nach:

– Aufwandsarten: Hypothekarzinsen, Unterhalt, Abschreibungen, Übriger Immobilienaufwand
– Liegenschaften: Aufwand Liegenschaft A, Aufwand Liegenschaft B usw.

Kontenschema Immobilienaufwand

Soll (+)	Immobilienaufwand	Haben (-)
Aufwendungen für: – Hypothekarzinsen – Abschreibungen – Reparaturen und Unterhalt – Energie – Versicherungen – öffentliche Abgaben	Aufwandsminderungen: – Berichtigungen Schlusssaldo	

Wie bereits früher aufgezeigt wurde, wird der Aufwand, der eine Werterhaltung bezweckt, grundsätzlich erfolgswirksam verbucht. Alle Investitionen hingegen, die den Wert der Liegenschaft erhöhen, sind auf dem Bestandeskonto «Immobilien» zu aktivieren.

In der Praxis lässt sich eine Aufteilung des Renovationsaufwands vielfach nicht vermeiden, was anhand eines Beispiels verdeutlicht wird.

Abb. 10/7   **Beispiel zur Abgrenzung der Wertvermehrung**

> Die Renovation der sanitären Anlagen einer Liegenschaft kostet CHF 300 000.–. Aufgrund einer Analyse resultiert, dass 1/3 davon als Wertvermehrung und 2/3 als Werterhaltung zu interpretieren sind.

Die Buchungen lauten wie folgt:

1/3 (wertvermehrend): Immobilien / Flüssige Mittel   CHF 100 000.–
2/3 (werterhaltend):   Immobilienaufwand / Flüssige Mittel   CHF 200 000.–

In begründeten Fällen kann es zweckmässig sein, den Aufwand auf z.B. zwei Jahre zu verteilen. Dabei zeigt das folgende Beispiel, dass die jeweilige Verbuchung von subjektiven Einschätzungen geprägt ist. Umso wichtiger ist eine sorgfältige Beurteilung der Sachlage und eine korrekte Dokumentation der Buchungen.

Abb. 10/8   **Beispiel zur Aktivierung des Immobilienaufwands**

> Eine bestehende Zentralheizung mit Ölfeuerung wird erneuert. Am 10. Oktober 20.3 werden die Kosten von CHF 200 000.– durch Banküberweisung beglichen. Davon sind CHF 80 000.– als Wertvermehrung, der Rest als Werterhaltung zu interpretieren. Das Management entscheidet sich, den werterhaltenden Teil über zwei Jahre verteilt abzuschreiben. Für eine sachgerechte Lösung des Problems wird der nicht wertvermehrende Teil der Kosten auf ein besonderes Aktivkonto «Heizungserneuerung» gebucht. Erst im Rahmen des Jahresabschlusses wird der als Aufwand anzurechnende Betrag abgeschrieben.

Die Buchungen lauten wie folgt:

10.10.20.3   Wertvermehrung durch Heizungserneuerung
           1)   Immobilien / Flüssige Mittel   CHF   80 000.–

10.10.20.3   In zwei Jahren abzuschreibender Kostenanteil
           2)   Heizungserneuerung / Flüssige Mittel   CHF   120 000.–

31.12.20.3   Abschreibung auf Liegenschaft (5% pro Jahr)
              und Heizungserneuerung
      3a)   Immobilienaufwand / Immobilien   CHF   49 000.–
      3b)   Immobilienaufwand / Heizungs-
            erneuerung   CHF   60 000.–

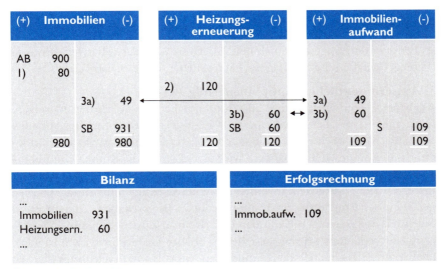

(Beträge in CHF 1 000.–)

4. Immobilienertrag

Kontenschema Immobilienertrag   Abb. 10/9

Soll (-)	Immobilienertrag	Haben (+)
Ertragsminderungen: – Berichtigungen Schlusssaldo		Erträge: – Mietzinseinnahmen – Mietwert Geschäftsräume – Mietwert Privatwohnung

Die Inhalte des Kontos «Immobilienertrag» zeigen, dass bei einer teilweisen
Beanspruchung der Liegenschaft durch die Betriebstätigkeit die erfolgte Leistung abzugrenzen ist. In den Konten des Betriebs ist der jeweilige Betrag als
Mietaufwand, in der Liegenschaftsrechnung als Liegenschaftsertrag zu erfassen (Buchungssatz: Mietaufwand/Immobilienertrag). Diese Abgrenzung ist
auch dann zu verbuchen, wenn effektiv keine Zahlung erfolgt. Nur so resul-

tieren sowohl für die Betriebstätigkeit als auch den Liegenschaftenverkehr aussagekräftige Daten.

Ebenfalls erkennbar ist, dass bei einer Wohnungsbelegung der Liegenschaft durch den Eigentümer der Mietertrag, der bei einer Vermietung an Dritte verrechnet ist, zu berücksichtigen ist (Buchungssatz: Privat/Immobilienertrag).

Der Immobilienertrag kann unterteilt werden nach:

− Ertragsarten: Mietzinseinnahmen, Mietwert Geschäft, Mietwert Privat
− Liegenschaften: Ertrag Liegenschaft A, Ertrag Liegenschaft B usw.

5. Ausserordentlicher Immobilienerfolg

Auch bei Liegenschaften sind ausserordentliche Erfolge separat zu zeigen. Dazu zählen vor allem Gewinne und Verluste aus Liegenschaftsverkäufen oder ausserordentliche Abschreibungen. Sie werden mit Vorteil auf besonderen Konten ausgewiesen. Dadurch wird erreicht, dass die Konten «Immobilienaufwand» und «Immobilienertrag» ausschliesslich «ordentliche» (normale) Erfolge zeigen. Gleichzeitig werden die Voraussetzungen für aussagekräftige Analysen der Ergebnisse des Immobilienbereichs geschaffen. Zudem ist zu beachten, dass in einigen Kantonen (z.B. Kanton Zürich) Gewinne aus Liegenschaftsverkäufen separat besteuert werden (Grundstückgewinnsteuer). Dies rechtfertigt ebenfalls den gesonderten Ausweis von Erträgen aus Liegenschaftsveräusserungen.

10.2.3   Buchungen beim Kauf und Verkauf von Liegenschaften

Handänderungen von Liegenschaften verursachen eine Reihe von Kosten. Dazu zählen z.B.:

− Gebühren für die Beurkundung des Vertrags (Notariatsgebühr)
− Gebühren für die Eintragung ins Grundbuch
− Handänderungssteuern
− Grundstückgewinnsteuern
− Kosten für eine Neuvermessung des Grundstücks
− Kosten für das Verfassen und Schreiben des Kaufvertrags
− Provisionen für Liegenschaftsagenten (Makler).

Es ist Aufgabe der Vertragsparteien zu vereinbaren, wer die Kosten übernimmt. Häufig werden sie zwischen Käufer und Verkäufer aufgeteilt. Der Käufer bucht die Kaufkosten auf das Immobilienkonto, da sie den Einstandspreis erhöhen. Beim Verkäufer wird durch die Übernahme der Kosten der Verkaufserlös reduziert.

In vielen Fällen ergeben sich bei einem Handwechsel einer Liegenschaft Abgrenzungsprobleme. Sie können z.B. folgende Bereiche betreffen:

– Übernahme bestehender Hypotheken
– aufgelaufener Hypothekarzins, der zulasten des Verkäufers geht, aber vom Käufer am nächsten Fälligkeitstermin bezahlt wird
– aufgelaufene Miete zu Gunsten des Verkäufers, die aber dem Käufer zufliessen wird
– Versicherungsprämien, die der Verkäufer im Voraus bezahlt hat
– Heizölvorräte und Mobilien, die vom Käufer übernommen werden.

Die Abwicklung eines Liegenschaftskaufs wird an einem Beispiel veranschaulicht (vgl. Abb. 10/10).

Beispiel eines Liegenschaftenkaufs   Abb. 10/10

Albert Sutter kauft per 31.12. 20.1 von Heinz Bienz eine Immobilie, wobei Folgendes vereinbart wird:

1. Der Kaufpreis beträgt CHF 1 800 000.–.
2. Albert Sutter übernimmt die auf der Immobilie lastende Hypothekarschuld im 1. Rang von CHF 1 200 000.– und den seit dem 31.10.20.1 aufgelaufenen Hypothekarzins zu 3.5% (aufgelaufener Hypothekarzins von CHF 7 000.–).
3. Zu Gunsten von Heinz Bienz wird eine Hypothekarschuld von CHF 200 000.– im 2. Rang errichtet, Hypothekarzins 4.5%, Zinstermine sind jeweils der 30.6./31.12.
4. Der Käufer übernimmt den Vorrat an Heizmaterial im Wert von CHF 4 000.–.
5. Die vom Verkäufer im Voraus bezahlte Gebäudeversicherung für das Jahr 20.2 von CHF 2 000.– wird übernommen.
6. Der effektive Verkaufspreis wird von Albert Sutter via Bankguthaben überwiesen.
7. Die Rechnung für Gebühren und Steuern (ohne Grundstückgewinnsteuer) lautet:

1‰ Notariatsgebühr (öffentliche Beurkundung)	CHF 1 800.–
2¹/₂‰ Gebühr für Eintragung ins Grundbuch	CHF 4 500.–
Total Rechnungsbetrag	CHF 6 300.–

Albert Sutter und Heinz Bienz zahlen jeweils die Hälfte der Rechnung via Bankguthaben.

Die Transaktionen aus Sicht von Albert Sutter, Käuferpartei, führen zu folgenden Buchungssätzen:

1)	Immobilien	/	Verbindlichkeit Bienz	CHF	1 800 000.–
2)	Verbindlichkeit Bienz	/	Hypothekarschuld	CHF	1 200 000.–
	Verbindlichkeit Bienz	/	Immobilienaufwand	CHF	7 000.–
3)	Verbindlichkeit Bienz	/	Hypothekarschuld	CHF	200 000.–
4)	Immobilienaufwand	/	Verbindlichkeit Bienz	CHF	4 000.–

5) Immobilienaufwand	/	Verbindlichkeit Bienz	CHF	2 000.–
6) Verbindlichkeit Bienz	/	Bankguthaben	CHF	399 000.–
7) Immobilien	/	Bankguthaben	CHF	3 150.–

Die Transaktionen aus Sicht von Heinz Bienz, Verkäuferpartei, führen zu folgenden Buchungssätzen:

1) Guthaben Sutter	/	Immobilien	CHF	1 800 000.–
2) Hypothekarschuld	/	Guthaben Sutter	CHF	1 200 000.–
Immobilienaufwand	/	Guthaben Sutter	CHF	7 000.–
3) Hypothekarschuld	/	Guthaben Sutter	CHF	200 000.–
4) Guthaben Sutter	/	Immobilienaufwand	CHF	4 000.–
5) Guthaben Sutter	/	Immobilienaufwand	CHF	2 000.–
6) Bankguthaben	/	Guthaben Sutter	CHF	399 000.–
7) Immobilien	/	Bankguthaben	CHF	3 150.–

10.3 Gesetzliche Regelung gemäss schweizerischem Handelsrecht

Das Rechnungswesen ist nicht nur ein Führungsinstrument für das Unternehmen selbst, sondern dient auch der Information von Aussenstehenden. Sowohl Kapitalgeber als auch Gläubiger müssen sich darauf verlassen können, dass nach bestem Wissen und Gewissen mit ihren Mitteln gewirtschaftet wird, wobei das schweizerische Recht vor allem den Gläubigerschutz in den Vordergrund stellt. Der Gesetzgeber hat daher eine Reihe von Vorschriften zum Rechnungswesen der Unternehmen erlassen. Sie gliedern sich im Wesentlichen in Vorschriften zur kaufmännischen Buchführung (gelten grundsätzlich für alle im Handelsregister eingetragenen Firmen) sowie in aktienrechtliche Bestimmungen (Spezialvorschriften für Aktiengesellschaften). Entscheidend für die anzuwendenden Rechnungslegungsvorschriften gemäss schweizerischem Handelsrecht ist somit die Rechtsform (und nicht etwa die Unternehmensgrösse).

10.3.1 Die Bestimmungen zur kaufmännischen Buchführung (Art. 957–964 OR)

Zu den wichtigsten Vorschriften des Obligationenrechts (OR), welche grundsätzlich für alle Rechtsformen gelten, gehören:

- Art. 957: Für jede Firma, die zum Eintrag ins Handelsregister verpflichtet ist, gilt die Buchführungspflicht. Vermögens-, Schuld- und Forderungsverhältnisse sowie die Betriebsergebnisse müssen ersichtlich sein.
- Art. 958: Pro Jahr sind mindestens einmal ein Inventar, eine Bilanz und eine Erfolgsrechnung zu erstellen.
- Art. 959: Das OR fordert alle Unternehmen zu Vollständigkeit, Klarheit und Übersichtlichkeit ihrer Buchführung auf (Prinzip der Bilanzwahrheit und Bilanzklarheit).
- Art. 960: Alle Aktiven sind höchstens zu dem Wert anzusetzen, der ihnen im Zeitpunkt der Bilanzierung zukommt.

Bemerkenswert ist insbesondere, dass das allgemeine Buchführungsrecht in Art. 960 OR eine Bewertung zu aktuellen Ansätzen (die unter Umständen höher als die Anschaffungswerte sind) zulässt. Dies ist ein wichtiger Unterschied zu den nachfolgend dargestellten aktienrechtlichen Vorschriften.

Die Bestimmungen des Aktienrechts (Art. 662–671 OR)   10.3.2

Für Aktiengesellschaften stellt das Obligationenrecht in Art. 662–671 zusätzliche, strengere Vorschriften auf. Die Regeln betreffen den Umfang des Jahresabschlusses, die Bewertung, die Mindestgliederung von Bilanz und Erfolgsrechnung sowie die Ausschüttung von Gewinnen.

1. Umfang des Jahresabschlusses nach Aktienrecht
Art. 662 OR legt fest, aus welchen Teilbereichen sich der Jahresabschluss, der Bestandteil des Geschäftsberichts ist, zusammensetzt (vgl. Abb. 10/11).

Aufbau des Jahresabschlusses nach Aktienrecht   Abb. 10/11

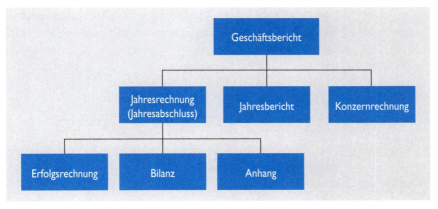

Der Inhalt des Anhangs wird in Art. 663b OR detailliert geregelt. Dazu gehören wichtige Informationen, die weder aus der Bilanz noch aus der Erfolgsrechnung ersichtlich sind. Beispiele sind Angaben zu Bürgschaften, Garantieverpflichtungen, verpfändeten Aktiven, Verbindlichkeiten gegenüber Vorsorgeeinrichtungen, Leasinggeschäften, Anleihensobligationen, netto aufgelösten Stillen Reserven, Aufwertungen und eigenen Aktien.

Art. 663e OR legt fest, ob ein Unternehmen, wenn es ein oder mehrere andere Gesellschaften unter einheitlicher Leitung zusammenfasst, eine Konzernrechnung zu erstellen hat. Darunter wird eine Gesamtrechnung verstanden, welche die Abschlüsse der Dachgesellschaft sowie der verschiedenen Tochtergesellschaften zusammenfasst. Die Frage, ob eine Konzernrechnung zu erstellen ist, richtet sich nach im Gesetz genannten Grössenkriterien (zur konsolidierten Rechnungslegung, vgl. z.B. Meyer, Conrad: Konzernrechnung). Das Aktienrecht verzichtet auf eine Vorgabe der für die Konzernrechnung anzuwendenden Prinzipien und Methoden. Vorgeschrieben wird lediglich, dass sie den Grundsätzen ordnungsmässiger Rechnungslegung zu gehorchen hat und dass die Konsolidierungs- und Bewertungsregeln im Anhang offen zu legen sind.

Die Daten des Jahresabschlusses (und allenfalls der Konzernrechnung) werden ergänzt durch einen verbalen Teil, den Jahresbericht, in welchem der Geschäftsverlauf sowie die wirtschaftliche und finanzielle Lage der Gesellschaft darzulegen ist (Art. 663d OR).

2. Bewertung nach Aktienrecht

Das schweizerische Aktienrecht nimmt durch eine Reihe von Regelungen Einfluss auf die Bewertung:

- Art. 662a: Die Bestimmungen zur kaufmännischen Buchführung (Art. 957–964 OR) sind auch für Aktiengesellschaften anzuwenden. Ferner gelten folgende Grundsätze ordnungsmässiger Rechnungslegung (GoR):
  - Vollständigkeit der Jahresrechnung
  - Klarheit und Wesentlichkeit der Angaben
  - Vorsicht
  - Fortführung der Unternehmenstätigkeit
  - Stetigkeit in Darstellung und Bewertung
  - Unzulässigkeit der Verrechnung von Aktiven und Passiven sowie von Aufwand und Ertrag.
- Art. 664: Gründungs-, Kapitalerhöhungs- und Organisationskosten dürfen bilanziert werden, d.h. sie müssen nicht sofort als Aufwand

verbucht werden. Sie sind gesondert auszuweisen und innerhalb von fünf Jahren abzuschreiben.

- Art. 665:   Anlagen dürfen höchstens zu den Anschaffungs- oder Herstellkosten – unter angemessener Abschreibung – in den Büchern
enthalten sein. Zu den Anlagen zählen auch Beteiligungen.

- Art. 666:   Rohmaterialien, fertige und halbfertige Fabrikate sowie andere
zur Veräusserung bestimmte Vermögenswerte dürfen höchs-
tens zu den Anschaffungs- oder Herstellkosten bewertet werden. Sind diese Kosten höher als der im Zeitpunkt der Bilanzierung allgemein geltende Preis, darf höchstens gemäss aktuellen
Preisen bewertet werden.

- Art. 667:   Wertschriften mit Kurswert dürfen höchstens zum Durchschnittskurs des letzten Monats vor dem Bilanzstichtag, Wertschriften ohne Kurswert höchstens zu Anschaffungskosten unter Abzug notwendiger Wertberichtigungen bilanziert werden.

- Art. 669:   Die Bildung Stiller Reserven ist zulässig, solange das Gedeihen
des Unternehmens oder die Verteilung einer möglichst gleich-
mässigen Dividende gewährleistet ist. Die Nettoauflösung Stiller Reserven ist im Anhang offen zu legen.

Im Gegensatz zum allgemeinen Buchführungsrecht ist nach den aktienrechtlichen Bestimmungen eine Bewertung zu aktuellen Werten nicht gestattet.
Diese vorsichtige Haltung äussert sich etwa in Art. 666 OR, der das Niederstwertprinzip für Waren festhält. Eine Ausnahme bildet die Bewertung
von Wertschriften mit Kurswert, die gemäss Art. 667 OR am Jahresende auf
aktuelle Werte (Durchschnittskurs des letzten Monats vor dem Bilanzstichtag) aufgewertet werden dürfen. Damit wird ein Ausweis eines nicht realisierten Kursgewinns zugelassen, sofern der aktuelle Wert die ursprünglichen
Anschaffungskosten übersteigt.

Die Zulässigkeit der Bildung von Stillen Reserven gemäss Art. 669 OR rela-
tiviert die im allgemeinen Buchführungsrecht (Art. 959 OR) postulierten
Prinzipien der Bilanzwahrheit und Bilanzklarheit.

3. Mindestgliederung nach Aktienrecht
Im allgemeinen Buchführungsrecht finden sich keine Mindestgliederungs-
vorschriften. Das Aktienrecht hingegen schreibt die minimal einzuhaltende
Gliederung sowohl der Erfolgsrechnung (Art. 663 OR) als auch der Bilanz
(Art. 663a OR) vor (vgl. Abb. 10/12 und 10/13).

Abb.10/12   **Gliederung der Erfolgsrechnung nach Aktienrecht**

Aufwand	Ertrag
Betriebsaufwand	**Betriebsertrag**
Material- und Warenaufwand	Erlös aus Lieferungen und Leistungen
Personalaufwand	Finanzertrag
Finanzaufwand	Übriger Betriebsertrag
Abschreibungen	
Übriger Betriebsaufwand	
Betriebsfremder Aufwand	**Betriebsfremder Ertrag**
	Gewinn aus Veräusserung
	von Anlagevermögen
Ausserordentlicher Aufwand	**Ausserordentlicher Ertrag**
Jahresgewinn	**Jahresverlust**

Abb. 10/13   **Gliederung der Bilanz nach Aktienrecht**

Aktiven	Passiven
Umlaufvermögen	**Fremdkapital**
– Flüssige Mittel	– Verbindlichkeiten aus Lieferungen
– Forderungen aus Lieferungen	und Leistungen
und Leistungen	– Andere kurzfristige Verbindlichkeiten
– Andere Forderungen	– Passive Rechnungsabgrenzungsposten
– Vorräte	– Verbindlichkeiten gegenüber
– Forderungen gegenüber nahestehenden	nahestehenden Gesellschaften und
Gesellschaften und Aktionären	Aktionären
– Übriges Umlaufvermögen	– Langfristige Verbindlichkeiten
– Aktive Rechnungsabgrenzungsposten	– Rückstellungen
Anlagevermögen	**Eigenkapital**
– Sachanlagen	– Aktienkapital
– Finanzanlagen	– Partizipationsscheinkapital
– Beteiligungen	– Gesetzliche Reserven
– Langfristige Guthaben gegenüber	– Reserven für eigene Aktien
nahestehenden Gesellschaften und	– Aufwertungsreserve
Aktionären	– Andere Reserven
– Andere Finanzanlagen	– Bilanzgewinn
– Immaterielle Anlagen	
– Gründungs-, Kapitalerhöhungs- und	
Organisationskosten	
– Andere immaterielle Anlagen	
– Nicht einbezahltes Aktienkapital	
– Bilanzverlust	

Bezüglich der Erfolgsrechnung fällt auf, dass für die Erfolgskonten separate Aufwands- und Ertragskonten zu führen sind. Es wäre z.B. für Aktiengesellschaften nicht erlaubt, anstelle der Konten «Wertschriftenaufwand» und «Wertschriftenertrag» nur ein Konto «Wertschriftenerfolg» auszuweisen. Dies geht bereits aus dem Grundsatz ordnungsmässiger Rechnungslegung hervor, der festhält, dass Aufwendungen und Erträge nicht miteinander verrechnet werden dürfen (vgl. Art. 662a OR).

4. Gewinnausschüttungen nach Aktienrecht
Als Konsequenz des Gläubigerschutzes versucht der Gesetzgeber sicherzustellen, dass Aktiengesellschaften über ein genügendes Eigenkapital verfügen. Er verfolgt diese Zielsetzung mit Bestimmungen

– zum Aufbau eines ausreichenden Eigenkapitals (Mindesteinlage bei Gründung, Gewinnzuweisungen)
– zur Erhaltung des Eigenkapitals (Bewertungsvorschriften, Konsequenzen bei Unterbilanz und Überschuldung)
– zur Rückzahlung des Eigenkapitals (Nachweis der Deckung der Schulden, Ankündigung der Rückzahlung, Regeln zum Halten eigener Aktien).

Neben der Einlage des Eigenkapitals bei der Gründung gehört die anschliessende Erhöhung durch zurückbehaltene Gewinne zu den wichtigsten Quellen des Eigenkapitals. Deshalb regelt der Gesetzgeber die Gewinnverwendung und verhindert insbesondere übermässige Gewinnausschüttungen. Er will damit den Fortbestand des Unternehmens gewährleisten. Die Bestimmungen gemäss Art. 671 OR lauten wie folgt:

– **1. Reservezuweisung**
5% des Jahresgewinns sind den gesetzlichen Reserven zuzuweisen, sofern diese noch nicht 20% des einbezahlten Aktienkapitals erreichen.
– **2. Reservezuweisung**
Auf sämtlichen Gewinnausschüttungen, die über Dividenden im Umfang von 5% des einbezahlten Aktienkapitals hinausgehen, sind 10% der allgemeinen Reserve zuzuweisen. Bei diesen Gewinnanteilen kann es sich insbesondere um sogenannte Superdividenden (Dividendenanteil, der mehr als 5% des einbezahlten Aktienkapitals beträgt) oder Tantièmen (Gewinnanteile für den Verwaltungsrat) handeln. Die 2. Reservezuweisung hat allerdings nur zu erfolgen, bis die gesetzlichen Reserven 50% des Aktienkapitals erreichen. Darüber hinaus sind die Reserven frei verfügbar.

Inwieweit die gesetzlichen Bestimmungen ihren Zweck, die Erhaltung finanziell gesunder Unternehmen, effektiv erfüllen, bleibt zweifelhaft. Mit Vorschriften zur Bildung und Erhaltung des Eigenkapitals allein kann nicht garantiert werden, dass die Einlagen der Gläubiger geschützt sind. Vor allem relevant ist die Frage, wie das Unternehmen die verfügbaren Ressourcen nutzt und wie eine Werterhaltung bzw. -vermehrung gelingt. Dazu sind weitergehende Konzepte für das Rechnungswesen und die Rechnungslegung erforderlich, als es das schweizerische Aktienrecht vorsieht. Deshalb orientieren sich die Fachempfehlungen Swiss GAAP FER und die internationalen Regelwerke an den Interessen der Investoren und verlangen eine Rechnungslegung, welche einen Einblick in die tatsächliche Vermögens-, Ertrags- und Finanzlage ermöglicht.

10.3.3 Vorschlag eines neuen schweizerischen Rechnungslegungsrechts

Ende 2005 hat der Bundesrat einen Vorentwurf zur Revision des Aktien- und Rechnungslegungsrechts in die Vernehmlassung geschickt. Das Ziel der Revision ist es, die Regelungen in den Bereichen «Corporate Governance», «Kapitalstruktur», «Generalversammlung» und «Rechnungslegung» im Obligationenrecht umfassend zu aktualisieren. Eine entsprechende Botschaft zur Revision des Aktien- und Rechnungslegungsrechts wurde Ende 2007 präsentiert.

Mit der Neuregelung des Rechnungslegungsrechts wird eine einheitliche Ordnung für alle Rechtsformen des Privatrechts vorgeschlagen. Die Rechnungslegungsvorschriften sollen künftig für alle privatrechtlichen Rechtsträger gelten, d.h. auch für Vereine und Stiftungen. Die Anforderungen werden nach der wirtschaftlichen Bedeutung des Unternehmens differenziert. Neben allgemeinen Vorschriften, die für alle buchführungspflichtigen Rechtsträger gelten, sind zusätzliche Vorgaben für Publikumsgesellschaften, andere wirtschaftlich bedeutende Unternehmen sowie Konzerne vorgesehen. Die Neuregelung erfolgt steuerneutral, d.h. am Massgeblichkeitsprinzip wird festgehalten. Demnach dient der Jahresabschluss nach revidiertem Obligationenrecht wie im geltenden Recht als Grundlage für die Steuerbemessung. Unter gewissen Voraussetzungen hat das Unternehmen aber einen zusätzlichen Abschluss nach einem anerkannten Regelwerk zu erstellen.

Nachfolgend werden die grundlegenden Änderungen, welche der Vorschlag zur Revision des Aktien- und Rechnungslegungsgesetzes enthält, dargestellt:

– Für die Pflicht zur Buchführung und Rechnungslegung ist nach wie vor die Eintragung ins Handelsregister massgebend. Bei nicht im Handelsregister eintragungspflichtigen Unternehmen, wie Einzelunternehmen, Vereine und Stiftungen, genügt eine einfache Buchhaltung über Ein- und Ausgaben (Art. 957).

– Kleine und mittlere Unternehmen (KMU) erstellen eine Jahresrechnung (Bilanz, Erfolgsrechnung und Anhang). Publikumsgesellschaften und wirtschaftlich bedeutende Unternehmen erstellen zusätzlich einen Lagebericht und eine Geldflussrechnung und führen erweiterte Angaben im Anhang aus (Art. 958).

– Der Geschäftsbericht muss innerhalb von 6 Monaten nach Ablauf des Geschäftsjahres erstellt und den zuständigen Organen zugestellt sein (Art. 958).

– Im Anhang ist neu eine Erklärung darüber abzugeben, ob die Anzahl der Vollzeitstellen über zehn, fünfzig oder zweihundert liegt (Art. 959c). Die genaue Anzahl soll im Lagebericht, der allerdings nicht von der Revisionsstelle geprüft wird, angegeben werden (Art. 961c). Dies ist vor allem im Hinblick auf die Abgrenzung «KMU» oder «wirtschaftlich bedeutendes Unternehmen» relevant.

– Stille (aber nicht «willkürliche») Reserven sind weiterhin erlaubt. Allerdings besteht neu die Möglichkeit für die Abschlussadressaten, sich über den Betrag der steuerlich nicht anerkannten Stillen Reserven zu informieren. Unternehmen haben die Wahl, die Auswirkungen der Auflösung Stiller Reserven entweder in einem Gesamtbetrag im Anhang offen zu legen oder eine Korrektur der einbehaltenen Gewinne (Gewinnreserven) und der entsprechenden Gegenpositionen in der Bilanz vorzunehmen (Art. 960f).

– Die Erstellung der Jahresrechnung auf der Basis des Obligationenrechts ist nicht erforderlich, wenn die Abschlussrechnung nach einem anerkannten Standard (Swiss GAAP FER, IFRS oder US GAAP) durchgeführt wird (Art. 962).

– Publikumsgesellschaften und Genossenschaften mit mindestens 2 000 Mitgliedern sowie Stiftungen, die von Gesetzes wegen zu einer ordentlichen Revision verpflichtet sind, haben neben einem Abschluss nach OR zusätzlich einen Abschluss nach einem anerkannten Regelwerk zu erstellen. Damit soll die Transparenz zum Schutz von Personen und Organisationen mit Minderheitsbeteiligungen massgeblich verbessert werden. Ein Abschluss nach anerkanntem Regelwerk kann ausserdem verlangt werden von:
  – Gesellschaftern, die mindestens 10% des Grundkapitals vertreten
  – 10% der Genossenschafter oder 20% der Vereinsmitglieder

  – Gesellschaftern oder Mitgliedern, die einer persönlichen Haftung oder
    Nachschusspflicht unterliegen (Art. 963).
    Ein Einzelabschluss nach anerkanntem Regelwerk ist jedoch nicht not-
    wendig, falls dieser in eine Konzernrechnung einbezogen wird.
  – Die Konzernrechnungslegung muss nach einem anerkannten Standard er-
    folgen. Lediglich Kleinkonzerne sind von der Pflicht zu einer Konzern-
    rechnungslegung befreit (Art. 963).

Zusammenfassung

Im Mittelpunkt dieses Kapitels steht die Vorstellung und kritische Würdigung möglicher Buchungsmethoden für den Wertschriften- und Immobilienverkehr. Dabei wird gezeigt, dass sich die verschiedenen Verfahren im
Wesentlichen immer mit der Frage beschäftigen, was bilanz- bzw. erfolgswirksam verbucht werden soll und zwar sowohl während des Jahres als insbesondere auch beim Jahresabschluss. Die im Einzelnen konkret zu wählende Methode und damit auch die Aussagekraft der Rechnungslegung
hängt direkt mit dem Ausbaustand des Rechnungswesens und den Infor-
mationsbedürfnissen der Benutzer der Periodenabschlüsse zusammen. Jedes einzelne Unternehmen hat aufgrund einer Kosten-/Nutzenanalyse
individuell zu entscheiden, welcher Weg gewählt werden soll. Einen Rahmen setzen allerdings stets die rechtlichen Vorschriften. In der Schweiz
knüpfen die gesetzlich verpflichtenden Rechnungslegungsnormen an die
Rechtsform des Unternehmens an. Während die allgemeinen Buch-
führungsvorschriften für sämtliche Unternehmen gelten, bestehen für
Aktiengesellschaften zusätzliche, strengere Bestimmungen. Dominant ist
dabei das Vorsichtsprinzip. Die Rechnungslegung soll nicht dazu verleiten,
übermässige Gewinne auszuweisen und danach auszuschütten. Deshalb
versucht der Gesetzgeber mit seinen Bestimmungen ein ausreichendes Eigenkapital zu erzwingen. Er regelt dies mit Vorschriften zur Einlage, zur
Erhaltung und zur Rückzahlung des Eigenkapitals. Dass die publizierten
Daten nicht zwingend der wirtschaftlichen Realität entsprechen, wird bewusst in Kauf genommen. Diese gläubigerschutzorientierte Rechnungslegung genügt modernen Anforderungen an das Rechnungswesen und die
Rechnungslegung nicht mehr. Gefragt sind heute Konzepte, aufgrund de-
rer den Investoren in Anlehnung an das Prinzip der «Fair Presentation» ein
den tatsächlichen Verhältnissen entsprechendes Bild der Vermögens-, Fi-
nanz- und Ertragslage vermittelt wird. Sowohl die Fachempfehlungen zur
Rechnungslegung Swiss GAAP FER als auch die internationalen Regel-

werke haben sich diesem Grundsatz verpflichtet. Der Bundesrat hat im Zuge dieser Entwicklung eine Modernisierung des Aktien- und Rechnungslegungsrechts in die Wege geleitet. Ziele der Revision sind die Verbesserung der Corporate Governance, eine flexiblere Regelung der Kapitalstrukturen, eine Modernisierung der Generalversammlung durch die Nutzung elektronischer Kommunikationsmittel sowie eine Neuregelung der Bestimmungen zur Rechnungslegung. Fair Presentation bedeutet in diesem Zusammenhang, dass sich Dritte ein zuverlässiges Urteil über die wirtschaftliche Lage eines Unternehmens bilden können.

Nationale und internationale Regelwerke

Einleitung

Neben den gesetzlichen Bestimmungen und Grundsätzen ordnungsmässiger Rechnungslegung existieren eine Reihe nationaler und internationaler Accountingstandards. Ihr Ziel ist die Förderung der Rechnungslegung der Unternehmen. Die auf der Basis der nationalen gesetzlichen Regelungen gewährten Ermesssens- und Handlungsspielräume für die Rechnungslegung sollen eingeschränkt werden.

Im Wesentlichen sollen folgende Ziele erreicht werden:

– Bereitstellung strukturierter Informationen zur Vermögens-, Finanz- und Ertragslage
– Harmonisierung der Rechnungslegung und Erhöhung der Vergleichbarkeit
– Erleichterung der Entscheidungen der Investoren.

Grundlage für die Erreichung dieser Zielsetzungen bildet eine Rechnungslegung, welche ein den tatsächlichen Verhältnissen entsprechendes Bild vermittelt (Fair Presentation).

Aus schweizerischer Sicht haben die Fachempfehlungen zur Rechnungslegung Swiss GAAP FER, die International Financial Reporting Standards (IFRS) sowie die US-Generally Accepted Accounting Principles (US GAAP) eine Bedeutung (vgl. Abb. 11/1).

Übersicht zu den nationalen und internationalen Regelwerken

Abb. 11/1

	Ziel	Charakter	Ausrichtung	Anerkennung	Umfang
Swiss GAAP FER	Fair Presentation / True and Fair View	Prinzipien-orientiert, übersichtlich	Unternehmen mit nationaler Ausstrahlung	Schweiz	200 Seiten
IFRS	Fair Presentation / True and Fair View	Prinzipien-orientiert, detailliert	Publikumsgesellschaften mit internationaler Ausstrahlung	Fast weltweite Akzeptanz (insb. EU)	2 400 Seiten
US GAAP	Fair Presentation	Case Law, extreme Regelungsdichte	Publikumsgesellschaften an US-Börsen	Pflicht für Kotierung in den USA (bis 2007)	Mehrere Bücher

In jüngster Zeit hat das noch vor einigen Jahren rege Interesse an der US-amerikanischen Rechnungslegung (US GAAP) abgenommen. Dies ist u.a. damit zu begründen, dass seit 2002 im Zuge von Bilanzskandalen (z.B. Enron, WorldCom) die Inkraftsetzung des Sarbanes-Oxley Act (SOX) die Berichterstattungspflichten in den USA für die bei der Securities and Exchange Commission (SEC) registrierten Unternehmen erheblich verschärfte. Dadurch erhöhten sich nicht nur die rechtlichen Risiken für die Unternehmen, sondern auch die Kosten für die Rechnungslegung und die Prüfung der Abschlüsse. Zudem sind umfassende interne Kontrollen sowie deren Prüfung notwendig.

Im Weiteren haben das Financial Accounting Standards Board (FASB) und das International Accounting Standards Board (IASB) erkannt, dass es auf lange Sicht kaum sinnvoll sein kann, dass IFRS-Anwender eine aufwändige Überleitungsrechnung (Reconciliation) ihres Abschlusses auf die US GAAP zu erstellen haben, um in den USA kotiert sein zu können. Als Konsequenz wurde vom FASB und vom IASB im September 2002 die Vereinbarung zu einem Konvergenz-Projekt getroffen (Norwalk-Agreement) mit dem Ziel einer Zulassung von IFRS-Anwendern an den US-Börsen bis spätestens 2009. Am 21.12.2007 hat die SEC beschlossen, IFRS in der Form, in der sie vom IASB herausgegeben werden, zu akzeptieren. Demzufolge wird die Erstellung einer Überleitungsrechnung nach US GAAP für Geschäftsjahre, die nach dem 15. November 2007 enden, hinfällig. Damit dürften die US GAAP für in der Schweiz kotierte internationale Konzerngruppen an Bedeutung verlieren. Die folgenden Ausführungen konzentrieren sich deshalb auf die Swiss GAAP FER und die IFRS.

11.2 Swiss GAAP FER als nationaler Accounting-standard

11.2.1 Trägerschaft

Auf Initiative der Treuhand-Kammer wurde 1985 die «Fachkommission für Empfehlungen zur Rechnungslegung» (FER) gegründet. Der Stiftungsrat beruft bis zu 30 Mitglieder in die Fachkommission und überwacht deren Arbeit. Die personelle Zusammensetzung der Kommission soll verschiedene Interessengruppen (u.a. Anwender, Wirtschaftsprüfer, Wissenschaftler, Finanzanalysten und -journalisten, Vertreter von Behörden) und Sprachregionen möglichst ausgewogen berücksichtigen. Die Arbeiten der Fachkommission werden von einem fünf- bis siebenköpfigen Fachausschuss, einem Fachsekretariat sowie verschiedenen Projektgruppen unterstützt. Die Themenvorgabe für die Ausarbeitung von Empfehlungen erfolgt in der Fachkommission (vgl. Abb. 11/2).

Organisation der Swiss GAAP FER   Abb. 11/2

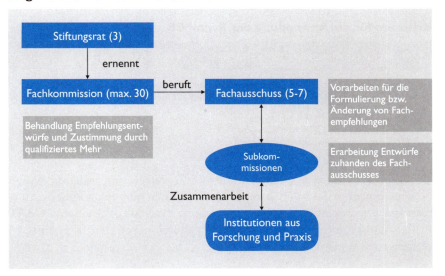

Konzept seit 2007   11.2.2

Die Fachkommission FER beschloss 2004, den gesamten Accountingstandard zu überarbeiten. Der breit abgestützte Reformprozess konnte im Frühjahr 2006 abgeschlossen werden. Die überarbeiteten Fachempfehlungen traten per 1. Januar 2007 in Kraft.

Das neue Konzept basiert auf einer konsequenten Fokussierung auf die Anwender der Fachempfehlungen. Dazu gehören grosse, mittelgrosse und kleine Organisationen und Unternehmensgruppen mit – aus der Sicht der Investoren – nationaler Ausrichtung. Zu den weiteren Anwendern gehören Nonprofit-Organisationen und Pensionskassen. Den Organisationen, welche Swiss GAAP FER anwenden, wird ein taugliches Gerüst für eine aussagekräftige Rechnungslegung bereitgestellt. Gleichzeitig soll die Nutzung der Rechnungslegung als Führungsinstrument, aber auch die Kommunikation mit Investoren, Banken und anderen interessierten Kreisen gefördert werden.

Die Swiss GAAP FER sind modular aufgebaut und bestehen aus drei Bausteinen: die sogenannten Kern-Fachempfehlungen, weitere Fachempfehlungen sowie eine separate Fachempfehlung für Konzerne.

Kleine Organisationen (vgl. Abb. 11/3) haben die Möglichkeit, lediglich die Kern-FER (Rahmenkonzept und Swiss GAAP FER 1–6) einzuhalten.

Abb. I I/3   **Kriterien für die Anwendung der Kern-FER**

Kriterien für die Anwendung der Kern-FER

Falls zwei der nachstehenden Kriterien in zwei aufeinander folgenden Jahren nicht überschritten werden, kann sich eine Organisation auf die Anwendung der Kern-FER beschränken:
- Bilanzsumme von CHF 10 Millionen
- Jahresumsatz von CHF 20 Millionen
- 50 Vollzeitstellen im Jahresdurchschnitt

Grosse und mittelgrosse Organisationen mit nationaler Ausstrahlung, wie an Nebensegmenten der SWX kotierte Unternehmen oder nicht kotierte, mittelgrosse Organisationen, haben das gesamte Regelwerk der Swiss GAAP FER einzuhalten (vgl. Abb. 11/4). Dazu gehören neben den Kern-FER 13 weitere Fachempfehlungen.

Eine gleichzeitige Behandlung von Fragen der Konsolidierung in den einzelnen Fachempfehlungen wird aus systematischen Gründen vermieden. Sowohl die Kern-FER als auch die weiteren Fachempfehlungen gelten für alle Abschlüsse nach Swiss GAAP FER, unabhängig davon, ob es sich um einen Einzelabschluss oder einen Konzernabschluss (Gruppenabschluss) handelt. Alle Fragen, welche die Konsolidierung betreffen, werden in einer separaten Fachempfehlung (Swiss GAAP FER 30) behandelt. Damit vereinfacht sich die Anwendung der Swiss GAAP FER, indem kleine Unternehmensgruppen die Kern-FER und Swiss GAAP FER 30, mittelgrosse und grosse Unternehmensgruppen die Kern-FER, die weiteren Swiss GAAP FER und Swiss GAAP FER 30 anzuwenden haben.

Modularer Aufbau der Swiss GAAP FER   Abb. 11/4

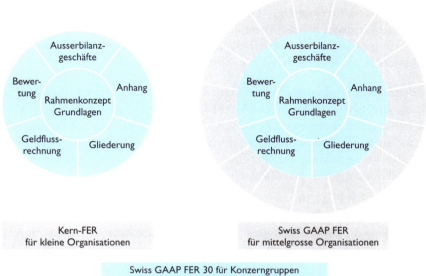

Die einzelnen Standards   11.2.3

Kern-FER

Das für sämtliche Unternehmen verbindliche Rahmenkonzept regelt die
Prinzipien, welche der Rechnungslegung nach Swiss GAAP FER zu Grunde
liegen. Das Rahmenkonzept umfasst insbesondere folgende Elemente: Zweck
und Inhalt, Zielsetzung und Grundlagen der Jahresrechnung, Definition der
wichtigsten Bilanz- und Erfolgsrechnungspositionen, zulässige Bewertungs-
konzepte sowie qualitative Anforderungen an den Abschluss.

Basierend auf dem Rahmenkonzept regeln die Swiss GAAP FER 1–6 folgende Themenbereiche:

– Grundlagen (Swiss GAAP FER 1)
– Bewertung (Swiss GAAP FER 2)
– Darstellung und Gliederung (Swiss GAAP FER 3)
– Geldflussrechnung (Swiss GAAP FER 4)
– Ausserbilanzgeschäfte (Swiss GAAP FER 5)
– Anhang (Swiss GAAP FER 6).

Weitere Swiss GAAP FER

In den weiteren Swiss GAAP FER werden immaterielle Werte, Steuern, Zwischenberichterstattung, Leasinggeschäfte, nahe stehende Personen, Vorsorgeverpflichtungen, Vorräte, Sachanlagen, Wertbeeinträchtigungen, langfristige Aufträge, Rückstellungen, Eigenkapital und Transaktionen mit Aktionären sowie derivative Finanzinstrumente geregelt.

Zusätzlich beinhalten die Swiss GAAP FER zurzeit drei branchenspezifische Fachempfehlungen, Swiss GAAP FER 14 «Konzernrechnung von Versicherungsunternehmen», Swiss GAAP FER 21 «Rechnungslegung für gemeinnützige, soziale Nonprofit-Organisationen» sowie Swiss GAAP FER 26 «Rechnungslegung von Personalvorsorgeeinrichtungen». Diese Spezialempfehlungen gehen den übrigen Fachempfehlungen vor.

Swiss GAAP FER 30

Swiss GAAP FER 30 «Konzernrechnung» orientiert sich an einer modernen Auffassung der Problemstellungen, die bei der Konsolidierung mehrerer Abschlüsse zu einem Konzernabschluss zu behandeln sind. Geregelt werden die Themen Konsolidierungskreis, Konsolidierungsverfahren, Goodwill, Fremdwährungen, Bewertung, Steuern, Geldflussrechnung und Offenlegung.

Mit den Swiss GAAP FER stehen seit 2007 sowohl für mittelgrosse als auch kleine Organisationen geeignete Regelungen für eine aussagekräftige Rechnungslegung zur Verfügung (vgl. Abb. 11/5). Sie entsprechen neuesten Erkenntnissen im Accounting und bilden ein konsistentes System. Gleichzeitig wurde die Leitidee, dass das neue Regelwerk – unter Respektierung des Oberziels einer True and Fair View – möglichst einfach und praktikabel zu halten ist, umgesetzt.

Fachempfehlungen zur Rechnungslegung Swiss GAAP FER   Abb. 11/5

Kern-FER Rahmenkonzept 1. Grundlagen 2. Bewertung 3. Darstellung und Gliederung 4. Geldflussrechnung 5. Ausserbilanzgeschäfte 6. Anhang	Für kleine und mittelgrosse Organisationen
Weitere FER 10. Immaterielle Werte 11. Steuern 12. Zwischenberichterstattung 13. Leasinggeschäfte 15. Nahe stehende Personen 16. Vorsorgeverpflichtungen 17. Vorräte 18. Sachanlagen 20. Wertbeeinträchtigungen 22. Langfristige Aufträge 23. Rückstellungen 24. Eigenkapital und Transaktionen mit Aktionären 27. Derivative Finanzinstrumente	Zusätzlich für mittelgrosse Organisationen
Konzernrechnung 30. Konzernrechnung	Zusätzlich für kleine und mittelgrosse Unternehmensgruppen
Branchenspezifische FER 14. Versicherungsunternehmen 21. Nonprofit-Organisationen 26. Personalvorsorgeeinrichtungen	Für Versicherungen, Nonprofit-Organisationen resp. Personalvorsorgeeinrichtungen

11.3 International Financial Reporting Standards (IFRS)

11.3.1 Trägerschaft

Im Jahr 1973 wurde in London das International Accounting Standards Committee (IASC) gegründet. Diese Fachorganisation hatte sich zum Ziel gesetzt, Rechnungslegungsstandards zu erarbeiten und auf deren weltweite Akzeptanz und Einhaltung hinzuwirken. Das Anliegen wurde durch die Förderung der Nutzung und konsequenten Anwendung der International Accounting Standards (IAS) angestrebt. Im Jahr 2001 wurde eine Umstrukturierung vollzogen. Aus dem IASC ging das International Accounting Standards Board (IASB) als Fachorganisation hervor. Zudem wurde als Dachorganisation die International Accounting Standards Committee Foundation (IASCF) gegründet (vgl. Abb. 11/6).

Abb. 11/6 **Institutionen der International Accounting Standards Committee Foundation**

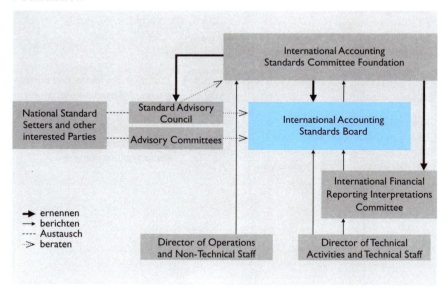

Die Stiftung hat die Aufgabe, hochwertige, verständliche und durchsetzbare, globale Standards zu entwickeln, deren Anwendung und strikte Durchsetzung zu erwirken und eine Konvergenz von nationalen Rechnungslegungsstandards mit den IFRS zu erreichen. Der Begriff «IAS» wurde im Jahr 2002

durch die Bezeichnung «IFRS» (International Financial Reporting Standards) abgelöst. Bereits bestehende Normen wurden jedoch übernommen und werden weiterhin mit IAS benannt. Neue Standards werden hingegen ausschliesslich mit IFRS bezeichnet.

Konzept   11.3.2

Die IFRS richten sich primär an kapitalmarktorientierte Unternehmen. Deren Finanzberichterstattung dient in erster Linie der Bereitstellung von Informationen an Investoren (Anlegerschutz). Dies divergiert mit den nationalen gesetzlichen Regelungen in Kontinentaleuropa, welche dem Gläubigerschutz verpflichtet sind. Die Vermittlung eines den tatsächlichen Verhältnissen entsprechenden Bilds der Vermögens-, Finanz- und Ertragslage (Fair Presentation / True and Fair View) steht bei IFRS als Principle-Based-Standard im Vordergrund. Sollten sich bestimmte Normen für die Anwendung als unklar oder unvollständig erweisen, werden vom International Financial Reporting Interpretations Committee (IFRIC) spezifische Präzisierungen vorgenommen. Diese werden vom IASB verabschiedet und publiziert.

Basis für die Standards und Interpretationen bildet ein Rahmenkonzept (Framework). Dieses umfasst insbesondere Prinzipien, welche der Aufstellung und Darstellung externer Abschlüsse zu Grunde liegen. Das Framework selbst ist kein Standard und definiert keine Richtlinien für konkrete Fragen der Bewertung oder der Offenlegung. Es setzt sich insbesondere mit folgenden Punkten auseinander:

– Zielsetzung von Abschlüssen
– Zu Grunde liegende Annahmen
– Qualitative Anforderungen, die den Nutzen der in den Abschlüssen enthalten Informationen bestimmen
– Definition, Ansatz und Bewertung der Positionen, aus denen der Abschluss besteht
– Kapital- und Kapitalerhaltungskonzepte.

Abb. 11/7 **Übersicht zu den Standards des IASB per 1.1.2008**

IAS / IFRS	Aktueller Titel
IFRS 1	Erstmalige Anwendung der International Financial Reporting Standards
IFRS 2	Anteilsbasierte Vergütung
IFRS 3	Unternehmenszusammenschlüsse
IFRS 4	Versicherungsverträge
IFRS 5	Zur Veräusserung gehaltene langfristige Vermögenswerte und aufgegebene Geschäftsbereiche
IFRS 6	Exploration und Evaluierung von mineralischen Ressourcen
IFRS 7	Finanzinstrumente: Angaben
IFRS 8	Segmentberichterstattung (Inkraftsetzung 1.1.2009)
IAS 1	Darstellung des Abschlusses
IAS 2	Vorräte
IAS 7	Geldflussrechnungen
IAS 8	Bilanzierungs- und Bewertungsmethoden, Änderungen von Schätzungen und Fehler
IAS 10	Ereignisse nach dem Bilanzstichtag
IAS 11	Fertigungsaufträge
IAS 12	Ertragssteuern
IAS 14	Segmentberichterstattung (bis 31.12.2008)
IAS 16	Sachanlagen
IAS 17	Leasingverhältnisse
IAS 18	Erträge
IAS 19	Leistungen an Arbeitnehmer
IAS 20	Bilanzierung und Darstellung von Zuwendungen der öffentlichen Hand
IAS 21	Auswirkungen von Änderungen der Wechselkurse
IAS 23	Fremdkapitalkosten
IAS 24	Angaben über Beziehungen zu nahe stehenden Unternehmen und Personen
IAS 26	Bilanzierung und Berichterstattung von Altersvorsorgeplänen
IAS 27	Konzern- und separate Einzelabschlüsse nach IFRS
IAS 28	Anteile an assoziierten Unternehmen
IAS 29	Rechnungslegung in Hochinflationsländern
IAS 31	Anteile an Joint Ventures
IAS 32	Finanzinstrumente: Darstellung
IAS 33	Ergebnis je Aktie
IAS 34	Zwischenberichterstattung
IAS 36	Wertminderung von Vermögenswerten
IAS 37	Rückstellungen, Eventualschulden und Eventualforderungen
IAS 38	Immaterielle Vermögenswerte
IAS 39	Finanzinstrumente: Ansatz und Bewertung
IAS 40	Als Finanzinvestition gehaltene Immobilien
IAS 41	Landwirtschaft

Standards und aktuelle Entwicklungen

Per 1.1.2008 sind 7 IFRS, 30 IAS und 24 Interpretationen in Kraft (vgl. Abb. 11/7).

Neben der Neugestaltung einzelner Standards versucht das IASB, umfassende Leitlinien zur Bestimmung der Fair Values zu erarbeiten. Dazu wurde Ende 2005 ein Discussion Paper (DP) mit einer Hierarchie verschiedener Bewertungsansätze publiziert. Die Bestrebungen konzentrieren sich auf ein generell gültiges Konzept zur Herleitung von Fair Values. In welchen Fällen diese Bewertungskonzeption zum Tragen kommen soll, wird auch in Zukunft in den einzelnen Standards geregelt.

Ferner ist das IASB bestrebt, einen separaten Standard für kleine und mittelgrosse Unternehmen (KMU) unter dem Arbeitstitel «Accounting Standards for Small and Medium-sized Entities (SMEs)» zu entwickeln. Die Regelung soll die Bedürfnisse der KMU's berücksichtigen und eine adressatengerechte Offenlegung bewirken. Das Konzept ist von folgenden Prämissen geprägt:

– Der Anwenderkreis der SME GAAP umfasst Unternehmen, die nicht öffentlich rechenschaftspflichtig sind (not publicly accountable). Ausgeschlossen sind deshalb kotierte Unternehmen sowie Unternehmen, die treuhänderisch Vermögen verwalten (Banken, Pensionskassen). Als Leitlinie bei der Erarbeitung der SME GAAP dient dem IASB ein Unternehmen mit 50 Mitarbeitenden.
– Die nationalen Regelgeber haben diejenigen Unternehmen festzulegen, welche die SME GAAP anzuwenden haben bzw. anwenden dürfen.
– Die bestehenden IFRS bleiben ein Auffangnetz für Sachverhalte, die in den SME GAAP nicht geregelt sind.
– Die Anwendung der SME GAAP soll eine spätere Umstellung auf IFRS erleichtern.

2004 hat das IASB ein Discussion Paper und 2007 einen Exposure Draft (ED) «IFRS for Small and Medium-sized Entities» veröffentlicht. Ein Standard soll 2008 publiziert werden.

Der Trend zur vermehrten Anwendung der IFRS hat sich in den letzten Jahren international sowohl bei börsenkotierten als auch bei nicht börsenkotierten Unternehmen verstärkt. Über 100 Länder fordern oder akzeptieren die IFRS als Basis für die Rechnungslegung. Diese Entwicklung wurde durch verschiedene Faktoren aus dem regulatorischen Umfeld begünstigt. Darunter fällt einerseits die Verpflichtung aller in der EU domizilierten Unternehmen,

die an einer EU-Börse kotiert sind, seit 2005 einen Konzernabschluss nach
IFRS zu erstellen. Andererseits haben auch die am Hauptsegment der SWX
Swiss Exchange kotierten Unternehmen seit 2005 IFRS oder US GAAP an-
zuwenden.

Zusammenfassung

Die nationalen und internationalen Regelwerke haben sich zum Ziel gesetzt, die Rechnungslegung der Unternehmen zu fördern. Der Handlungsspielraum soll eingeschränkt werden, indem Unternehmen dazu verpflichtet werden, strukturierte Informationen zur Vermögens-, Finanz- und Ertragslage bereitzustellen. Dadurch wird ein Vergleich unterschiedlicher
Abschlüsse ermöglicht und gleichzeitig die Entscheidungsfindung der Investoren erleichtert. Für Schweizer Unternehmen sind vor allem die Fachempfehlungen zur Rechnungslegung Swiss GAAP FER und die International Financial Reporting Standards (IFRS) relevant.
Die Swiss GAAP FER verfolgen das Ziel, die Aussagekraft und Vergleichbarkeit von Abschlüssen Schweizer Unternehmen auf freiwilliger Basis zu
erhöhen und dadurch die Qualität der Finanzberichterstattung zu verbessern. Um sich noch konsequenter auf Unternehmen mit nationaler Ausstrahlung auszurichten und ein taugliches Gerüst für einfache, aussagekräftige und kostengünstige Abschlüsse bereitzustellen, erarbeitete die Fachkommission 2005 ein neues Konzept. Dieses basiert auf einer klaren Fokussierung auf die Anwender der Fachempfehlungen und besteht aus drei
Bausteinen. Die sogenannten Kern-Fachempfehlungen sind für kleine
Organisationen vorgesehen. Die weiteren Fachempfehlungen bilden den
zweiten Baustein. Dieser ist geeignet für mittelgrosse und grosse Organisationen. Alle Fragen, welche die Erarbeitung eines Gruppenabschlusses
(Konzernrechnung) betreffen, werden in einer separaten Fachempfehlung
(Swiss GAAP FER 30), dem dritten Baustein, behandelt. Die überarbeiteten Swiss GAAP FER traten am 1. Januar 2007 in Kraft. Sie sind von allen
Unternehmen, die am Nebensegment der SWX Swiss Exchange kotiert
sind, verpflichtend anzuwenden.
Unternehmen, die am Hauptsegment der SWX kotiert sind, haben entweder die IFRS oder die US GAAP anzuwenden. Die IFRS richten sich primär an kapitalmarktorientierte Unternehmen, bei denen die Bereitstellung
von Informationen für Investoren im Vordergrund steht. Oberstes Ziel ist
die Vermittlung eines den tatsächlichen Verhältnissen entsprechenden
Bilds der Vermögens-, Finanz- und Ertragslage. Die IFRS finden immer

breitere Beachtung und werden von über 100 Ländern akzeptiert. Begünstigt wurde diese Entwicklung einerseits dadurch, dass alle Unternehmen,
die an einer EU-Börse oder am Hauptsegment der SWX Swiss Exchange
kotiert sind, seit 2005 einen Konzernabschluss nach IFRS zu erstellen haben. Andererseits wird die Verbreitung der IFRS durch den Beschluss der
amerikanischen Börsenaufsichtsbehörde SEC begünstigt, die IFRS in der
Form, in der sie vom IASB herausgegeben werden, für die Zulassung an die
US-Börsen zu akzeptieren. Der Trend zur vermehrten Anwendung der
IFRS wird sich also in den nächsten Jahren fortsetzen. Die ohnehin in der
Schweiz wenig verbreiteten US GAAP dürften weiter an Bedeutung verlieren.

Betriebliche Erfolgsermittlung

Einleitung

In den bisherigen Ausführungen wurden vorwiegend Warenhandelsunternehmen betrachtet, die dadurch charakterisiert sind, dass keine Veränderungen an der physischen Substanz der eingekauften Produkte vorgenommen werden. Handelsunternehmen geben die Waren hauptsächlich so weiter, wie sie eingekauft worden sind. Die Leistung besteht zu einem grossen Teil in der Bereitstellung der Ware für den Käufer. Allfällige kleinere Veränderungen, z.B. das Sortieren, das Abpacken oder Serviceleistungen wie die Beratung oder Finanzierung gehören zur eigentlichen Handelsfunktion (vgl. Abb. 12/1).

Handelsfunktion

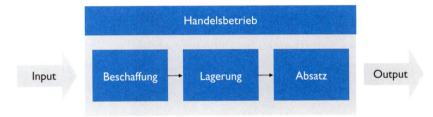

Im Unterschied dazu umfasst die Tätigkeit der Industrieunternehmen die Transformation und Kombination von Rohstoffen und Zwischenprodukten unter Einsatz technischer Einrichtungen zu neuen Produkten (vgl. Abb. 12/2). Ausdruck der Leistung ist die Wertschöpfung, welche als Differenz aus dem erzielten Ertrag pro Periode und dem Aufwand für von aussen bezogene Materialien und Zwischenfabrikate (= sogenannte Vorleistungen) resultiert.

Die Erfassung des Werteflusses und der Wertschöpfung im Industriebetrieb ist komplizierter als in einem Handelsunternehmen. Sie lässt sich nur durchführen, indem die einzelnen für die Produktherstellung erforderlichen Kostenelemente registriert und zusammengefasst werden.

Damit erfolgt der Übergang vom finanziellen zum betrieblichen Rechnungswesen. Es gehört zu den zentralen Aufgaben des betrieblichen Rechnungswesens, die Herstellkosten der produzierten bzw. verkauften Produkte zu ermitteln.

Wertschöpfungsprozess im Industriebetrieb

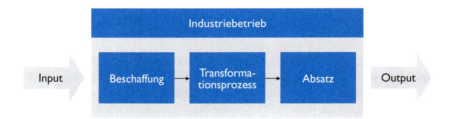

Unter Herstellkosten wird im Industriebetrieb der durch die betriebliche Leistungserstellung verursachte Wertverzehr (einseitiger Abgang von Geld, Sachgütern oder Dienstleistungen) bezeichnet. Zu den Kostenkomponenten gehören u.a. Material, Löhne, Energie, Unterhalt und Abschreibungen. Durch Addition der Verwaltungs- und Verkaufskosten zu den Herstellkosten können die Selbstkosten ermittelt werden (vgl. Abb. 12/3). Die Selbstkosten eines Produkts entsprechen den vollen Kosten je Stück.

Ermittlung der Selbstkosten im Industriebetrieb

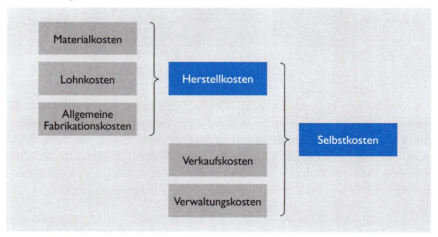

Als Grundlage zur Erfolgsermittlung im Industriebetrieb wird zuerst der Kostenbegriff eingeführt und dem Begriff des Aufwands gegenübergestellt. Anschliessend wird der betriebliche Wertschöpfungsprozess anhand des im Industriebetrieb ablaufenden Kosten- und Erlösflusses dargestellt. Es wird gezeigt, dass die Wertschöpfung in einem Industrieunternehmen aus der Sicht des Rechnungswesens vollständig abgebildet und erklärt werden kann.

Kostenbegriff

Das finanzielle Rechnungswesen unterscheidet Ertrag und Aufwand. Zum Ertrag gehören im Wesentlichen die Verkaufserlöse (Geld-, Sachgüter- und Dienstleistungszugänge ohne Gegenleistung während einer Zeitperiode). Unter dem Aufwand wird der gesamte, während einer Zeitperiode erfolgte Geld-, Sachgüter- und Dienstleistungsabgang (ohne Gegenleistung) verstanden. Erfasst werden auch Nutzenzu- und Nutzenabgänge, die nicht mit der Betriebstätigkeit zusammenhängen. Beispiele solcher neutraler Positionen sind:

– Erträge aus nicht betrieblichem Vermögen (Wohnliegenschaften, Wertschriften, Beteiligungen)
– Erlöse aus dem Verkauf von Sachgütern, die in früheren Perioden zu stark abgeschrieben wurden
– Unterhaltsaufwand für ein Wohnhaus, das nicht betrieblich genutzt wird
– Debitorenverluste, die nicht der laufenden Periode zuzurechnen sind
– Aufwand infolge ausserordentlicher Ereignisse (Brandfall, Diebstahl usw.).

Für das betriebliche Rechnungswesen sind deshalb die Erlöse und Kosten sorgfältig abzugrenzen. Ertrag und Aufwand gemäss finanziellem Rechnungswesen sind für die Zwecke der Betriebsbuchhaltung zum Teil falsch bewertet, unvollständig oder nicht relevant.

Die Ausklammerung des neutralen Ertrags und damit die Überführung des Ertrags zu den betrieblichen Erlösen bereitet in der Regel keine Schwierigkeiten. Wesentlich komplexer ist die Abgrenzung des Aufwands. Im Vordergrund steht die Frage, ob zwischen der Erstellung der Betriebsleistung und den Nutzenabgängen ein kausaler Zusammenhang besteht. Immer dann, wenn dies verneint wird, handelt es sich um Aufwand (sog. «Zusatzaufwand»), nicht aber um Kosten (vgl. Abb. 12/4). Beispiele sind der Unterhaltsaufwand für nicht betriebliche Liegenschaften, der Aufwand für ausserordentliche Schadensfälle usw. Es gibt aber auch Fälle, bei denen der ordentliche Aufwand gemäss finanziellem Rechnungswesen anders bewertet wird, als dies gemäss Betriebsbuchhaltung richtig wäre (sog. «Andersaufwand»). Solche Differenzbeträge sind ebenfalls abzugrenzen. Ein Beispiel ist die Abschreibung. Soweit in der Finanzbuchhaltung eine höhere Abschreibung erfolgt als aus der Sicht des betrieblichen Leistungserstellungsprozesses effektiv notwendig ist, muss der Mehraufwand eliminiert werden. Es ist aber auch möglich, dass im finanziellen Rechnungswesen z.B. für die Debitoren eine zu tiefe Wertberichtigung gebildet wurde. In diesem Fall sind für die Kostenrechnung höhere Wertberichtigungen zu berücksichtigen (sog. «Anderskosten»).

Abb. 12/4   **Abgrenzung von Kosten und Aufwand**

Aufwand gemäss finanziellem Rechnungswesen			
Neutraler Aufwand – betriebsfremd – ausserordentlich		**Zweckaufwand**	
Zusatzaufwand	*Andersaufwand*	betrieblicher Aufwand	
Aufwand, dem keine Kosten entsprechen	Aufwand, dem Kosten in anderer Höhe gegenüberstehen	(Aufwand = Kosten)	
Beispiele: Unterhalt Liegenschaften, a.o. Schadenfall	Beispiel: zu hohe Abschreibungen gemäss Finanzbuchhaltung	Beispiele: Material, Löhne, Energie, Zinsen	

	Kosten, denen Aufwand in anderer Höhe gegenübersteht	Kosten, denen kein Aufwand entspricht
(Kosten = Aufwand) **Grundkosten**	Beispiel: höhere Kosten für Debitorenverluste	Beispiele: Eigenkapitalkosten, Eigenlohn
	Anderskosten	*Zusatzkosten*
	Kalkulatorische Kosten	
Kosten gemäss betrieblichem Rechnungswesen		

Zusätzlich existieren Nutzenabgänge, bei denen keine Auszahlung erfolgt, die aber mit der Betriebsleistung ursächlich zusammenhängen und somit Kosten sind, obwohl sie nicht als Aufwand in das finanzielle Rechnungswesen einfliessen (sog. «Zusatzkosten»). Ein typisches und immer wieder zitiertes Beispiel sind die kalkulatorischen Eigenkapitalzinsen. Die Finanzbuchhaltung möchte bestimmen, welcher Erfolg im Unternehmen angefallen ist. Je höher der Gewinn, desto grösser der Beitrag an die Verzinsung des Eigenkapitals (inklusive Risikoprämie). Das betriebliche Rechnungswesen bzw. die Kostenrechnung möchte dagegen wissen, wieviel Geld, Sachgüter und Dienstleistungen zur Erzeugung der betrieblichen Leistung aufgebracht werden mussten. In diesem Sinne sind die Kosten für alle eingesetzten Kapitalien zu berücksichtigen. Als mögliche Lösung wird in der Regel eine theoretische Verzinsung des Eigenkapitals angenommen, die dann als kalkulatorischer Eigenkapitalzins im betrieblichen Rechnungswesen erfasst wird. Ein weiteres Beispiel für Zusatzkosten ist der Eigenlohn des Unternehmers.

Kostenfluss im Industriebetrieb

Für das bessere Verständnis der Zusammenhänge wird der Wertefluss in Industrieunternehmen zunächst grundsätzlich dargestellt und anschliessend an einem Beispiel illustriert.

In einem ersten Schritt werden Rohmaterialien durch den Einsatz von z.B. Arbeit und Energie zu Produkten in Arbeit (Zwischenprodukte) transformiert, die in entsprechenden Lagern erfasst werden (vgl. Abb. 12/5). Die Halbfabrikate wiederum werden zusammen mit anderen Rohmaterialien sowie weiteren Leistungen (eingekaufte Komponenten, Arbeitseinsatz, Energie usw.) zu Fertigfabrikaten weiterverarbeitet.

Wertefluss im Industriebetrieb   Abb. 12/5

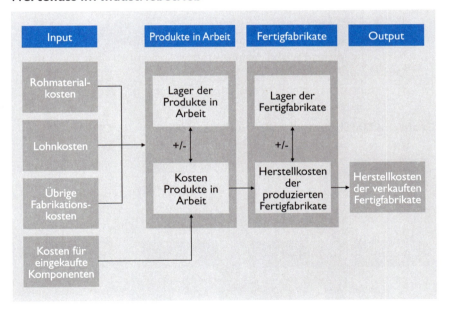

Der gleiche Wertschöpfungsprozess wird am Beispiel eines kleinen Fabrikationsbetriebs abgebildet (vgl. Abb. 12/6). Die kontenmässige Darstellung erlaubt die lückenlose Erklärung des Werteflusses ab Einkauf bis zum Verkauf (Rohmaterialkosten, Arbeitseinsatz, Fabrikationskosten, Herstellkosten Produktion, Herstellkosten Verkauf).

Als Ausgangslage sind folgende Informationen bekannt:

0. Anfangsbestände der Bilanzkonten: Rohmaterialien CHF 2 000.–, Produkte in Arbeit CHF 4 000.–, Fertigfabrikate CHF 5 000.–
1. Einkäufe an Rohmaterial: CHF 8 000.–
2. In der Produktion eingesetztes Rohmaterial: CHF 7 000.–
3. Lohnzahlungen an Mitarbeiter: CHF 12 000.–
4. Effektive Lohnkosten für die Herstellung der Produkte: CHF 11 500.–
5. Während der Periode angefallene allgemeine Fabrikationskosten: CHF 7 000.–
6. Belastung der allgemeinen Fabrikationskosten auf die Produkte in Arbeit
7. Ablieferung von Fertigprodukten an die Fertiglager zu Herstellkosten: CHF 26 000.–
8. Verkauf von Fertigprodukten: CHF 30 000.–
9. Erlöse durch Verkäufe: CHF 42 000.–
10. Verkaufs- und Administrationskosten: CHF 6 000.–
11. Sämtliche Verkaufs- und Administrationskosten betreffen die laufende Periode
12. Erstellung der betrieblichen Erfolgsrechnung.

Abb. 12/6 **Grafische Darstellung des Kostenflusses (Beträge in CHF)**

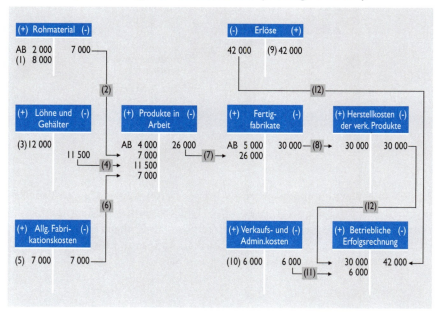

Im gezeigten Beispiel betragen die Herstellkosten der (neu) produzierten Fertigfabrikate CHF 26 000.–, die Herstellkosten der verkauften Fertigfabrikate dagegen CHF 30 000.– (vgl. Abb. 12/7).

Zusammenhang zwischen Herstellkosten der Produktion und des Verkaufs (Beträge in CHF)

Abb. 12/7

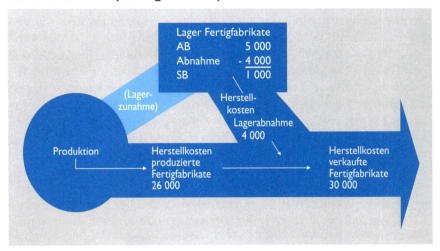

Aus der Darstellung des Werteflusses lässt sich die betriebliche Erfolgsrechnung für den betreffenden Monat ableiten:

	Verkaufserlöse	CHF	42 000.–
./.	Herstellkosten der verkauften Produkte	CHF	30 000.–
=	Bruttogewinn	CHF	12 000.–
./.	Verkaufs- und Administrationskosten	CHF	6 000.–
=	**Betriebsgewinn**	**CHF**	**6 000.–**

Das gezeigte Beispiel illustriert, wie Industrieunternehmen Warenlager zu bewerten haben. Die sicher beste Methode zur Wertfindung für die Produkte in Arbeit besteht darin, dass untersucht wird, welchen Geld-, Sachgüter- und Dienstleistungsabgang die Herstellung der Produkte in Arbeit verursacht hat. Das bedeutet nichts anderes, als dass die gemäss Kostenfluss absorbierten Kosten für Rohmaterialien, Löhne sowie die allgemeinen Fabrikationskosten zu erfassen und den Produkten in Arbeit zuzuordnen sind. Die Herstellkosten der fertig erstellten Produkte lassen sich ebenfalls aus dem Wertefluss ableiten.

Zusammenfassung

Die Erfolgsermittlung bei Industrieunternehmen ist wesentlich komplexer als bei Handelsunternehmen, da durch den Produktionsprozess eine bedeutend grössere Wertschöpfung auf den sogenannten Vorleistungen (Materialkosten, Lohnkosten, allgemeinen Fabrikationskosten und Kosten für den Einkauf fertiger Komponenten) realisiert wird. Um den Kostenfluss, der ein Abbild der physischen Vorgänge in einem Unternehmen ist, interpretieren zu können, muss zuerst der Kostenbegriff richtig verstanden werden. Der Kostenbegriff ist – im Gegensatz zum Aufwand – eine Grösse des betrieblichen Rechnungswesens. Bei dieser unternehmensinternen Rechnung, die das betriebliche Geschehen abbildet, steht der kausale Zusammenhang zwischen der betrieblichen Leistungserstellung und den dazugehörigen Geld-, Sachgüter- und Dienstleistungsströmen im Mittelpunkt. Deshalb ist für die Herleitung der Kosten der neutrale Aufwand, der mit der Betriebstätigkeit nichts zu tun hat, abzugrenzen. Zusätzlich sind Nutzenabgänge, welche die Betriebstätigkeit verursacht hat, die aber im finanziellen Rechnungswesen nicht erfasst werden, zu berücksichtigen. Dazu gehören die Verzinsung des Eigenkapitals oder der Eigenlohn des Unternehmers. Schliesslich ist auch die Bewertung einzelner Aufwandspositionen anzupassen. Beispiele dazu sind die Abschreibungen oder die Bildung und Auflösung von Wertberichtigungen der Debitoren.

Die Abbildung des Werteflusses bezweckt nachzuweisen, welcher Geld-, Sachgüter- und Dienstleistungsabgang durch die Herstellung der Produkte in Arbeit und der Fertigprodukte verursacht worden ist. Speziell auszuweisen sind die Herstellkosten der produzierten sowie der verkauften Fertigfabrikate. Dazwischen steht die Lagerveränderung, die ebenfalls aufgrund der Herstellkosten zu bewerten ist.

Betriebliches Rechnungswesen 13

Einleitung 13.1

Das betriebliche Rechnungswesen (Betriebsbuchhaltung, Betriebsabrechnung, Kosten- und Leistungsrechnung, Kostenrechnung) ist ein Instrument der Unternehmensführung und hat verschiedenen Anforderungen gerecht zu werden. Es lassen sich im Wesentlichen zwei Hauptfunktionen herauskristallisieren:

Entscheidungsfunktion

Die Kosten- und Leistungsrechnung liefert quantitative Informationen für das Management zur Entscheidungsfindung. Wichtige Beispiele dazu sind die Kosten- und Erlösermittlung, die Aufnahme neuer Produkte ins Produktionsprogramm oder die Ermittlung von Preisgrenzen. Ein sachgerechter Entscheid setzt die Kenntnis der mit einem Produkt verbundenen Kosten (und Erlöse) voraus. Dies gilt auch für interne Leistungen, die gemäss verursachter Kosten verrechnet werden.

Verhaltenssteuerungsfunktion

Bei der Verhaltenssteuerung geht es um die Beeinflussung der Entscheidungen des Managements. Im Vordergrund steht die Koordination und Kontrolle der betrieblichen Aktivitäten. Die Kosten sind nach Verantwortungsbereichen zusammenzufassen, damit im Rahmen der Leistungsbeurteilung die Aktivitäten der Organisationseinheiten geplant, aufeinander abgestimmt und kontrolliert werden können. So wird auch das Kostenbewusstsein im Unternehmen gefördert.

Das betriebliche Rechnungswesen liefert in vielen Fällen die Daten nicht immer so, wie dies für spezifische unternehmerische Entscheidungen erforderlich wäre. Das Kostenrechnungssystem sollte darum modulmässig aufgebaut sein und je nach Bedarf die für die Unternehmensführung erforderliche Information bereitstellen.

Eine zentrale Aufgabe des betrieblichen Rechnungswesens ist eine sachgerechte Beantwortung der Frage, welche Kosten insgesamt angefallen sind und welche Kosten und Erlöse die einzelnen Produkte und Dienstleistungen verursacht haben. Besondere Schwierigkeiten ergeben sich bei der Bestimmung der Kosten der Produkte. Im Wesentlichen werden folgende Verfahren angewendet:

Divisionskalkulation

Bei der Herstellung gleichförmiger Produkte in grossen Massen (z.B. Mineralwasser, Bier, elektrischer Strom, Gas, Ziegel) besteht die Möglichkeit, die sogenannte Divisionskalkulation anzuwenden. Die Kosten, die während einer bestimmten Periode (z.B. einem Monat) angefallen sind, werden durch die Menge der im gleichen Zeitraum hergestellten Güter oder Dienstleistungen dividiert. Daraus resultieren die durchschnittlichen Kosten pro Stück eines Produktes. Da sich in der Regel zu Beginn und am Ende der Periode ein Teil der Produkte in Bearbeitung befindet, wird oft die Annahme getroffen, dass den noch nicht fertig erstellten Gütern ein bestimmter Prozentsatz der Kosten (z.B. 50%) zugerechnet wird.

Äquivalenzziffernkalkulation

Bei diesem Verfahren handelt es sich um eine modifizierte Divisionskalkulation, die bei Produkten eingesetzt wird, welche sich nur unwesentlich voneinander unterscheiden. Die Produkte durchlaufen zwar den gleichen Fertigungsprozess, beanspruchen aber die Fertigungseinrichtungen in unterschiedlichem Mass. Ein Beispiel dafür wäre eine Seidenfabrik, die Seide in unterschiedlicher Qualität herstellt. Für die Seide mit hervorragender Qualität müssen doppelt so viele Arbeitsstunden aufgewendet werden wie für die Herstellung der Seide mit minderwertiger Qualität. Der Arbeitseinsatz für die beiden Produkte steht also im Verhältnis 2:1. Dementsprechend werden auch die Kosten den Produkten zugerechnet.

Zuschlagskalkulation

Immer dann, wenn verschiedenartige Produkte bzw. Dienstleistungen erzeugt werden, ist die Berechnung der Selbstkosten komplizierter. In diesen Fällen kann das Verfahren der Zuschlagskalkulation angewendet werden. Die Grundidee der Methode orientiert sich an den Gesamtkosten der Produkte oder Dienstleistungen, die sich wie folgt zusammensetzen:

- *Direkte Kosten (Einzelkosten):* Sie fallen beim Herstellungsprozess an und lassen sich den einzelnen Produkten mit Hilfe von Materialbezugsscheinen, Zeiterfassung und anderen Verfahren unmittelbar zurechnen. Sie werden deshalb auch als Einzelkosten oder Produkt- bzw. Kostenträgerkosten bezeichnet.

- *Indirekte Kosten (Gemeinkosten):* Neben den Einzelkosten muss den Produkten ein angemessener Anteil der Kosten zugeschlagen werden, welche durch den Produktionsprozess, d.h. durch die gleichzeitige Herstellung verschiedener Güter angefallen sind und die den einzelnen Produkten nicht direkt zugerechnet werden können (z.B. Gehalt des Produktionsleiters, der für die Herstellung aller Produkte zuständig ist, oder Energiekosten). Andere Bezeichnungen für indirekte Kosten sind Gemeinkosten oder Kostenstellenkosten.

In der Praxis besteht die Möglichkeit, die verschiedenen Verfahren kombiniert anzuwenden. So bildet in den meisten Fällen die Zuschlagskalkulation den Kern des betrieblichen Rechnungswesens. Die Divisions- und die Äquivalenzziffernkalkulation gelangen in Teilbereichen des Gesamtsystems zur Anwendung.

Die grundsätzliche Struktur eines betrieblichen Rechnungswesens besteht aus den drei Modulen «Kosten- und Erlösartenrechnung», «Kostenstellenrechnung» und «Kostenträgerrechnung» (vgl. Abb. 13/1). Im Einzelnen gelten folgende Gesetzmässigkeiten:

— In der *Kosten- und Erlösartenrechnung* werden alle angefallenen Kosten erfasst und nach einheitlichen Kriterien gegliedert. Wichtige Beispiele einzelner Kostenarten sind «Material-», «Lohn-» und «Energiekosten» sowie «Abschreibungen».
— Die direkten Kosten werden aus der Kostenartenrechnung den Produkten in der Kostenträgerrechnung direkt zugerechnet. Beispiele für Einzelkosten sind «Rohmaterial» sowie «Einzellöhne».
— Die indirekten Kosten werden im Rahmen der *Kostenstellenrechnung* genau abgegrenzten Kostenbezirken belastet. Beispiele solcher Kostenstellen sind «Fertigung», «Lager», «Spedition», «Verwaltung» und «Transportwesen». Die Summe der Kosten je Kostenstelle wird auf die Kostenträger weiterverrechnet.
— In der *Kostenträgerrechnung* werden die Kosten aus der Kostenstellenrechnung den einzelnen Produkten zugerechnet. Damit können die jeweiligen Erlöse mit den anteiligen direkten und indirekten Kosten verglichen und die Ergebnisse je Produkt ermittelt werden.

Nicht alle im Betrieb erbrachten Leistungen hängen direkt mit der Herstellung von Produkten oder mit Dienstleistungen für Dritte zusammen. In vielen Fällen werden Leistungen von anderen Stellen des eigenen Unternehmens in Anspruch genommen. Das heisst, wenn eine Kostenstelle Leistungen für andere Kostenstellen erbringt, sind die entsprechenden Kosten der produzierenden Stelle gutzuschreiben und der empfangenden Stelle zu belasten. Der Vorgang wird *innerbetriebliche Leistungsverrechnung* genannt.

Abb. 13/1   **Übersicht zur Kosten- und Leistungsrechnung**

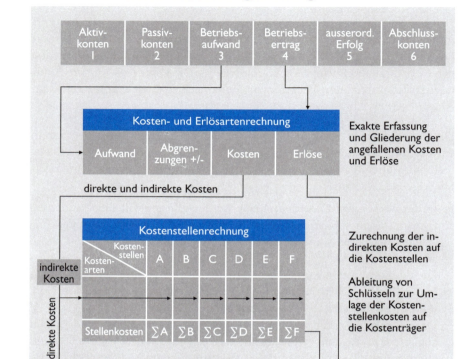

Damit sind die Bausteine einer Betriebsabrechnung skizziert. Zum besseren Verständnis werden die Zusammenhänge grafisch dargestellt (vgl. Abb. 13/2).

Konzept der Betriebsabrechnung   Abb. 13/2

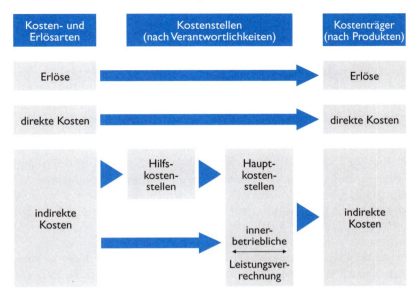

Direkte und indirekte Kosten   13.2

Direkte Kosten (Einzelkosten)   13.2.1

Direkte Kosten bzw. Einzelkosten lassen sich dadurch charakterisieren, dass sie direkt den Kostenträgern zugeordnet werden können. In Industrieunternehmen werden normalerweise direkte Lohn- und Materialkosten unterschieden.

Direkte Lohnkosten

Bei der Bestimmung der Lohnkosten, die direkt dem Produkt belastet werden, stellen sich zwei Fragen:

1. Wie wird der Zeitaufwand der für das Produkt angefallenen Arbeitsleistung ermittelt?
2. Zu welchen Stunden- bzw. Tagesansätzen wird dieser verrechnet?

Die Beantwortung der ersten Frage ist einfach. Falls im Unternehmen nach Auftragsnummern gearbeitet wird, notieren die direkt am Produkt beteiligten Mitarbeitenden die Zeiten auf die einzelnen Nummern. Falls die Entlöhnung auf der Basis der Anzahl gefertigter Stücke erfolgt, ist die gefertigte Stückzahl festzuhalten.

Die Frage des Kostensatzes, mit dem die geleisteten Arbeitsstunden zu verrechnen sind, wird von vielen Unternehmen ebenfalls auf einfache Weise gelöst, indem sie mit den effektiven Stundenansätzen kalkulieren. In diesem Betrag eingeschlossen sind vielfach die mit dem Lohn direkt zusammenhängenden Sozialkosten. Andere Unternehmen arbeiten mit durchschnittlichen Stundenansätzen.

Direkte Materialkosten

Auch hier stellt sich die Frage nach der Menge und dem Wert des Materials pro hergestellter Einheit. Die Quantität wird meistens aufgrund von Lagerbezugsscheinen oder ähnlichen Dokumenten bestimmt. Der Materialwert andererseits wird aufgrund der Einstandspreise der eingekauften Waren (inkl. Kosten für Fracht, Zoll und Lagerung) ermittelt.

Gleichzeitig hängt der jeweils anzuwendende Warenwert von der gewählten Lagerbewirtschaftungspolitik ab. So resultieren unterschiedliche Warenkosten, je nachdem ob auf der Basis des «LIFO-», «FIFO-» oder «Durchschnittspreisverfahrens» gearbeitet wird.

13.2.2 Indirekte Kosten (Gemeinkosten)

Die indirekten Kosten bzw. Gemeinkosten werden zunächst auf sogenannte Kostenstellen verteilt. Dabei ist unter einer Kostenstelle eine Recheneinheit zu verstehen, der die von ihr verursachten Kosten zugerechnet werden. In der Praxis empfiehlt es sich, eine Kostenstellengliederung zu wählen, die den Verantwortlichkeitsbereichen des Unternehmens entspricht. Nur so wird eine sachgerechte Leistungsbeurteilung ermöglicht.

Die indirekten Kosten lassen sich in echte und unechte Gemeinkosten unterteilen:

- Echte Gemeinkosten sind Kosten, die aufgrund der betrieblichen Gegebenheiten nicht direkt zurechenbar sind. Beispiele sind Abschreibungen, Zinskosten, Reinigungskosten usw.
- Unechte Gemeinkosten sind Kosten, die im Prinzip direkt zurechenbar wären, deren direkte Zurechnung aber zu aufwändig ist, wie z.B. der Verbrauch von Hilfsmaterialien oder die Kosten für kleine interne Reparaturen.

Diejenigen Kostenbezirke, in denen der eigentliche Leistungsprozess erfolgt, werden als Hauptkostenstellen bezeichnet. Sie erbringen Leistungen, welche ohne weitere Stufe den Kostenträgern verrechnet werden. In einer Maschinenfabrik könnten dies z.B. sein: «Dreherei», «Fräserei», «Bohrerei», «Härterei», «Schleiferei», «Schlosserei», «Qualitätskontrolle»; in einer Brauerei: «Sudhaus», «Gärkeller», «Lagerkeller», «Fassabfüllung», «Flaschenabfüllung».

Neben den Hauptkostenstellen werden sogenannte Hilfskostenstellen geführt. Darunter sind die Kostenbezirke zu verstehen, die Vorleistungen an die Hauptkostenstellen erbringen. In einer Maschinenfabrik werden z.B. folgende Hilfskostenstellen abgegrenzt: «Konstruktion», «Arbeitsvorbereitung», «interne Transporte», «Reparaturen», «Verwaltung». Bei einer Brauerei wären es z.B. «Magazin», «Kesselhaus», «Maschinenhaus», «Werkstätten», «interne Transporte», «Lieferdienst», «Verwaltung».

Eine generell gültige Struktur zur Kostenstellengliederung existiert nicht. Jedes Unternehmen hat eine individuelle Lösung mit eigenen Abgrenzungskriterien zu wählen. Diese hat dem effektiven Leistungserstellungsprozess Rechnung zu tragen. Relevant ist zusätzlich der gewünschte Genauigkeitsgrad und der damit verbundene Aufwand. Generell kann gesagt werden, dass kleinere Maschinenfabriken zwischen 50 und 100, Grossbetriebe weit über 1 000 Kostenstellen führen.

Die Verrechnung der indirekten Kosten erfolgt – soweit die Frage der Kostenstellenorganisation geklärt ist – stufenweise auf die Kostenträger (vgl. Abb. 13/3).

Arbeitsschritte bei der Zurechnung der indirekten Kosten   Abb. 13/3

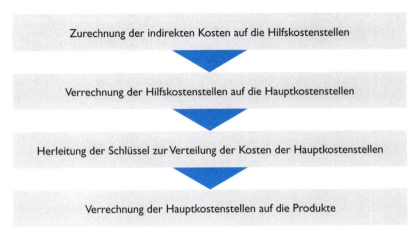

1. Zurechnung der indirekten Kosten auf die Kostenstellen

Die Umlage der indirekten Kosten auf die Kostenstellen erfolgt entweder
aufgrund von Aufschreibungen oder, wenn keine solchen vorhanden oder
möglich sind, aufgrund einer Zuschlüsselung. Aufschreibungen sind z.B. bei
Gehältern, Hilfsmaterialien, Energie usw. denkbar.

Für die Hilfskostenstelle «Heizung» dürften beispielsweise die Kostenarten
«Heizöl», «Elektrizität» und «Löhne» exakt bestimmt und zugerechnet werden können. Wenn der Heizraum jedoch Teil eines Gebäudekomplexes ist,
welcher gesamthaft beleuchtet und gereinigt wird, sind der Hilfskostenstelle
«Heizung» anteilsmässige Kosten zu belasten. Die Zurechnung der Kostenarten «Licht» oder «Reinigung» auf die Kostenstellen erfolgt z.B. nach der
Quadratmeterzahl, welche beansprucht wird. Dabei darf nicht ignoriert werden, dass, wenn immer möglich, eine direkte Weiterverrechnung der Kosten
anzustreben ist. Dies ist nicht zuletzt auch aus Akzeptanzgründen wünschens-
wert. Soweit eine direkte Verrechnung nicht möglich ist, sollten in erster Priorität Verteilschlüssel angewendet werden, welche die Kosten möglichst verursachungsgerecht weiterverrechnen.

2. Verrechnung der Hilfskostenstellen auf die Hauptkostenstellen

Diese Verrechnung erfolgt wiederum aufgrund von Aufschreibungen oder
Zuteilungsschlüsseln. Zum Beispiel werden die Reparaturwerkstätten regis-
trieren, für welche Hauptkostenstellen sie Material und Arbeitsstunden auf-
wenden. Andererseits wird die Betriebsleitung kaum Rechenschaft darüber
geben können, wieviele Managementstunden den einzelnen Hauptkostenstellen zu belasten sind.

Einige praxisbezogene Verteilschlüssel illustrieren die Problematik:

–   *Verrechnung gemäss Mitarbeiterzahl:* Verteilbasis bilden die Anzahl der Mitar-
    beitenden der jeweiligen Kostenstellen oder deren Lohnsumme. Beispie-
    le: Kosten der Personalabteilung, Leistungen an das Personal, Unfallversi-
    cherungsprämien.
–   *Verrechnung gemäss Materialverbrauch:* Verteilbasis bildet das von den Haupt-
    kostenstellen bezogene Material (mengen-, gewichts- oder wertmässig
    erfasst). Beispiele: Kosten der Lagerverwaltung, interne Transportkosten.
–   *Verrechnung gemäss beanspruchter Räume:* Verteilbasis bilden die belegten
    Räume (Quadrat- bzw. Kubikmeter, eventuell mit Äquivalenzziffern ge-
    wichtet). Beispiele: Kosten für Gebäudeunterhalt, Licht-, Heizungs- und
    Reinigungskosten.

– *Verrechnung gemäss Leistungen:* Verteilbasis sind die in den Hauptkostenstellen anfallenden Aktivitäten. Beispiele: Telefon-, Transport- und Schulungskosten.

Die Annahme, dass Hilfskostenstellen Leistungen direkt zu Gunsten der Hauptkostenstellen erbringen, wird in der Praxis meistens nicht vollumfänglich erfüllt. Oft geben einzelne Hilfskostenstellen ihre Leistungen auch an andere Hilfskostenstellen ab. In solchen Fällen sind zuerst – falls möglich – die Kostenstellen abzurechnen, die keine Leistungen anderer Kostenstellen beanspruchen.

3. Bestimmung der Gemeinkostenzuschläge
Nachdem sämtliche indirekten Kosten auf die Hauptkostenstellen verteilt sind, stellt sich die Frage, wie sie auf die Kostenträger verrechnet werden sollen. Dabei ist es nahe liegend, dass die Produkte entsprechend der effektiven Beanspruchung der Kostenstellenleistungen mit unterschiedlichen Gemeinkostenzuschlägen belastet werden. Die Zuteilung erfordert auch hier einen oder mehrere Schlüssel.

Besteht eine Hauptkostenstelle im Wesentlichen aus einer Maschine, werden die Kosten sehr oft aufgrund der Maschinenstunden, die vom Produkt beim Durchlauf benötigt werden, verrechnet. Ein weiterer, oft angewendeter und einfacher Schlüssel sind die direkten Lohnkosten.

Beispiel zur Kosten- und Leistungsrechnung   13.2.3

Die Erfassung der Erlöse, die Zuordnung der Einzelkosten sowie die Verrechnung der indirekten Kosten über Hilfs- und Hauptkostenstellen auf die einzelnen Produkte erfolgt in einfachen Verhältnissen in der Regel mit Hilfe eines Betriebsabrechnungsbogens (BAB). Im Folgenden wird dieses Arbeitsinstrument an einem Beispiel vorgestellt (vgl. Abb. 13/4).

Die Erstellung der Betriebsabrechnung erfordert folgende Arbeitsschritte (vgl. Abb. 13/5):

– Eintrag der Positionen der Erfolgsrechnung in die Kolonne «Finanzbuchhaltung»
– Abgrenzung des Betriebsaufwands gemäss Finanzbuchhaltung und Herleitung der Kosten (Kolonnen «Abgrenzung» und «Betriebsbuchhaltung»)
– Eintrag der direkten Kosten (Warenkosten, Lohnkosten, Sozialleistungen) in die Kostenträger «Sportartikel», «Bekleidung» und «Reparaturen»
– Eintrag der indirekten Kosten (Löhne, Sozialleistungen, Abschreibungen, Verwaltungs- und Vertriebsaufwand) in die jeweiligen Kostenstellen

- Umlage der Kosten der Kostenstellen «Liegenschaft» und «Autobetrieb» auf andere Kostenstellen bzw. die Kostenträger
- Verrechnung der intern erbrachten Leistungen zu Gunsten des Kostenträgers «Reparaturen» und zulasten der Kostenträger «Sportartikel» bzw. «Bekleidung»
- Berechnung der Herstellkosten pro Kostenträger
- Umlage der Kosten der Kostenstelle «Verwaltung und Vertrieb»
- Berechnung der Selbstkosten pro Kostenträger
- Vergleich der Selbstkosten mit den Erlösen und Ermittlung der Ergebnisse je Kostenträger.

Das einfache Beispiel zeigt die Vorgehensweise für eine Analyse der Erlöse, Kosten und Ergebnisse nach Kostenträgern. Die Auswertung basiert auf einer Vollkostenrechnung, d.h. es werden alle angefallenen Kosten den Kostenträgern zugerechnet. Die Qualität der Resultate steht und fällt mit der Genauigkeit der Berechnung der Kosten und der Glaubwürdigkeit der angewendeten Schlüssel für die Umlage der indirekten Kosten.

Daten des Beispiels zur Betriebsabrechnung (Beträge in CHF 1000.–)

Ein Sportgeschäft führt die drei Abteilungen Sportartikel (S), Bekleidung (B) und Reparaturen (R). Gemäss Finanzbuchhaltung stehen folgende Angaben zur Verfügung:

1. Erzielte Umsätze: Sportartikel 15 000; Bekleidung 8 000: Reparaturen 1 200
2. Warenaufwand: Sportartikel 10 000; Bekleidung 6 000; Reparaturen 270
3. Löhne 4 200; die Sozialleistungen betragen generell 15% der Lohnkosten; Abschreibungen 400; Verwaltungs- und Vertriebsaufwand 600

Für die Betriebsabrechnung sind folgende Angaben bekannt:

4. Der Warenaufwand der S-Waren gemäss Finanzbuchhaltung ist um 100 zu hoch, derjenige der B-Waren um 50 zu tief; die Abschreibung der Immobilien gemäss Finanzbuchhaltung ist um 50 zu hoch
5. Die Kostenstellen haben folgende Lohnkosten absorbiert: Sportartikel 1 500; Bekleidung 1 100; Reparaturen 600; Liegenschaft 100; Autobetrieb 300; Verwaltung 600
6. Die Abschreibungen betragen: Liegenschaft 200; Autobetrieb 100; Verwaltung und Vertrieb 50
7. Der Verwaltungs- und Vertriebsaufwand wird wie folgt verrechnet: Liegenschaft 100; Autobetrieb 150; Verwaltung 350
8. Umlage der Kosten der Immobilien gemäss beanspruchter Fläche: Autobetrieb = 80 m^2, Verwaltung = 100 m^2, Sportartikel und Bekleidung je 250 m^2, Reparaturen = 150 m^2
9. Umlage Autobetrieb: 65 auf Verwaltung, Rest zu gleichen Teilen auf Sportartikel, Bekleidung und Reparaturen
10. Die Reparaturabteilung erbringt interne Leistungen: Sportartikel 160; Bekleidung 120; Verrechnung gemäss Herstellkosten
11. Umlage Verwaltung: 55 auf Reparaturen, Rest im Verhältnis der Erlöse auf Sportartikel und Bekleidung

Abb. 13/5

Beispiel zur Betriebsabrechnung (Beträge in CHF 1000.–)

	Finanz-buchhaltung	Abgrenzung	Betriebs-buchhaltung	Liegen-schaft	Auto-betrieb	Verwaltung	S-Artikel	B-Artikel	R-Artikel
Aufwand S-Waren	10 000	-100	9 900				9 900		
Aufwand B-Waren	6 000	+50	6 050					6 050	
Aufwand R-Waren	270		270						270
Löhne	4 200		4 200	100	300	600	1 500	1 100	600
Sozialleistungen	630		630	15	45	90	225	165	90
Abschreibungen	400	-50	350	200	100	50			
Verwaltungs- und Vertriebsaufwand	600		600	100	150	350			
Umlage Liegenschaften				-415	40	50	125	125	75
Umlage Autobetrieb					-635	65	190	190	190
Interne Leistungen							160	120	-280
Herstellkosten							12 100	7 750	945
Umlage Verwaltungs- und Vertriebskosten						-1 205	750	400	55
Selbstkosten	22 100	-100	22 000				12 850	8 150	1 000
Erlös	24 200		24 200				15 000	8 000	1 200
Erfolg/Ergebnis	2 100	+100	2 200				+2 150	-150	+200
Ergebnis in % des Erlöses							14%	-2%	17%

Variable und fixe Kosten   13.3

In den bisherigen Ausführungen wurde ignoriert, inwieweit sich die Kosten
bei unterschiedlichen Produktionsvolumina ändern. In vielen Fällen ist eine
solche Differenzierung besonders wertvoll. Zum Beispiel interessieren nur
die sogenannten variablen Kosten bei der Frage, wieviele Mehrkosten durch
einen um 20% erhöhten Ausstoss entstehen würden.

Variable Kosten (oft auch proportionale Kosten genannt) sind solche, deren
Höhe in der Regel proportional zum Produktionsvolumen variiert, während
fixe Kosten unabhängig vom Beschäftigungsvolumen sind (vgl. Abb. 13/6).

Variable und fixe Kosten   Abb. 13/6

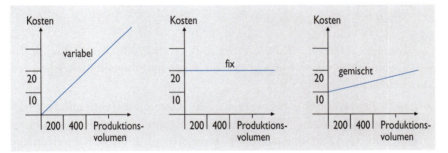

Im gezeigten Beispiel ergibt sich bei den variablen Kosten bei jeder Steige-
rung des Beschäftigungsgrads um beispielsweise 5% eine konstante Erhöhung
der Kosten (z.B. 5% oder 7%). Häufige Beispiele variabler Kosten sind die
direkten Lohn- und Materialkosten, Lagerzinsen und Energiekosten.

Kalkulatorische Abschreibungen, Verwaltungsspesen, Licht- und Heizkosten
für Räume, Mieten, Versicherungsprämien usw. entstehen oft unabhängig
vom Produktionsvolumen. Diese Kosten verhalten sich *fix,* wobei erwähnt
werden muss, dass der Begriff «fix» nie absolut aufgefasst werden darf, da im
Grunde genommen alle Kosten über lange Zeiträume hinweg variabel sind.
Jede Maschine muss einmal ersetzt werden und als Folge davon werden sich
die als fix betrachteten Abschreibungen ändern. Mieten und Prämien werden
von Zeit zu Zeit angepasst. Der Begriff «fix» bezieht sich also nur auf bestimmte Zeiträume, in welchen die anfallenden Kosten nicht beeinflusst werden können.

Gemischte Kosten variieren zwar auch mit dem Beschäftigungsgrad, jedoch erfolgt dies nicht proportional. In der Regel empfiehlt es sich in der Praxis, die

gemischten Kosten in einen fixen und einen variablen Teil zu zerlegen (vgl. Abb. 13/7).

Kosten-Volumen-Diagramm mit fixen und variablen Kosten

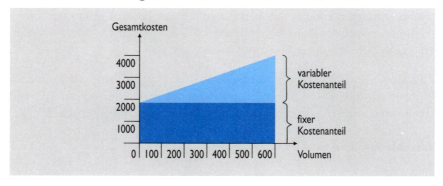

Der gezeigte Verlauf der Kosten in Relation zum Produktionsvolumen basiert auf einer Reihe von Annahmen, von denen nachfolgend die wichtigsten kurz beleuchtet werden:

— *Lineare Beziehung:* Dies bedeutet, dass die Kosten linear mit dem Beschäftigungsgrad variieren. Diese restriktive Annahme muss nicht unbedingt zutreffen. Denkbar sind auch degressive oder progressive Kostenverläufe (z.B. tiefere Kosten je Stück durch «Economies of Scale» oder höhere Kosten durch erhöhte Reparaturkosten bei übermässiger Beanspruchung). Empirische Untersuchungen zeigen allerdings, dass die Annahme eines linearen Kostenverlaufs in vielen Fällen akzeptiert werden kann und sich die Abweichungen in vertretbarem Rahmen halten.
— *Fixkostensprünge:* Fixkosten fallen nicht zwangsläufig auf dem gleichen Niveau an. Vor allem grössere Schwankungen im Produktionsvolumen führen zu stufenweisen Fixkosten. Dies kann beispielsweise bei Lohnkosten zutreffen, wenn zusätzliche Mitarbeitende eingestellt werden. Bei der Anschaffung zusätzlicher Maschinen zur Bewältigung eines grösseren Volumens entsteht ebenfalls ein sprunghafter Anstieg der fixen Kosten durch zusätzliche Abschreibungen (vgl. Abb. 13/8).

Kosten-Volumen-Diagramm mit sprungfixen Kosten

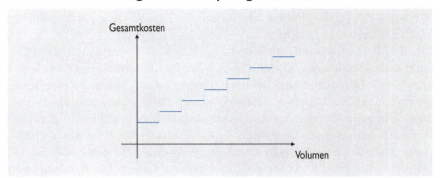

— *Gültigkeitsbereich:* Eine weitere Annahme ist, dass sich die Kosten nur innerhalb einer bestimmten Volumenbandbreite gleich verhalten. Bei starker Zunahme des Produktionsvolumens sind oft neue Produktionsprozesse mit grösseren Investitionen unabdingbar. Dies erfordert ein grundsätzliches Überdenken des Kostenverlaufs und in vielen Fällen eine Neugestaltung der Kostenrechnungssysteme. Das Gleiche gilt auch bei massiven Einbrüchen im Produktionsvolumen.

Zusammenfassung

Die Kostenrechnung erfüllt im Wesentlichen zwei wichtige Funktionen. Sie unterstützt als Führungsinstrument das Management bei der Entscheidungsfindung (Preisfixierung, Aufnahme neuer Produkte usw.), indem quantitative Informationen über Kosten und Erlöse aufbereitet werden. Andererseits geht es beim betrieblichen Rechnungswesen aber auch um eine Verhaltenssteuerung. Dank der Erlös- und Kostendaten können die Aktivitäten der verschiedenen Bereiche geplant, aufeinander abgestimmt und kontrolliert werden.

Das klassische betriebliche Rechnungswesen basiert auf drei Modulen. Die «Kosten- und Erlösartenrechnung» hat die Aufgabe, alle Geld-, Sachgüter- und Dienstleistungszu- bzw. -abgänge, welche durch die betriebliche Leistungserstellung verursacht worden sind, zusammenzustellen. Wichtig ist eine sorgfältige Erfassung und sachgerechte Gliederung der jeweiligen Erlöse und Kosten. Im Mittelpunkt der «Kostenstellenrechnung» steht die Erfassung, Aggregierung und Weiterverrechnung der indirekten Kosten, d.h. all jener Kosten, die nicht direkt auf die Kostenträger (Produkte) zugerechnet werden können. Es ist die Aufgabe der «Kostenträgerrechnung», über die Erlöse, die direkten und indirekten Kosten sowie die Ergebnisse nach Produkten zu berichten.

Zu den direkten Kosten (Einzelkosten) gehören im Wesentlichen Material- und Lohnkosten sowie Kosten für eingekaufte Komponenten (Zwischenfabrikate). Die Zuordnung ist in der Regel einfach, indem sie möglichst ursachengerecht, d.h. ohne Schlüsselung, den Produkten zugerechnet werden. Die indirekten Kosten (Gemeinkosten) können nur über die Kostenstellenrechnung abgerechnet werden. Sie werden zuerst auf einer Hilfs- oder Hauptkostenstelle erfasst und etappenweise z.B. zuerst auf andere Kostenstellen oder direkt auf die Kostenträger umgelegt. Das Kriterium für die Verrechnung der Kosten kann eine Aufschreibung oder ein Schlüssel sein. Die Wahl des einen oder andern Verfahrens ist abhängig vom gewünschten Detaillierungsgrad, vom erforderlichen Aufwand und vom effektiv daraus gewonnenen Informationsgehalt.

Die einzelnen Arbeitsschritte zur Ermittlung der Daten werden in einfachen Verhältnissen meist mit Hilfe eines Betriebsabrechnungsbogens (BAB) dargestellt. Dieses Arbeitsinstrument zeigt:

– die Abgrenzung des Ertrags und Aufwands aus der Erfolgsrechnung zu den Erlösen und Kosten
– die Zurechnung der direkten Kosten auf die Kostenträger
– die Zurechnung der indirekten Kosten auf die Kostenstellen
– die Verrechnung der Kosten der Kostenstellen auf andere Kostenstellen bzw. Kostenträger
– die Verrechnung innerbetrieblicher Leistungen zwischen den Kostenstellen
– die Ermittlung der Herstellkosten, Selbstkosten und Erlöse nach Kostenträgern.

Traditionelle Kostenrechnungssysteme 14

Einleitung 14.1

Problemstellung 14.1.1

Bis jetzt wurde davon ausgegangen, dass den Produkten grundsätzlich alle Kosten zugerechnet werden sollen. Konsequenterweise wird deshalb den Kostenträgern neben den direkten Kosten ein möglichst «gerechter» Anteil der indirekten Kosten überwälzt. Die Produkte sollen auch diejenigen Kosten tragen, die unabhängig des konkreten Produktionsvolumens anfallen. In Theorie und Praxis wird seit Jahren diskutiert, inwieweit und mit welchen Verfahren es sinnvoll ist, Kosten, die vom Beschäftigungsgrad unabhängig sind, den Produkten zuzurechnen.

Als Alternative werden sogenannte Teilkosten- oder Deckungsbeitragsrechnungssysteme (Direct Costing) angewendet, die sich darauf konzentrieren, den Produkten nur diejenigen Kostenelemente zu verrechnen, welche in direktem Zusammenhang mit der Erstellung stehen und damit «variabel» sind. Die «fixen» Kosten werden nicht den Produkten zugerechnet, sondern direkt der Periode angelastet, während der sie anfallen.

Der Unterschied zwischen Voll- und Teilkostenrechnungssystemen ist vor allem bei kurzfristigen Betrachtungen beachtlich. Bei Teilkostenrechnungen wird z.B. eine Veränderung der Halb- und Fertigfabrikate lediglich aufgrund variabler Kosten erfasst. Andere Resultate zeigt die Vollkostenrechnung, bei der die Bewertung und Bilanzierung der Lager auf der Basis der vollen Kosten erfolgt.

Bei Anwendung der Teilkostenrechnungssysteme ist neben der Bereinigung der Erlöse und Kosten zusätzlich zu untersuchen, inwieweit die einzelnen Kosten auf Veränderungen des Produktionsvolumens reagieren. Alle Kostenarten, die sich variabel zum Beschäftigungsgrad verhalten, gehören zu den variablen Kosten. Der Rest wird als «fixe» Kosten interpretiert und separat behandelt. Die wichtigsten Kostenkategorien mit «variablem» Verlauf sind Material- sowie Teile der Lohnkosten. Zu den in der Regel «fixen» Kosten gehören ein Teil der Abschreibung auf Maschinen, die Abschreibung von Gebäuden, Zinskosten sowie Überwachungs- und Verwaltungskosten.

Wie die Vollkostenrechnung erfordert auch die Teilkostenrechnung eine Kostenstellenrechnung mit dem Ziel, die nicht direkt zurechenbaren Kosten zunächst auf den Kostenstellen zu erfassen. Im Unterschied zur Vollkostenrechnung bleiben zumindest Teile der Fixkosten von der Kostenstellenrechnung ausgeklammert.

Als Konsequenz der Teilkostenrechnung werden den Produkten in der Kostenträgerrechnung nur diejenigen Kosten angelastet, die unmittelbar mit dem konkreten Produktionsvolumen zusammenhängen. Die Teilkostenrechnung beachtet somit in strenger Weise das Verursachungsprinzip. Während die Vollkostenrechnung sich an den Ergebnissen der Produkte unter Einbezug der vollen Kosten orientiert, arbeitet die Teilkostenrechnung mit sogenannten «Deckungsbeiträgen». Diese geben an, in welchem Umfang einzelne Produkte in der Lage sind, einen Beitrag an die fixen Kosten und an den Gewinn des Unternehmens zu leisten (vgl. Abb. 14/1).

Abb. 14/1   **Führungsgrössen bei Teil- bzw. Vollkostenrechnung**

Vollkostenrechnung	Teilkostenrechnung
Erlös Produkt A – direkt verrechnete Kosten – indirekt verrechnete Kosten	Erlös Produkt A – direkt verrechnete *variable* Kosten – indirekt verrechnete *variable* Kosten
Ergebnis Produkt A	Deckungsbeitrag Produkt A

14.1.2 Beispiel zum Vergleich der Voll- und Teilkostenrechnung

Wesen und Aufbau der Voll- bzw. Teilkostenrechnung werden an einem Beispiel illustriert.

Die «Profit AG» ist ein mittelgrosses Unternehmen, das sich auf die Herstellung von

– Herrenschuhen
– Damenschuhen
– Kinderschuhen
– anderen Produkten (z.B. Lederstiefel)

spezialisiert hat. Die fertigen Erzeugnisse werden an Detaillisten in der Schweiz verkauft. Ausgangslage bilden die bereinigte Bilanz und Erfolgsrechnung der «Profit AG» (vgl. Abb. 14/2).

Bereinigte Bilanz und Erfolgsrechnung der «Profit AG» (Beträge in CHF 1000.–)

Abb. 14/2

Bilanz per 31.12.20.3			
Flüssige Mittel	600	Kreditoren	500
Debitoren	800	Bankschuld	400
Lager	1 600	Hypothek	2 600
		Darlehen	1 500
Maschinen	1 800	Aktienkapital	3 000
Mobilien	700	Reserven	1 500
Anlagen	4 500	Gewinn	500
	10 000		10 000

Erfolgsrechnung pro 20.3			
Rohmat.aufwand 3 800		Warenertrag	10 000
Personalaufwand 2 400			
Fabrik.aufwand 1 200			
Abschreibungen 1 100			
Übriger Aufwand 600			
V.+V.-Aufwand 400			
Gewinn	500		
	10 000		10 000

Als Vereinfachung kann angenommen werden, dass der Lagerwert per 31.12.20.3 demjenigen per 1.1.20.3 entspricht. Auf die Berücksichtigung einer Lagerveränderung kann deshalb verzichtet werden. Abbildung 14/3 zeigt die Werte für die Erlös- und Kostenarten und die Daten für deren Verrechnung auf die Kostenstellen und Kostenträger. Als Ausgangspunkt für eine vergleichende Analyse der Voll- und Teilkostenrechnungssysteme erfolgt bei den indirekten Kosten eine Splittung in variable und fixe Gemeinkosten. Dies wäre für die Vollkostenrechnung allein nicht erforderlich.

Die Stellenkosten werden wie folgt auf die Kostenträger umgelegt:

– *Materialstelle:* Verrechnung der Materialgemeinkosten im Verhältnis zum Einzelmaterial
– *Handfertigung:* Umlage der Handfertigungsgemeinkosten im Verhältnis zu den Einzellöhnen
– *Maschinenfertigung:* Belastung der Gemeinkosten der Kostenstelle «Maschinenfertigung» im Verhältnis zu den beanspruchten Maschinenstunden
  – Herrenschuhe: 900 Stunden   Damenschuhe: 700 Stunden
  – Kinderschuhe: 300 Stunden   Lederstiefel: 100 Stunden
– *Verwaltung und Vertrieb:* Umlage im Verhältnis der Herstellkosten.

Kostenarten und deren Verrechnung auf Kostenstellen und Kostenträger (Beträge in CHF 1000.–)

Erlöse:

Herrenschuhe	4 200	Kinderschuhe	1 000
Damenschuhe	4 300	Lederstiefel	500

Kostenarten und deren Verrechnung auf die Kostenstellen und Kostenträger:

Einzelkosten	Total	Verrechnung auf die Kostenträger			
		Herrenschuhe	Damenschuhe	Kinderschuhe	Lederstiefel
Einzelmaterial	4 000	1 700	1 700	400	200
Einzellöhne	2 000	800	900	240	60

Gemeinkosten		Verrechnung auf die Kostenstellen							
		Materialstelle		Handfertigung		Maschinenfert.		Verw.+ Vertrieb	
		variabel	fix	variabel	fix	variabel	fix	variabel	fix
Personalkosten	400	–	–	–	150	–	150	–	100
Fabr.unkosten	1 100	50	100	150	100	200	500	–	–
Abschreibungen	900	–	–	100	100	250	450	–	–
ü. Herst.kosten	700	50	–	50	150	150	300	–	–
V.+V.kosten	350	–	–	–	–	–	–	140	210

14.2 Abrechnung auf Voll- bzw. Teilkostenbasis

14.2.1 Vollkostenrechnungssysteme

Die Abrechnung auf der Basis eines Vollkostenrechnungssystems am Beispiel der «Profit AG» zeigt die Betriebsergebnisse je Kostenträger (vgl. Abb. 14/4).

Eine Auswertung der Vollkostenrechnung zeigt Folgendes:

– Die Einzelkosten werden auf die Kostenträger direkt verrechnet.
– Die indirekten Kosten werden in vollem Umfang (also variable und fixe Komponenten) den Kostenstellen zugerechnet.
– Die Verrechnung der Kosten der Kostenstellen auf die Kostenträger erfolgt gemäss den in der Ausgangslage genannten Schlüsseln.
– Die Vollkostenrechnung zeigt, dass gesamthaft ein Ergebnis von 5.5% des Umsatzes erzielt wird. Das beste Ergebnis erzielen die Lederstiefel. Ebenfalls positive Resultate zeigen die Damen- und Herrenschuhe, während sich die Produktion von Kinderschuhen offenbar nicht lohnt.

«Profit AG» auf Vollkostenbasis (Beträge in CHF 1000.–)

Abb. 14/4

Konten	Finanz-buchhaltung	Überleitung	Betriebs-buchhaltung	Material-stelle	Hand-fertigung	Maschinen-fertigung	Verwalt. + Vertrieb	Total	Herren-schuhe	Damen-schuhe	Kinder-schuhe	Leder-stiefel
				Kostenstelle					Kostenträger			
Rohmaterial	3 800	+200	4 000	–				4 000	1 700	1 700	400	200
Personalaufwand	2 400	–	2 400		150	150	100	2 000	800	900	240	60
Fabrikationsunkosten	1 200	-100	1 100	150	250	700	–					
Abschreibungen	1 100	-200	900		200	700	–					
übriger Herstellaufwand	600	+100	700	50	200	450	–					
Verw.- + Vertriebsaufw.	400	-50	350				350					
Total	9 500	-50	9 450	200	800	2 000	450					
Zurechnung Material-GK (5% von 4 000)								200	85	85	20	10
Zurechnung Handfertigungs-GK (40% von 2 000)								800	320	360	96	24
Zurechnung Maschinenfertigungs-GK (1 pro Masch.-Std.)								2 000	900	700	300	100
Herstellkosten								9 000	3 805	3 745	1 056	394
Zurechnung Verwaltungs- und Vertriebs-GK (5% von 9 000)								450	190	187	53	20
Selbstkosten								9 450	3 995	3 932	1 109	414
Verkaufserlöse								10 000	4 200	4 300	1 000	500
Betriebsergebnis absolut								550	205	368	-109	86
Betriebsergebnis in % des Umsatzes								5.5	4.9	8.6	-10.9	17.2

Mit der Betriebsabrechnung werden die Voraussetzungen für die Kalkulation
auf der Ebene der einzelnen Produkte geschaffen. Dies wird am Beispiel der
Produktion der Herrenschuhe illustriert. Zur Zeit werden 42 000 Paar Schu-
he angefertigt. Das Management möchte wissen, welche Kosten und Erlöse
die Produktion von 5 000 Paar Schuhen zusätzlich verursachen würde (vgl.
Abb. 14/5). Die Berechnung bereitet aufgrund der verfügbaren Daten keine
Probleme. Die Kalkulation setzt sich zusammen aus den Einzelkosten für den
Auftrag (5/42 der Einzelkosten von CHF 1 700 000.– für die 42 000 Paar
Herrenschuhe) sowie den Gemeinkosten gemäss den im BAB berechneten
Zuschlagssätzen. Der Erlös für die 42 000 Paar Schuhe ergibt sich aus dem
Verkaufspreis von CHF 100.– pro Paar Herrenschuhe (vgl. Abb. 14/3).

Abb. 14/5   **Kalkulation der Produktion von Herrenschuhen auf Vollkostenbasis
(Beträge in CHF)**

Kalkulation für Auftrag: zusätzlich 5 000 Paar Herrenschuhe				
Materialeinzelkosten	202 381	100%		
Material-GK	10 119	5%		
Materialkosten	212 500		212 500	
Lohneinzelkosten	95 238	100%		
Handfertigungs-GK	38 095	40%		
Lohnkosten	133 333		133 333	
Maschinenfertigungs-GK	107 142	l/h	107 142	
Herstellkosten Produktion			452 975	100%
Verwaltungs- und Vertriebs-GK			22 649	5%
Selbstkosten			475 624	
Verkaufserlös			500 000	
Ergebnis absolut			24 376	
Ergebnis in % des Verkaufserlöses			4.9%	

14.2.2 **Teilkostenrechnungssysteme**

Die Anwendung eines Teilkostenrechnungssystems (Deckungsbeitragsrechnung) führt zu einer anderen Behandlung der Gemeinkosten, da den Produkten lediglich die variablen Kosten zugerechnet werden (vgl. Abb. 14/6).

«Profit AG» auf Teilkostenbasis (Beträge in CHF 1000.–)

Abb. 14/6

Konten	Finanz-buchhaltung	Über-leitung	Betriebs-buchhaltung	Kostenstelle Material-stelle var.	Material-stelle fix	Hand-fertigung var.	Hand-fertigung fix	Maschinen-fertigung var.	Maschinen-fertigung fix	Verwaltung +Vertrieb var.	Verwaltung +Vertrieb fix	Kostenträger Total	Herren-schuhe	Damen-schuhe	Kinder-schuhe	Leder-stiefel
Rohmaterial	3 800	+200	4 000	–	–	–	–	–	–	–	–	4 000	1 700	1 700	400	200
Personalaufwand	2 400	–	2 400	50	–	150	–	200	–	–	–	2 000	800	900	240	60
Fabrikationsunkosten	1 200	-100	1 100	–	100	100	150	250	500	–	–					
Abschreibungen	1 100	-200	900	–	–	–	300	–	600	–	–					
übrig. Herstellaufwand	600	+100	700	50	–	50	50	150	300	–	100					
Verw.- + Vertriebsaufw.	400	-50	350	–	–	–	–	–	–	140	210					
Total	9 500	-50	9 450	100	100	300	500	600	1 400	140	310					
Zurechnung variable Material-GK (2.5% von 4 000)												100	42	43	10	5
Zurechnung variable Handfertigungs-GK (15% von 2 000)												300	120	135	36	9
Zurechnung variable Maschinenfertigungs-GK (0.3 pro Masch.-Std.)												600	270	210	90	30
variable Herstellkosten												7 000	2 932	2 988	776	304
Zurechnung variable Verwaltungs- und Vertriebs-GK (2% von 7'000)										140		140	59	60	15	6
variable Selbstkosten												7 140	2 991	3 048	791	310
Verkaufserlöse												10 000	4 200	4 300	1 000	500
Deckungsbeiträge												2 860	1 209	1 252	209	190
fixe Kosten (100 + 500 + 1 400 + 310)												2 310				
Betriebsergebnis												550				
Deckungsbeitrag in % des Umsatzes												28.6	28.8	29.1	20.9	38.0

Eine Auswertung der Abrechnung auf Teilkostenbasis erlaubt folgende Erkenntnisse:

– Die Einzelkosten werden wiederum auf die Kostenträger direkt verrechnet.
– Die indirekten Kosten dagegen werden untersucht, inwieweit sie variabel
  oder fix sind. Der variable Teil der Gemeinkosten wird den Kostenstellen
  zugerechnet. Der Rest, d.h. die fixen Gemeinkosten werden von der Kostenstellenrechnung ausgeklammert, zusammengefasst und erst ganz am
  Schluss der Abrechnung berücksichtigt.
– Die Weiterverrechnung der variablen Gemeinkosten, die auf den Kostenstellen erfasst worden sind, erfolgt auch hier gemäss den in der Ausgangslage genannten Schlüsseln.
– Nach Verrechnung aller variablen Kosten (direkte und indirekte) resultieren die Deckungsbeiträge je Kostenträger.
– Die Aggregation der einzelnen Deckungsbeiträge pro Produkt ergibt den
  Gesamtdeckungsbeitrag von CHF 2 860 000.–. Erst auf dieser Stufe werden die fixen Kosten von CHF 2 310 000.– in Anrechnung gebracht. Es
  resultiert das gleiche Gesamtergebnis wie bei der Vollkostenrechnung.
– Die Deckungsbeitragsrechnung ergibt wiederum für Lederstiefel den
  höchsten Wert. Ähnlich positiv präsentieren sich die Resultate für Her-
  ren- und Damenschuhe. Den bescheidensten Deckungsbeitrag erreichen
  die Kinderschuhe. Er ist aber immerhin noch positiv, so dass sich – unter
  der Voraussetzung, dass die Daten zuverlässig ermittelt worden sind – die
  Produktion der Kinderschuhe lohnt (es wird ein Deckungsbeitrag zur Deckung der fixen Kosten erzielt).

Die Kalkulation für 5 000 weitere Paar Herrenschuhe wird auch am Beispiel
der Teilkostenrechnung gezeigt (vgl. Abb. 14/7). Es wird erkennbar, dass dem
Management bei dieser Abrechnungsmethode lediglich der Deckungsbeitrag, den der zusätzliche Auftrag bewirken wird, zur Verfügung steht. Angaben zu den vollen Kosten fehlen.

14.3   Interpretation der Voll- bzw. Teilkostenrechnung

14.3.1   Vor- und Nachteile der Systeme

Eine abschliessende Stellungnahme, welches konkrete Kostenrechnungssystem für das einzelne Unternehmen gewählt werden soll, fällt schwer. Immerhin lassen sich einige Überlegungen anstellen, die eine Beurteilung der Frage
erlauben, ob Voll- oder Teilkostenrechnungssysteme realisiert werden sollen.

Die Teilkostenrechnung ist normalerweise nur dann zweckmässig, wenn das Unternehmen kurzfristige Überlegungen anstellen muss. Während kurzer Zeiträume sind die fixen Kosten gegeben und lassen sich bei Veränderungen des Produktionsvolumens nicht variieren. Deshalb wird in solchen kurzfristigen Analysen der Deckungsbeitrag als Differenz zwischen Erlös und variablen Kosten zu einer wichtigen Grösse für die Ergebnissteuerung. Solange ein Produkt noch einen Beitrag zur Deckung der fixen Kosten liefert, ist dessen Absatz vorteilhaft. Auch sollten bei begrenzter Kapazität diejenigen Produkte forciert werden, welche die höchsten Deckungsbeiträge erbringen.

Kalkulation der Produktion von Herrenschuhen auf Teilkostenbasis (Beträge in CHF) Abb. 14/7

Kalkulation für Auftrag: zusätzlich 5 000 Paar Herrenschuhe

variable Materialeinzelkosten	202 381	100%		
variable Material-GK	5 060	2.5%		
variable Materialkosten	207 441		207 441	
variable Lohneinzelkosten	95 238	100%		
variable Handfertigungs-GK	14 286	15%		
variable Lohnkosten	109 524		109 524	
variable Maschinenfertigungs-GK	32 143	107 h	32 143	
variable Herstellkosten Produktion			349 108	100%
variable Verwaltungs- und Vertriebs-GK			6 982	2%
variable Selbstkosten			356 090	
Verkaufserlös			500 000	
Deckungsbeitrag			143 910	
Deckungsbeitrag in % des Verkaufserlöses			28.8%	

Umgekehrt liefert die Vollkostenrechnung Hinweise auf die gesamten Kosten eines Produkts, die langfristig gedeckt werden müssen, sofern das Unternehmen positive Ergebnisse erzielen will. Immer dann, wenn die Preisermittlung aufgrund der Kosten erfolgt (z.B. Aufträge im Baubereich), kommt das Unternehmen nicht darum herum, Anhaltspunkte über die Vollkosten zu ermitteln.

Das zu wählende Kostenrechnungssystem hängt somit auch von den Eigenheiten des Unternehmens ab. Ausschlaggebend ist zunächst einmal die Branche und die Grösse des Unternehmens. Die Erstellung einer Betriebsabrechnung auf Vollkostenbasis dürfte immer dann besonders wichtig sein, wenn der Anteil der fixen Kosten hoch ist. Umgekehrt kann es in einem Handelsunternehmen mit fast ausschliesslich variablen Kosten sinnvoll sein, mit Teilkosten zu rechnen. Eine wichtige Rolle spielt ferner, was für Entscheide aufgrund der Kosten- und Leistungsrechnung gefällt werden sollen. Wenn kurzfristige Entscheide überwiegen, kann die Deckungsbeitragsrechnung Vorteile bieten. Dabei ist eine mehrstufige Rechnung anzustreben, da dadurch der Aussagegehalt gesteigert wird. Das bedeutet, dass den einzelnen Bereichen immer diejenigen fixen Kosten zugeordnet werden, die direkt zurechenbar sind. Als Konsequenz resultieren mehrere Deckungsbeitragsstufen (vgl. Abb. 14/8).

Abb. 14/8   **Mehrstufige Deckungsbeitragsrechnung (Beträge in CHF 1000.–)**

Kosten und Deckungsbeiträge	Herren-schuhe	Damen-schuhe	Kinder-schuhe	Leder-Stiefel
Nettoerlöse Produkte – direkte Kosten Produkte	4 200 2 500	4 300 2 600	1 000 640	500 260
DB I (Produkt) – variable Gemeinkosten Produkte	1 700 491	1 700 448	360 151	240 50
DB II (Produkt)	1 209	1 252	209	190
DB II (Bereich) – Bereichsfixkosten (Annahme)	2 461 1 500		399 300	
DB III (Bereich)	961		99	
DB III (Unternehmen) – Fixkosten Unternehmen	1 060 510			
Ergebnis (Unternehmen)	550			

Im Folgenden wird die Anwendung von Voll- bzw. Teilkostenrechnungssystemen am Beispiel ausgewählter Entscheidungssituationen illustriert. Gleichzeitig werden dadurch die beiden oben vorgestellten Konzepte in der konkreten Umsetzung gezeigt.

14.3.2   Teilkostenrechnung und Produktionsprogramm

Im Zusammenhang mit der Gestaltung des Produktionsprogramms stellen sich folgende zentrale Fragen:

- Welche Artikel sind nicht mehr kostendeckend und deshalb aus dem Sortiment zu entfernen?
- Welche Artikel sind zu fördern?
- Gibt es Artikel, die allenfalls neu ins Sortiment aufgenommen werden sollen?

Eine Antwort auf diese Fragen verlangt den Einbezug weiterer Rahmenbedingungen. So ist vor allem zu prüfen, inwieweit die vorhandenen Produktionskapazitäten ausgelastet sind. Je nachdem, ob

- freie Kapazitäten oder
- ausgelastete Kapazitäten

vorliegen, werden die unternehmerischen Entscheidungen voneinander abweichen.

1. Gestaltung des Produktionsprogramms bei freien Kapazitäten
Bei freien Kapazitäten geht es vor allem um die Beurteilung der Frage, welche Produkte gefördert und ob allenfalls zusätzliche Artikel ins Sortiment aufgenommen werden sollen.
Für die «Profit AG» zeigt eine Marktanalyse folgende zwei Möglichkeiten:

- zusätzliche Herstellung von Wanderschuhen
- zusätzliche Herstellung von Sportschuhen.

Um diese unternehmerischen Entscheidungen zu fällen, ist ein Vergleich der Kosten- und Erlöswerte der jeweiligen Artikel erforderlich. Zur Illustration werden sowohl die Daten der Vollkostenrechnung als auch der Deckungsbeitragsrechnung zur Verfügung gestellt (vgl. Abb. 14/9).

Eine Auswertung der Resultate erlaubt folgende Schlüsse:

- Für die *Vollkostenrechnung* gilt die Maxime, dass ein Artikel ersetzt, gefördert oder neu eingeführt werden soll bei einer möglichst grossen Differenz zwischen den gesamten Selbstkosten und den Erlösen (= Ergebnis). Die Unternehmensleitung wird deshalb wie folgt entscheiden:
  - Aufnahme von Wanderschuhen ins Sortiment
  - Aufgabe der Produktion von Kinderschuhen
  - Förderung der Produktion von Damenschuhen.
- Für die *Teilkostenrechnung* gilt die Maxime, dass ein Artikel ersetzt, gefördert oder neu eingeführt werden soll bei einer möglichst grossen Differenz zwischen den variablen Kosten und dem Erlös (= Deckungsbeitrag). Die Unternehmensleitung wird sich wie folgt entschliessen:
  - Aufnahme von Sportschuhen ins Sortiment

– Förderung der Produktion von Lederstiefeln
– Förderung der Produktion von Herren- und Damenschuhen.

Das Beispiel zeigt, dass die Vollkostenrechnung zu problematischen Entscheidungen in Bezug auf das Produktionsprogramm führen kann. Sie ignoriert insbesondere die Tatsache, dass nicht abbaubare Fixkosten existieren, ob nun mehr oder weniger produziert wird. Der Artikel «Sportschuhe» ist ein Beispiel für ein Produkt, dessen Herstellung sich für die «Profit AG» bei den gegebenen Kostenstrukturen lohnen könnte.

Abb. 14/9 **Gestaltung Produktionsprogramm bei freien Kapazitäten (Beträge in CHF 1000.–)**

Vergleich bei Vollkostenrechnung						
	bisheriges Sortiment				neue Produkte	
Artikel	Herren-schuhe	Damen-schuhe	Kinder-schuhe	Leder-stiefel	Wander-schuhe	Sport-schuhe
Erlös	4 200	4 300	1 000	500	1 500	900
Selbstkosten	3 995	3 932	1 109	414	1 350	950
Ergebnis	205	368	-109	86	150	-50
Ergebnis in % des Umsatzes	4.9	8.6	-10.9	17.2	10.0	-5.6

Vergleich bei Teilkostenrechnung						
	bisheriges Sortiment				neue Produkte	
Artikel	Herren-schuhe	Damen-schuhe	Kinder-schuhe	Leder-stiefel	Wander-schuhe	Sport-schuhe
Erlös	4 200	4 300	1 000	500	1 500	900
proport. Selbstkosten	2 991	3 048	791	310	1 200	600
Deckungsbeitrag	1 209	1 252	209	190	300	300
Deckungsbeitrag in % des Umsatzes	28.8	29.1	20.9	38.0	20.0	33.3

2. Gestaltung des Produktionsprogramms bei ausgelasteter Kapazität

Wird davon ausgegangen, dass die Handfertigung mit insgesamt 15 Angestellten und 24 000 Arbeitsstunden/Jahr voll ausgelastet ist, ergibt sich eine neue Ausgangslage. Es stellt sich wiederum die Frage, welche Resultate die Voll- oder Teilkostenrechnung für unternehmerische Entscheidungen zur Verfügung stellt. Zur Beantwortung dieser Frage wird das Beispiel durch die Berechnung der Deckungsbeiträge pro Handfertigungsstunde ergänzt (vgl. Abb. 14/10)

Gestaltung Produktionsprogramm bei ausgelasteter Kapazität (Beträge in CHF)

Abb. 14/10

Vergleich bei Vollkostenrechnung						
	bisheriges Sortiment				neue Produkte	
Artikel	Herren-schuhe	Damen-schuhe	Kinder-schuhe	Leder-stiefel	Wander-schuhe	Sport-schuhe
Ergebnis	205 000	368 000	-109 000	86 000	150 000	-50 000
Ergebnis in % des Umsatzes	4.9	8.6	-10.9	17.2	10.0	-5.6
Vergleich bei Teilkostenrechnung						
	bisheriges Sortiment				neue Produkte	
Artikel	Herren-schuhe	Damen-schuhe	Kinder-schuhe	Leder-stiefel	Wander-schuhe	Sport-schuhe
Deckungsbeitrag	1 209 000	1 252 000	209 000	190 000	300 000	300 000
Anzahl Stunden für Handfertigung	9 000	12 500	1 500	1 000	1 500	500
Deckungsbeitrag pro Stunde	134	100	139	190	200	600

Falls die Annahme zutrifft, dass die Handfertigung vollständig ausgelastet ist, d.h. zum Beispiel keine neuen Arbeitskräfte gefunden werden können, ergeben sich bezüglich der Gestaltung des Produktionsprogramms folgende Schlüsse:

– *Vollkostenrechnung*
  – Aufnahme von Wanderschuhen ins Sortiment
  – Aufgabe der Produktion von Kinderschuhen
  – Reduktion der Produktion von Herrenschuhen
– *Teilkostenrechnung*
  – Aufnahme von Sportschuhen ins Sortiment
  – Aufnahme von Wanderschuhen ins Sortiment
  – Reduktion der Produktion von Herren-, Damen- und Kinderschuhen.

Eine Reduktion der Produktion von Damenschuhen beispielsweise im Umfang einer Handfertigungsstunde sowie die Herstellung von Sportschuhen bringt folgende Veränderung der Ergebnisse:

– Veränderung des Deckungsbeitrags durch Reduktion der Produktion von Damenschuhen   – CHF 100.–
– Veränderung des Deckungsbeitrags durch Aufnahme oder Erhöhung der Produktion von Sportschuhen   + CHF 600.–
– Veränderung des Deckungsbeitrags (und damit Gewinn)   + CHF 500.–

Daraus wird ersichtlich, dass die Deckungsbeitragsrechnung auch bei ausge-
lasteter Kapazität signifikantere Entscheidungsgrundlagen liefert. Ein Artikel
ist nur dann zu ersetzen, wenn das neue Produkt pro Engpassfaktor – im gezeigten Beispiel die Handfertigung – einen höheren Deckungsbeitrag liefert.
In der betrieblichen Realität sind allerdings weit mehr Faktoren als nur die
Deckungsbeiträge einzubeziehen. Dazu gehören z.B.:

- die Nachfrage nach den Produkten
- die Konkurrenzsituation
- die gegenseitige Abhängigkeit verschiedener Produkte.

14.3.3 Teilkostenrechnung und Preispolitik

Bis jetzt wurde stillschweigend angenommen, dass die Preise der «Profit AG»
pro Produkt gegeben sind. Im Folgenden wird nun diese Annahme fallenge-
lassen und die Möglichkeit der Preisgestaltung miteinbezogen. Es wird dabei
wiederum gezeigt, inwieweit die Deckungsbeitragsrechnung zur Gestaltung
der Preise geeignet ist oder nicht. Als Beispiel wird die Produktion von Damenschuhen herausgegriffen, und es wird angenommen, dass ein Umsatz
von CHF 4 300 000.– durch den Verkauf von insgesamt 43 000 Paar Schuhen
à CHF 100.– erzielt werden konnte. Für eine vergleichende Darstellung der
Resultate der Vollkostenrechnung und der Deckungsbeitragsrechnung sind
zunächst (aufgrund der Nachfrageelastizität) die Relationen zwischen Preisen
und Absatzmengen zu ermitteln (vgl. Abb. 14/11).

Abb. 14/11 **Nachfrageelastizität für das Produkt «Damenschuhe»**
(Beträge in CHF)

Relation Preis / Absatzmenge bei Damenschuhen	
Verkaufspreis	Absatzmenge (Paare)
84	48 000
88	46 500
92	46 000
96	45 000
100	43 000
104	36 000
108	30 000
112	23 000
116	19 000

Für alle Preisvarianten sind die Daten bei Anwendung der Vollkostenrechnung wie auch der Deckungsbeitragsrechnung zu berechnen (vgl. Abb. 14/12). Es sind dies neben der Absatzmenge und dem Umsatz

– *bei Vollkostenrechnung*
  – Ergebnis pro Stück
  – Ergebnis insgesamt
– *bei Teilkostenrechnung*
  – Deckungsbeitrag pro Stück
  – Deckungsbeitrag insgesamt.

Preisgestaltung bei Vollkostenrechnung bzw. Deckungsbeitrags-rechnung (Beträge in CHF)   Abb. 14/12

Preis je Paar Damen-schuhe	Absatz-menge	Umsatz	Vollkostenrechnung			Teilkostenrechnung		
			Voll-kosten je Paar	kalkulierter Gewinn je Paar	kalkulierter Gewinn total	Teilkosten je Paar	Deckungs-beitrag je Paar	Deckungs-beitrag total
84	48 000	4 032 000	91.50	-7.50	-360 000	70.90	+13.10	+628 800
88	46 500	4 092 000	91.50	-3.50	-162 750	70.90	+17.10	+795 150
92	46 000	4 232 000	91.50	+0.50	+23 000	70.90	+21.10	+970 600
96	45 000	4 320 000	91.50	+4.50	+202 500	70.90	+25.10	+1 129 500
100	43 000	4 300 000	91.50	+8.50	+365 500	70.90	+29.10	+1251 300
104	36 000	3 744 000	91.50	+12.50	+450 000	70.90	+33.10	+1 191 600
108	30 000	3 240 000	91.50	+16.50	+495 000	70.90	+37.10	+1 113 000
112	23 000	2 576 000	91.50	+20.50	+471 500	70.90	+41.10	+945 300
116	19 000	2 204 000	91.50	+24.50	+465 500	70.90	+45.10	+856 900

Die Resultate verdeutlichen, dass beim maximalen wert- oder mengenmässigen Umsatz weder das grösstmögliche kalkulatorische Ergebnis noch der grösstmögliche Deckungsbeitrag erzielt werden kann. Auch der maximale Absatzpreis verspricht bei Weitem nicht ein maximales kalkulatorisches Ergebnis oder den grössten Deckungsbeitrag.

Es resultieren vielmehr, je nach Kostenrechnungsvariante, andere für die Optimierung zu wählende Preise (vgl. Abb. 14/13).

Abb. 14/13 **Ermittlung des optimalen Preises**

Ermittlung des optimalen Preises			
Vollkostenrechnung		Teilkostenrechnung	
zu wählender Preis CHF 108.–		zu wählender Preis CHF 100.–	
kalkulatorisches Ergebnis je Paar Schuhe CHF 16.50		Deckungsbeitrag je Paar Schuhe CHF 29.10	
kalkulatorisches Ergebnis total CHF 495 000.–		Deckungsbeitrag total CHF 1 251 300.–	

Beim von der Vollkostenrechnung bevorzugten Preis von CHF 108.– würde aber der Deckungsbeitrag insgesamt nur CHF 1 113 000.– betragen. Der Deckungsbeitrag beim Preis von CHF 100.– wäre dagegen CHF 1 251 300.– (+ CHF 138 300.–). Das effektive Ergebnis wäre demzufolge bei dem gemäss Teilkostenrechnung fixierten Preis um CHF 138 300.– grösser. Dies, obwohl die Vollkostenrechnung das maximale kalkulatorische Ergebnis beim Preis von CHF 108.– ausweist. Der Grund liegt in der gemäss Vollkostenrechnung «falschen» Belastung der Fixkosten. Den Produkten wird ein Anteil fixer Kosten zugerechnet, der auf einer Menge von 43 000 Paar Schuhen kalkuliert worden ist. Effektiv aber werden beim Preis von CHF 108.– nur 30 000 Paar Schuhe verkauft. Die zu verrechnenden Fixkosten pro Paar wären dementsprechend höher. Der Vollkostenwert von CHF 91.50 stimmt für diese Berechnung nicht mehr.

Die vergleichenden Analysen haben gezeigt, dass die Deckungsbeitragsrechnung unter gewissen Voraussetzungen wertvolle Informationen bringen kann. Dies darf aber nicht darüber hinwegtäuschen, dass das Konzept auch wichtige Nachteile mit sich bringt:

Beschränkung auf relativ kurzfristige Betrachtungen
Kein Unternehmen kann es sich leisten, Produkte langfristig unter den Selbstkosten zu verkaufen. Bei Anwendung der Deckungsbeitragsrechnung besteht die latente Gefahr, dass die Höhe der Selbstkosten pro Artikel weder berechnet noch genügend beachtet wird.

Fehlen einer Kalkulation der Selbstkosten
Vor allem im Zusammenhang mit der Preisgestaltung, aber auch bei Bewertung der Halb- und Fertigfabrikate ist es unumgänglich, dass neben den variablen Selbstkosten auch die vollen Herstell- und Selbstkosten berechnet werden. Dies bedingt bei reinen Teilkostenrechnungen komplizierte Nebenrechnungen, die oft nicht ausgeführt werden. Die Folge ist eine Bewertung der Halb- und Fertigfabrikate zu variablen Kosten und damit eine ungenaue Abgrenzung des Periodenerfolgs. Bei Lagererhöhungen zum Beispiel wird

die Erfolgsrechnung mit zu hohen Aufwendungen belastet (die anteiligen Fixkosten werden nicht aktiviert) und damit der Gewinn zu tief ausgewiesen. Genau umgekehrt verhält es sich bei einer Reduktion der Halb- und Fertigfabrikate.

Verrechnung interner Leistungen

Werden zwischen einzelnen Kostenstellen oder Betrieben interne Leistungen erbracht, erfolgt im Rahmen der Teilkostenrechnung deren Bewertung auf Basis der variablen Kosten. Solche Leistungen sind aber mit Selbstkosten auf Vollkostenbasis, d.h. inklusive der anteiligen Fixkosten, zu bewerten.

Konzeptionelle Mängel der Teilkostenrechnung

Schliesslich darf nicht ignoriert werden, dass die Aussagekraft von Teilkostenrechnungssystemen von einer Reihe wichtiger Annahmen abhängt. Dazu gehören:

– Die Kostenkurve muss innerhalb bestimmter Beschäftigungsintervalle zumindest annäherungsweise linear verlaufen. Nur dann ist es gerechtfertigt, mit proportionalen Kosten zu argumentieren.
– Die Deckungsbeitragsrechnung ist nur glaubwürdig, wenn die variablen Kosten einen relativ hohen Anteil der gesamten Kosten ausmachen. Der bei Teilkostenrechnungsverfahren zu wenig beachtete und kontrollierte Fixkostenblock ist demnach entsprechend kleiner.
– Die Fixkosten sind nicht à priori «fix». Es ist permanent zu prüfen, inwieweit sich diese Kosten effektiv unabhängig vom Produktionsvolumen verhalten.

Es erstaunt deshalb nicht, dass in Theorie und Praxis grosse Anstrengungen unternommen werden, um aussagekräftige Vollkostenrechnungen zu ermöglichen. Dies gelingt aber nur dann, wenn die in den vorherigen Beispielen bewusst gezeigte «starre» und pauschale Verrechnung der Gemeinkosten durch modernere Ansätze abgelöst wird. Vor allem die Schlüsselung der indirekten Kosten auf der Basis der Einzelkosten (z.B. Material-Gemeinkosten in Relation zu den Materialeinzelkosten oder Lohn-Gemeinkosten in Relation zu den Lohneinzelkosten) entspricht oft nicht den realen Verhältnissen und bringt keine ursachengerechte Zuordnung der indirekten Kosten auf die Produkte. Immer dann, wenn eine Gemeinkostenverrechnung nach effektiven Ursachen gelingt, ist eine Vollkostenrechnung aussagekräftig.

Einer der wichtigsten Ansätze zur Behebung der Schwächen traditioneller Vollkostenrechnungssysteme ist die Prozesskostenrechnung. Sie wird im nächsten Kapitel vorgestellt.

Zusammenfassung

In der Praxis existieren grundsätzlich zwei Typen von Kostenrechnungsverfahren.

Die Vollkostenrechnung basiert auf einer Allokation aller Kosten auf die Produkte. Den Kostenträgern werden neben den direkten Kosten die gesamten indirekten Kosten zugeordnet. Die zentrale Führungsgrösse ist das Ergebnis je Produkt nach Verrechnung der vollen Kosten.

Demgegenüber konzentrieren sich die Teilkostenrechnungssysteme (Deckungsbeitragsrechnungen, Direct Costing) auf die variablen Kosten. Den Erlösen werden die direkten variablen Kosten und zusätzlich die indirekten variablen Kosten gegenübergestellt. Als Führungsgrössen resultieren die Deckungsbeiträge je Produkt (Erlöse abzüglich variable Kosten).

Die Wahl des Kostenrechnungssystems führt zu unterschiedlichen Werten in der Kalkulation. Die Vollkostenrechnung ermöglicht die Berechnung und den Ausweis der vollen Kosten und der Ergebnisse nach Produkten, Aufträgen usw. Demgegenüber vermag die Teilkostenrechnung lediglich die variablen Kosten der erstellten Leistungen und die Deckungsbeiträge auszuweisen. Die Bewertung der Halb- und Fertigfabrikate, die Verrechnung interner Leistungen sowie die Beurteilung der angefallenen Kosten basiert auf einer unvollständigen, dafür möglicherweise exakteren Kosteninformation.

Die Anwendung der Deckungsbeitragsrechnung kommt nur für Entscheidungen kurzfristiger Natur in Frage. Auch darf das Volumen der fixen Kosten nicht zu gross sein, da sie bei diesen Systemen weder konsequent erfasst, noch überwacht, noch kontrolliert werden. Ferner muss sichergestellt sein, dass sich die variablen Kosten annähernd proportional verhalten. Schliesslich ist nicht zu vergessen, dass immer wieder überprüft werden muss, ob die ausgeklammerten «fixen» Kosten auch wirklich unabhängig vom Produktionsvolumen sind.

Die Vollkostenrechnung ist eine unabdingbare Voraussetzung zur Unterstützung langfristiger Entscheidungen, indem aus langfristiger Perspektive jedes Produkt aufgrund der vollen Kosten beurteilt werden muss. Dieser Ausprägung der Kostenrechnung sind dann Grenzen gesetzt, wenn es nicht gelingt, die Gemeinkosten den Produkten ursachengerecht zuzuweisen. Dies trifft vor allem dann zu, wenn eine «starre» Zurechnung der Gemeinkosten erfolgt. d.h. wenn die berechneten Kosten je Produkt aufgrund einer ursachengerecht Umlage der Fixkosten je nach Produktionsvolumen höher oder tiefer ausfallen. Immer dann, wenn die Gemeinkostenproblematik zufriedenstellend gelöst werden kann, hat die Vollkostenrechnung unbestreitbare Vorteile. Ein mögliches Konzept zur Realisierung einer sachgemässen Verrechnung der Gemeinkosten ist die Prozesskostenrechnung.

Prozesskostenrechnung

Einleitung

Die früheren Ausführungen haben gezeigt, dass traditionellen Kostenrechnungssystemen bezüglich der Aussagekraft Grenzen gesetzt sind. Mitte der neunziger Jahre wurde deshalb – zunächst in der Theorie – ein neues Konzept, die Prozesskostenrechnung (Activity Based Costing), lanciert. Das in den USA viel gelobte Kostenrechnungssystem versucht, modernen Entwicklungen Rechnung zu tragen. Zu den wesentlichen Triebfedern für ein neu gestaltetes betriebliches Rechnungswesen gehören:

Änderung der Produktionsverhältnisse
Der vermehrte Einsatz automatisierter Produktionstechniken führt zu einer neuen Wertschöpfungsstruktur in Industrieunternehmen. Immer häufiger werden CIM-Systeme (Computer Integrated Manufacturing) angewendet, welche eine flexiblere Fertigung ermöglichen. Während früher eine befriedigende Kapazitätsauslastung hauptsächlich durch grossvolumige, standardisierte Produkte erreicht wurde, sind heute aufgrund geänderter Marktkonstellationen kundenorientierte, variantenreiche Produktionsprogramme mit häufigen Sonderanfertigungen gefragt. Die damit verbundene Abnahme der Losgrössen stellt somit höhere Anforderungen an die Steuerung der Betriebsabläufe.

Änderung der Kostenstrukturen
Als Resultat dieser Entwicklung nimmt der Anteil der planenden, vorbereitenden, überwachenden und steuernden Tätigkeiten in allen Unternehmensbereichen kontinuierlich zu. Gemeinkostenanteile von über 500% der Einzelkosten gehören zur Realität. Dies hat in zweierlei Hinsicht unmittelbare negative Folgen bezüglich der Aussagekraft traditioneller Kostenrechnungssysteme. Einerseits reduziert sich der Anteil der direkt auf die Produkte verrechenbaren Kosten (Einzelkosten) und andererseits verlieren die Einzelkosten als Zuschlagsbasis für die Gemeinkosten an Bedeutung.

Signifikanz der Kostenrechnungsdaten
Gemäss traditionellen Kostenrechnungssystemen erfolgt die Schlüsselung der Gemeinkosten auf die Kostenträger zumeist auf der Basis der Einzelkosten (direkte Material- bzw. Lohnkosten) oder der verwendeten Maschinenstunden. Ein solches Prozedere wird aber zunehmend problematisch. Produkte, die mittels modernen, computergesteuerten Anlagen hergestellt werden, dürften beispielsweise – im Vergleich zu traditionell gefertigten Gütern und

Leistungen – relativ geringe Einzelkosten verursachen (z.B. direkte Lohnkosten). Damit verbunden ist bei klassischen Kostenrechnungssystemen automatisch die Konsequenz, dass relativ geringe Gemeinkosten zugerechnet werden. Eines der wichtigsten Ziele jeder Kosten- und Leistungsrechnung, eine «faire» Belastung der Produkte zu erreichen, wird in Frage gestellt.

Änderung der Kundenbedürfnisse

Die laufende Zunahme konkreter individueller Kundenwünsche erfordert zusätzlich zu den skizzierten Entwicklungen eine differenziertere Kalkulation, als sie bei traditionellen Verfahren erfolgt. Gefragt sind Systeme, welche die echte Wertschöpfung (vor allem auch im Administrations- und Verkaufsbereich) erfassen und leistungsgerecht verrechnen können. Nur so kann der zunehmenden Bedeutung dieser Kosten Rechnung getragen werden.

Zusammenfassend ist festzuhalten, dass heute Systeme, welche die Gemeinkosten an den Kostenstellen erfassen und via einzelkostenbasierter Verteilschlüssel auf die Kostenträger weiterverrechnen, überfordert sind. Eine Lösung dieser Problematik verspricht die Prozesskostenrechnung. Bei diesem System werden, unabhängig von dem im Detail gewählten Verfahren, die verbrauchten Ressourcen (vor allem Gemeinkosten) in einem ersten Schritt den im Unternehmen ablaufenden Prozessen zugerechnet. Anschliessend erfolgt eine Belastung der Produkte aufgrund der durch sie verursachten Prozesse (vgl. Abb. 15/1).

Abb. 15/1   **Grundkonzept gemäss traditionellem und «ABC»-Konzept**

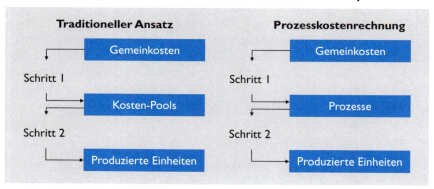

Konzept der Prozesskostenrechnung 15.2

Die Realisierung einer Prozesskostenrechnung erfordert im Wesentlichen vier Arbeitsschritte:

1. Die mit der Leistungserstellung zusammenhängenden Prozesse (Aktivitäten) sind zu identifizieren und herauszukristallisieren.
2. Die durch den Produktionsprozess anfallenden Kosten sind diesen Aktivitäten zuzurechnen.
3. Die produzierten Güter und Leistungen sind zu erfassen.
4. Den Produkten sind die Prozesskosten mit Hilfe sogenannter Kostentreiber («Cost Driver») zu belasten.

Abgrenzung der Prozesse 15.2.1

Die wichtigste und wirklich innovative Dimension der Prozesskostenrechnung ist die Abkehr von der Idee, dass indirekt zurechenbare Kosten sogenannten Kostenbezirken – wie immer sie auch gegliedert und aufgebaut sind – zugeordnet und anschliessend mit Schlüsseln weiterverrechnet werden. Das «Activity Based Costing» orientiert sich an den im Unternehmen ablaufenden Prozessen (= Aktivitäten bzw. «Activities») und zwar unabhängig der im Einzelnen gewählten Kostenstellenstruktur. Gemeint sind bei diesen «Prozessen» alle sich regelmässig wiederholenden Tätigkeiten, die bei der Ausführung der übertragenen Arbeiten anfallen. Diese Aktivitäten sind in einem ersten Schritt zunächst einmal herauszuschälen. In vielen Fällen ist die dazu erforderliche Analyse der betrieblichen Leistungserstellung auch gleichzeitig Anlass, um die Betriebsabläufe kritisch zu hinterfragen und allenfalls neu, d.h. optimaler zu organisieren. Bei der Festlegung der zentralen Prozesse, die im betrieblichen Alltag ablaufen, ist darauf zu achten,

– dass Aktivitäten definiert werden, die aus der Sicht des gesamten Produktionsprozesses eine repräsentative Bedeutung haben
– dass sich solche Prozesse in der Regel aus mehreren Einzelaktivitäten, die in verschiedenen Kostenstellen ablaufen, zusammensetzen
– dass als praxisorientierte Richtgrösse in der Regel rund 40–60 Hauptaktivitäten abgegrenzt werden.

Zur Illustration wird eine mögliche Auswahl von Prozessen eines Industrieunternehmens wiedergegeben (vgl. Abb. 15/2).

Abb. 15/2 **Definition von Prozessen am Beispiel eines Industrieunternehmens**

Bereich	Prozesse
Beschaffung	Lieferantenverträge ausgestalten und abschliessen Bestellmengen definieren, Lagerabgänge zeitlich planen Materialeingänge kontrollieren und registrieren Fakturen bearbeiten und Zahlungen abwickeln
Produktion	Maschinenpark kontrollieren und unterhalten Betriebseinrichtungen und Anlagen unterhalten Produktion und Personal überwachen
Produktionsmanagement	kurzfristige Absatzplanung realisieren Kundenaufträge aufzeichnen Produktion steuern Produktionsprozess und Materialeinsatz abstimmen Halbfabrikate erfassen und steuern
Qualitätskontrolle	Produktequalität überwachen Auslieferungskontrollen durchführen Kundenbeziehungen analysieren Reklamationen auswerten Qualitätstests konzipieren

15.2.2 Berechnung der Prozesskosten

In einem nächsten Arbeitsschritt sind alle indirekten Kosten (z.B. Teile der Lohn- und Materialkosten, Energie-, Kapital-, Anlagen- und Gebäudegemeinkosten) den einzelnen Aktivitäten zuzurechnen. Dabei ist zu beachten, dass traditionelle Kostenrechnungssysteme diese Kosten in den einzelnen Kostenstellen erfassen, in der Regel aber keine Abrechnung nach Aktivitäten erfolgt. Die Zuordnung der Kosten auf die einzelnen Prozesse und damit die Herleitung der Aktivitätskosten ist einer der wichtigsten Schritte des «ABC»-Konzepts (vgl. Abb. 15/3).

Abb. 15/3 **Bausteine einer Prozesskostenrechnung**

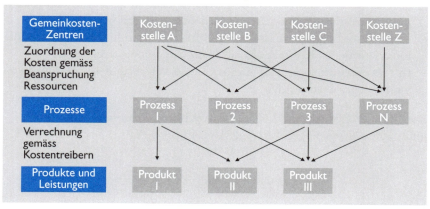

Erstellung des Produktekatalogs

Die während einer Periode erstellten Produkte bilden den abschliessenden Baustein des gesamten Systems. Sie sind die eigentlichen Objekte, denen die angefallenen Kosten zugeordnet werden. Dementsprechend sorgfältig ist zu definieren, was für Produkte effektiv erstellt werden. Bei der Zurechnung der Prozesskosten auf die Produkte ist zu beachten:

– dass nur die Produkte erfasst werden, die tatsächlich in der relevanten Periode erstellt wurden (also keine Produkte aus früheren Perioden und keine Produkte, die erst in Zukunft hergestellt werden)
– dass diesen Produkten nur die durch sie induzierten Kosten belastet werden (also beispielsweise keine Forschungs- und Entwicklungskosten für Produktinnovationen, keine Kosten für unausgelastete Kapazitäten usw.).

Wesen und Aufgabe der Kostentreiber

Im Zentrum des gesamten Systems stehen die Kostentreiber («Cost Drivers»). Sie bilden das Bindeglied zwischen den im Unternehmen ablaufenden Prozessen und den erstellten Produkten. Im Prozesskostenrechnungssystem werden den einzelnen Produkten anstelle mehr oder weniger willkürlich geschlüsselter Gemeinkosten die echt durch sie verursachten Kosten belastet. Dies heisst nichts anderes, als dass den einzelnen Produkten Kosten gemäss beanspruchter Prozesse (gemessen durch Kostentreiber) belastet werden. Bei der Abgrenzung der Kostentreiber ist zu berücksichtigen:

– dass eine für die praktische Anwendung vertretbare Anzahl von Kostentreibern gewählt wird
– dass die Kostentreiber eine hohe Korrelation zur Beanspruchung der Ressourcen gewährleisten
– dass sie aus den verfügbaren Informationsquellen leicht abgeleitet werden können und für das Management verständlich sind (vgl. Abb. 15/4).

Beispiele von Kostentreibern eines Industrieunternehmens

– Anzahl Bestellungen	– Anzahl gefertigter Produkte
– Anzahl Warenlieferungen	– geplante wertmässige Verkäufe pro Produkt
– Anzahl Lagerbewegungen	
– Anzahl direkter Arbeitsstunden pro Produkt	– wertmässiger Betrag des Ausschusses pro Produkt
– Anzahl Rüststunden pro Serie einzelner Produkte	– Anzahl Kundenreklamationen pro Produkt

Aufgrund praktischer Erfahrungen gilt die Anwendung von 15 bis 20 Cost Drivers als vernünftige Richtgrösse.

15.3 Auswertungen im Rahmen der Prozesskostenrechnung

Aufgrund der Anwendung eines «ABC»-Ansatzes wird die Bereitstellung einer Reihe wertvoller Informationen ermöglicht. Im Folgenden werden zwei Verwendungszwecke illustriert:

- Kalkulation einzelner Produkte
- Beurteilung der bereitgestellten bzw. ausgenutzten Kapazität.

15.3.1 Die Kalkulation einzelner Produkte

Die bisherigen Überlegungen erlauben die Herleitung eines Kalkulationsschemas für die prozesskostenmässige Abrechnung der Produkte. Interessant ist dabei vor allem auch ein Vergleich mit der traditionellen Vollkostenrechnung. Gewählt wird wiederum das Beispiel der Produktion von zusätzlich 5 000 Paar Herrenschuhen. Es wird angenommen, dass die Verwaltungs- und Vertriebsgemeinkosten den Produkten nach traditioneller Methode zugerechnet werden (vgl. Abb. 15/5 sowie als Basis 14/4 und 14/5).

Einmal mehr kann erkannt werden, dass das traditionelle betriebliche Rechnungswesen die Gemeinkosten den Produkten mit Zuschlagssätzen zurechnet, während bei der Prozesskostenrechnung eine direkte Beziehung zwischen den Produkten und den durch sie verursachten Prozessen geschaffen wird. Neben den direkten Prozesskosten werden alle Kosten der Stufen 2 und 3 gemäss effektiv verursachten Aktivitäten (d.h. Anzahl der beanspruchten Prozesse x Kosten pro Prozess) erfasst. Nur der Kostenanteil «Overhead Betrieb» basiert auf einer wertmässigen Zurechnung (z.B. Schlüsselung gemäss Umfang der Prozesskosten der Stufen 1–3).

15.3.2 Kapazitätssteuerung

Neben der Kalkulation der erstellten Produkte ermöglicht eine Prozesskostenrechnung zusätzlich eine sachgerechte Beurteilung der Kapazität. Bei konsequenter Umsetzung der Prozesskostenrechnung können für jede Aktivität die Kosten für die bereit gestellte sowie für die absorbierte Kapazität berechnet werden (vgl. Abb. 15/6).

Der wohl wichtigste Vorteil der Prozesskostenrechnung gegenüber den traditionellen Vollkostenrechnungssystemen ist die aktive Steuerung der bereitgestellten Kapazität pro Aktivität, d.h. beispielsweise die Planung der im

Beispiel zur Produktkalkulation (Beträge in CHF)

Traditionelles System	
Einzelkosten	
Materialeinzelkosten	202 381
Lohneinzelkosten	95 238
Gemeinkosten	
Gemeinkosten (Schlüsselung aufgrund direkter Materialkosten)	10 119
Gemeinkosten (Schlüsselung aufgrund direkter Lohnkosten)	38 095
Fertigungsgemeinkosten	107 142
Total Herstellkosten für 5 000 Einheiten	**452 975**

Prozesskostenrechnung		
Einzelkosten		
Materialeinzelkosten		4 000
Lohneinzelkosten		2 000
Prozesskosten (fiktive Zahlen)		
Material (Kostentreiber: Materiallieferungen)		100
Löhne (Kostentreiber: Arbeitsstunden)		400
Fertigung (Kostentreiber: Maschinenstunden)		600
Total Prozesskosten je Serie à 100 Einheiten		**7 100**
Stufe 1: Total Kosten für 5 000 Einheiten		355 000
Rüstzeit Maschinen (10 x 2 Stunden à 100/h)	2 000	
Produktionskosten (10 x 4 500/Durchlauf)	45 000	
Materialkosten (2 x 4 000 pro Materialbewegung)	8 000	
Stufe 2: Total Loskosten		55 000
Stufe 3: Produktlinie 1 Anteil à 15 000		15 000
Stufe 4: Kostenanteil Overhead Betrieb		7 000
Total Kosten für 5 000 Einheiten		**432 000**

Analyse der Kapazität aus der Sicht einzelner Aktivitäten

Kosten für bereitgestellte Prozesse	=	Kosten für ausgeführte Prozesse	+	Kosten für nicht benützte Prozesse

Einzelnen vorgesehenen Prozesse. Zusätzlich wird es möglich, die effektiv genutzte Prozessleistung mit der bereitgestellten Kapazität zu vergleichen. Damit werden die Voraussetzungen für eine aktive Einflussnahme auf die Produktionsprozesse geschaffen.

15.3.3   Beurteilung der Prozesskostenrechnung

Als zusammenfassende Würdigung des «ABC»-Ansatzes kann Folgendes festgehalten werden:

– Es ist das besondere Verdienst der Prozesskostenrechnung, dass die Diskussion über die Verrechnung der Gemeinkosten neu aufgenommen wurde. Der das gesamte Konzept dominierende Gedanke, dass eine rein wertmässige Zuschlagskalkulation problematisch ist und dass Wege zu suchen sind, die eine direkte Beziehung zwischen einzelnen Prozessen und den erstellten Leistungen herstellen, ist zwar nicht unbedingt neu, aber in dieser Intensität zu begrüssen.

– Die Prozesskostenrechnung verfolgt das erklärte Ziel, den einzelnen Produkten – soweit wie möglich – nur solche Kosten zuzurechnen, die durch sie echt verursacht werden. Massstab für diese ursächlichen Beziehungen zwischen Kosten und Produkten sind die im Unternehmen ablaufenden Aktivitäten. Obwohl auch die Prozesskostenrechnung gewisse wertmässige Zuschläge nicht vermeiden kann, gelingt diesem Ansatz eine aussagekräftige Kalkulation. Die im Einzelnen erfassten Produktkosten resultieren allein aufgrund der konkreten Beanspruchung der Prozesse und sind unabhängig des jeweiligen Leistungsvolumens. Damit wird die Gefahr unsachgemässer Gemeinkostenbelastungen (z.B. sich ändernde Kostenstrukturen zwischen Einzel- und Gemeinkosten oder variierende Produktionsvolumen) gebannt. Gleichzeitig wird die Möglichkeit geschaffen, strategische Entscheidungen auf der Basis aussagekräftiger Produkt-Gesamtkosten fällen zu können.

– Eine solche massgeschneiderte Kalkulation ist darüber hinaus auch die richtige Antwort auf die Tatsache, dass die Anzahl grossvolumiger, standardisierter Produkte laufend abnimmt. Je mehr die Bedeutung individueller und kundenspezifischer Produktvarianten bzw. Kundenwünsche (Service, Reparaturen, nachträgliche Arbeiten, Beratung) zunimmt, desto wichtiger wird eine korrekte Erfassung der mit der Produktion und dem Verkauf verbundenen Kosten.

– Die Prozesskostenrechnung erlaubt über die Produktekalkulation hinaus eine wertvolle Analyse der bereitgestellten Kapazitäten. So werden im Rahmen eines solchen Systems neben den effektiv erbrachten (bzw. erwarteten) Aktivitäten immer auch die nicht genutzten Kapazitäten erfasst und mit in die Überlegungen einbezogen. Sie dürfen nicht einfach als «fixe» Kosten anerkannt werden, sondern sind aus der Sicht der für die Zukunft bereitzustellenden Prozesse zu beurteilen. Wenn eine Analyse der Kapazität ergibt, dass diese zu hoch ist, müssen die Ressourcen abgebaut werden.

Zusammenfassung

Nicht nur die problematische Zurechnung der Gemeinkosten bei traditionellen Kostenrechnungssystemen führte zur Entwicklung neuer Ansätze. Ebenso wichtige Triebfedern für Innovationen waren geänderte Produktionsverhältnisse mit kleineren Losgrössen, vermehrter kundenorientierter Fertigung sowie einem höheren Anteil fixer Kosten. Damit verliert die Verrechnung der Gemeinkosten auf der Basis der Einzelkosten an Glaubwürdigkeit. Gefragt sind Verfahren, welche den Produkten die effektiv verursachten Kosten belasten.

Die Prozesskostenrechnung («Activity Based Costing») geht diesbezüglich neue Wege, indem die Kosten aufgrund der durch die Produkte absorbierten Prozesse verrechnet werden. Dazu sind zunächst die mit der Leistungserstellung zusammenhängenden Prozesse (Aktivitäten) zu identifizieren. Anschliessend werden die indirekten Kosten diesen Prozessen zugerechnet, d.h. es wird bestimmt, wie teuer die jeweiligen Aktivitäten zu stehen kommen. Zwischen den bewerteten Prozessen und den Produkten stehen die Kostentreiber («Cost Drivers»). Sie quantifizieren die absorbierten Prozesse und legen fest, wieviele Prozesskosten den einzelnen Produkten zuzurechnen sind.

Die Kalkulation gemäss «Activity Based Costing» basiert wie die traditionellen Kostenrechnungssysteme zunächst einmal auf einer direkten Verrechnung der Material- und Lohneinzelkosten auf die Produkte. Die Gemeinkosten hingegen werden den Produkten aufgrund der absorbierten Prozesse zugerechnet. Die Herstellkosten resultieren aus den produktspezifischen Material- und Lohneinzelkosten sowie den Kosten für die von den jeweiligen Produkten beanspruchten Prozessen. Damit gelingt eine sachgerechte Kalkulation. Die Arbeit mit Prozesskosten erlaubt zudem eine Beurteilung der jeweiligen Kapazität, indem ersichtlich wird, wieviele Prozesse bereitgestellt worden sind und wieviele davon effektiv beansprucht wurden.

Anhang

Grundsätze ordnungsmässiger Rechnungslegung |

Die Grundsätze ordnungsmässiger Rechnungslegung haben die Aufgabe, innerhalb der Handlungsspielräume der Rechnungslegung Entscheidungshilfen zu gewähren. Sie erfüllen damit eine wichtige Aufgabe zur willkürfreien Handhabung der Rechnungslegung im Unternehmen selbst, aber auch zu Gunsten einer «Fair Presentation» für die externen Benutzer der Abschlussdaten. In der Theorie wie auch im praktischen Alltag haben sich zahlreiche solcher Accountingthesen etabliert.

Im Folgenden werden die heute wichtigsten Grundsätze vorgestellt. Sie lassen sich aufgrund ihrer inhaltlichen Ausrichtung in originäre und darauf aufbauende, abgeleitete Grundsätze gliedern. Die erste Gruppe definiert die eigentlichen Inhalte der Rechnungslegung. Zu diesen originären Grundsätzen gehören:

- Going Concern
- Substance over Form
- Periodisierung
- Wesentlichkeit
- Vergleichbarkeit
- Wirtschaftlichkeit.

Going Concern: Die Rechnungslegung unter der Prämisse der Unternehmensfortführung unterscheidet sich grundsätzlich von einer Informationsgestaltung bei einer vorgesehenen freiwilligen oder zwangsläufigen Liquidation. Deshalb ist immer zuerst die Frage zu klären, ob eine Weiterführung der Unternehmensaktivitäten erfolgen kann und soll. Ist dies der Fall, hat sich die gesamte Gestaltung der Berichterstattung am Grundsatz des «Going Concern» zu orientieren. Beispiele, bei denen eine solche Voraussetzung nicht mehr erfüllt ist, sind der Ablauf zeitlich befristeter Geschäftsaktivitäten, der fehlende Wille zu einer Fortführung des Unternehmens oder existenzielle Probleme, welche eine Weiterführung des Unternehmens gefährden.

Substance over Form: Eine weitere wichtige Voraussetzung, die geklärt werden muss, ist die Frage, ob die Rechnungslegung von einer rechtlichen oder einer wirtschaftlichen Betrachtungsweise ausgehen soll. Je nach Interpretation werden unterschiedliche Sachverhalte als Buchungstatsachen erfasst. Nachdem die Rechnungslegung schweizerischer Unternehmen traditionell auf einer rechtlichen Betrachtungsweise basierte, hat sich in jüngster Zeit vor allem im Rahmen der Konzernberichterstattung die wirtschaftliche Betrachtungsweise durchgesetzt. Für die Rechnungslegung relevant ist die Frage, inwieweit aus ökonomischer Sicht Nutzenzu- bzw. Nutzenabgänge erfolgen, unabhängig davon, ob die betreffenden Vermögensobjekte juristisch im Eigentum des Bilanzierenden stehen. Ein Beispiel sind «Financial Leasing-Positionen», bei denen dem Bilanzierenden der Besitz und die Nutzung der Leasingobjekte, nicht aber das Eigentum übertragen wird. Bei einer wirtschaftlichen Betrachtungsweise sind solche Verträge als Buchungstatsachen so zu erfassen, wie wenn die Objekte im Eigentum des bilanzierenden Unternehmens stehen würden.

Periodisierung: Der gesamte zusätzlich geschaffene Wert eines Unternehmens kann erst am Ende der Lebenszeit festgestellt werden. Zu diesem Zeitpunkt können die investierten Beträge der Summe aller Auszahlungen während der Betriebstätigkeit sowie dem Liquidationserlös gegenübergestellt werden. Die Differenz stellt den durch die Unternehmenstätigkeit tatsächlich generierten Mehrwert dar. Damit sich das Management, die Investoren und viele weitere Stakeholder umfassend über die aktuelle Performance und die zukünftigen Entwicklungspotenziale eines Unternehmens informieren können, ist es eine Kernaufgabe des finanziellen Rechnungswesens, periodisierte Abschlussdaten zur Verfügung zu stellen. Dazu sind die während einer bestimmten Periode relevanten Geld-, Sachgüter- und Dienstleistungszu- bzw. -abgänge zu bestimmen. Dies bereitet in vielen Fällen Probleme, da die Periodisierung einen künstlichen Eingriff in die längerfristigen Aktivitäten eines Unternehmens darstellt. Beispiele dazu sind die Periodisierung von Aufwendungen für Forschung und Entwicklung (Abschätzung zukünftiger Erträge), die Zurechnung der Abschreibung genutzter Anlagen auf einzelne Perioden (Nutzungspotenzial und -dauer sind zu beurteilen) sowie Marketingaufwendungen einer bestimmten Periode (die Erträge fallen möglicherweise während mehreren Perioden an).

Wesentlichkeit: Die Rechnungslegung hat den internen und externen Stakeholdern ausreichende Informationen zur Verfügung zu stellen, damit sie die Vermögens-, Finanz- und Ertragslage des Unternehmens möglichst zuverlässig beurteilen können. Den Adressaten der Abschlussdaten sollen damit fundierte Entscheidungen ermöglicht werden. Dabei ist es für alle Beteiligten von besonderem Interesse, ob und in welchem Ausmass es dem Unternehmen gelingt, Mehrwerte zu schaffen. Die Voraussetzung der Wesentlichkeit bedeutet, dass bei der Rechnungslegung alle Sachverhalte zu berücksichtigen sind, welche die Vermögens-, Finanz- und Ertragslage dahingehend beeinflussen, dass die Entscheidungen der Stakeholder tangiert werden. Gleichzeitig ist auf eine zu detaillierte Berichterstattung zu verzichten, da dies die Interpretation der Daten erschweren würde.

Vergleichbarkeit: Es wurde immer wieder darauf hingewiesen, dass Abschlussdaten nie «wahr», d.h. zweifelsfrei sein können. Es existieren immer Ermessens- und Handlungsspielräume. Als Konsequenz erhält das Postulat der Vergleichbarkeit eine besondere Bedeutung. Die Beurteilung der Performance eines Unternehmens über die Zeit hinweg oder im Vergleich zu anderen Unternehmen der gleichen Branche setzt voraus, dass die Abschlüsse nach einheitlichen bzw. gleich bleibenden Kriterien erstellt werden. Wird dieser Grundsatz verletzt, werden glaubwürdige Aussagen über die Vermögens-, Finanz- und Ertragslage verunmöglicht. Die Erarbeitung und Offenlegung vergleichbarer Abschlüsse ist an eine Reihe von Auflagen gebunden. Dazu gehören eine über mehrere Perioden gleichbleibende Bewertung und Gliederung des Abschlusses (Grundsatz der Stetigkeit), die Offenlegung der Abweichungen von der Stetigkeit (Erläuterungen mit allfälligem Restatement) sowie die Ausklammerung der neutralen, d.h. betriebsfremden und ausserordentlichen Einflüsse von der ordentlichen Betriebstätigkeit.

Wirtschaftlichkeit: Die Rechnungslegung ist mit hohen Kosten verbunden. Dabei variieren die entsprechenden Aufwendungen je nach Grösse und Struktur des Unternehmens sowie der Qualität der Rechnungslegung. Für ein kleines Unternehmen ohne Konzernrechnung, das lediglich die aktienrechtlichen Bestimmungen beachtet, werden vergleichsweise niedrige Kosten anfallen. Dies deshalb, weil z.B. eine einfache Gliederung der Bilanz und Erfolgsrechnung gewählt wird, keine Geldflussrechnung erstellt wird, die Bewertung pauschal erfolgt (keine Einzelbewertungen von Buchungstatsachen), einfache Verfahren angewendet werden (Währungsumrechnung, Lagerbewertung), die Periodenabgrenzung grosszügig gewählt wird (wenige Abgrenzungen) sowie geringe Kosten für die Wirtschaftsprüfung entstehen. Den tiefen Kosten steht aber auch ein ebenso geringer Nutzen gegenüber. So wird es kaum möglich sein, dass die Adressaten des Abschlusses eine zuverlässige Beurteilung der Vermögens-, Finanz- und Ertragslage vornehmen können. Jede Gesellschaft hat deshalb sorgfältig abzuwägen, welches Kosten-/ Nutzen-Verhältnis angestrebt werden soll.

Neben der Regelung der zentralen Inhalte der Rechnungslegung sind weitere abgeleitete Grundsätze ordnungsmässiger Rechnungslegung zu beachten. Dazu zählen:

- Richtigkeit
- Klarheit
- Vollständigkeit
- Realisationsprinzip
- Imparitätsprinzip
- Vorsichtsprinzip.

Richtigkeit: Zahlreiche vor allem kontinentaleuropäische Handelsgesetze waren geprägt von der Forderung nach einer «wahren» Rechnungslegung. In Theorie und Praxis wurde aber längst erkannt, dass dies eine Utopie ist. Auch der häufig genannte Grundsatz einer «True and Fair View» wird mittlerweile kritisch hinterfragt. Die Ansicht setzt sich mehr und mehr durch, dass die Rechnungslegung einer «Fair Presentation» zu gehorchen hat. Eine der wichtigen Voraussetzungen dazu ist die Einhaltung des Grundsatzes der Richtigkeit. Zunächst einmal bedeutet dies, dass die gezeigten Werte in Bilanz, Erfolgsrechnung, Geldflussrechnung und Anhang ein korrektes Abbild (formelle Richtigkeit) der im Rechnungswesen geführten Daten darstellen. Immer dann, wenn für die Ermittlung der Werte keine zweifelsfreien Daten zur Verfügung stehen (materielle Richtigkeit) und Schätzungen erforderlich sind (z.B. bei der Bewertung des Sachanlagevermögens, der Beurteilung der Höhe erforderlicher Rückstellungen, der Schätzung immaterieller Werte), müssen subjektive Entscheide getroffen werden. Bei einer Respektierung des Grundsatzes der Richtigkeit sind die dabei erforderlichen Annahmen nach bestem Wissen und Gewissen zu treffen. Sie haben insbesondere den effektiven Verhältnissen möglichst exakt zu entsprechen. Das bedeutet, dass keine willkürlich geprägten Entscheidungen gefällt werden dürfen. Eng mit dieser Forderung verbunden ist eine sorgfältige Dokumentation der Entscheidungsverfahren, die Beachtung des Grundsatzes der Stetigkeit (gleiches Vorgehen in verschiedenen Perioden) sowie die Offenlegung der gewählten Bewertungsansätze.

Klarheit: Im Rahmen dieses Grundsatzes geht es darum, die Rechnungslegung aus formeller Sicht möglichst benutzerfreundlich darzustellen, d.h. es ist eine übersichtliche, verständliche und leicht auswertbare Präsentation der Daten zu wählen. Anstelle einer Flut von Informationen in Bilanz, Erfolgsrechnung, Geldflussrechnung sowie Anhang ist ein Mix aus zusammenfassenden Übersichten (z.B. das Wichtigste in Kürze, straff gegliederte Abschlussrechnungen) sowie ergänzenden Angaben (Tabellen, Fussnoten) zu präsentieren. Zusätzliche Bausteine einer «klaren» Rechnungslegung sind korrekte und aussagekräftige Bezeichnungen der einzelnen Positionen sowie eine moderne und während mehreren Perioden gleich bleibende Darstellung. Das wichtige Postulat einer übersichtlichen Präsentation der Daten darf aber nicht dazu führen, dass sachlich nicht zusammenhängende Positionen zusammengefasst werden oder dass das Bruttoprinzip verletzt wird. Beispiele dazu wären die Offenlegung von Teilerfolgsrechnungen (ab Bruttogewinn ohne Warenertrag und Warenaufwand), die Publikation von Nettowerten für das Anlagevermögen (Anschaffungswerte nach Abzug der Abschreibungen)

oder der zusammengefasste Ausweis von Verpflichtungen (z.B. Warenliefe-
rungen inklusive Rückstellungen).

Vollständigkeit: Dieser Grundsatz fordert, dass alle für die Beurteilung der Ver-
mögens-, Finanz- und Ertragslage relevanten Sachverhalte zu nennen sind.
Nur so haben die Investoren und alle übrigen Stakeholder eine faire Chance,
einen möglichst zuverlässigen Einblick in die wirtschaftliche Lage des Unternehmens zu erhalten. Dementsprechend sind im Rahmen der Rechnungslegung alle Sachverhalte zu zeigen, die zu relevanten künftigen Geld-, Sach-
güter- und Dienstleistungszu- bzw. -abgängen führen. Ein Verzicht auf die
Bilanzierung von aktivierungspflichtigen Positionen (Financial Leasing-Positionen, immaterielle Güter) wäre ebenso ein Verstoss gegen das Prinzip der
Vollständigkeit wie das Ignorieren von Eventualverpflichtungen (Rückstellungen).

Realisationsprinzip: Im Mittelpunkt dieses Grundsatzes steht eine korrekte
Abgrenzung der Gewinne. Sie sollen erst dann ausgewiesen werden, wenn sie
durch Umsatz am Markt effektiv erzielt worden sind. Insbesondere ist zu ver-
hindern, dass noch nicht realisierte potenzielle Gewinne (z.B. aus produzierten, noch nicht verkauften Waren) gezeigt werden. Auch dürfen sich Be-
schaffungsvorgänge (Kauf von Waren, Anlagen usw.) nicht erfolgsrelevant
auswirken. Die entsprechenden Investitionen sind beim Jahresabschluss entweder gemäss Anschaffungs- oder Herstellkosten zu bilanzieren oder, soweit
die Güter verbraucht worden sind, der Erfolgsrechnung zu belasten. Als Konsequenz dürfen Erträge und allfällige Gewinne erst dann erfasst werden,
wenn die Kunden die betrieblichen Leistungen bezogen haben und eine
Rechnungsstellung erfolgt ist (und kein Rückgaberecht vereinbart worden
ist).

Imparitätsprinzip: Ein weiteres Prinzip, das einer willkürfreien und sachgerechten Abgrenzung der Erfolge dient, ist das Imparitätsprinzip. Es verlangt
im Sinne einer Ergänzung des Realisationsprinzips einen Ausweis nicht realisierter Verluste (bei gleichzeitigem Verbot des Ausweises nicht realisierter
Gewinne). Das bedeutet im Wesentlichen, dass bei Gütern, die gemäss An-
schaffungs- bzw. Herstellkosten erfasst werden, bei der Erstellung des Abschlusses zu prüfen ist, ob eine solche Bewertung den tatsächlichen Verhältnissen noch entspricht. Allfällige Wertminderungen und Verluste sind sofort
zu erfassen und erfolgswirksam zu verbuchen. Damit werden potenzielle Belastungen zukünftiger Ergebnisse, die beim Abschlusstag bereits erkennbar
sind, im laufenden Rechnungsjahr antizipiert. Dies ist ohne Zweifel richtig,
liegen doch die Ursachen für die späteren Verluste in der aktuellen oder in
früheren Perioden. Eine konsequente Anwendung des Imparitätsprinzips

führt bei der Bewertung der Warenlager (Rohmaterial, Halbfabrikate, Fabrikate, Handelswaren) zum Niederstwertprinzip, welches verlangt, dass aus den historischen Anschaffungs- bzw. Herstellungskosten und dem realisierbaren Veräusserungswert (Tages-, Marktwert) bei der Bilanzierung immer der tiefere Wert zu wählen ist.

Vorsichtsprinzip: Einige der bisherigen Grundsätze bezwecken an sich bereits eine vorsichtige Gestaltung der Abschlüsse. Insbesondere die Anwendung des Realisations-, Imparitäts- und Niederstwertprinzips gehören dazu. Einer schrankenlosen Anwendung des Grundsatzes der Vorsicht ist deshalb mit Skepsis zu begegnen. Sollen Abschlussdaten wirklich eine zuverlässige Beurteilung der Vermögens-, Finanz- und Ertragslage erlauben, ist eine offensive, aktive Politik der Stillen Reserven zu verbieten. Aus dem Vorsichtsprinzip abgeleitete tiefere Bewertungen als gemäss Realisationsprinzip oder Verstösse gegen die Grundsätze der «Substance over Form», der «Periodisierung» und der «Vollständigkeit» widersprechen dem Grundsatz einer «Fair Presentation». Das hier genannte Vorsichtsprinzip darf deshalb als ergänzender Grundsatz nur restriktiv und in begründeten Fällen angewendet werden. Beispiele dazu sind die zurückhaltende Bewertung von Positionen mit unsicheren Nutzenzugängen, die rechtzeitige Erfassung von Wertminderungen auf Anlagevermögen oder die Anwendung vorsichtiger Kurse bei der Umrechnung von Positionen in ausländischer Währung.

Kontenrahmen KMU – Schweizer Kontenrahmen für kleine und mittlere Unternehmen in Produktion, Handel und Dienstleistung

Eine der zentralen Fragen der Rechnungslegung ist der Aufbau und die Gliederung der Bilanz und Erfolgsrechnung. Erfreulicherweise wurden in der Schweiz bereits vor vielen Jahren Lösungen vorgeschlagen. Karl Käfer hat bereits 1947 einen Kontenrahmen für Gewerbe-, Industrie- und Handelsbetriebe geschaffen. Der hier gezeigte Kontenrahmen ist eine Weiterentwicklung seines Konzepts. Er richtet sich an Klein- und Mittelbetriebe (KMU) in der Schweiz und baut auf dem Abschlussgliederungsprinzip auf, d.h. die Reihenfolge der Konten stimmt mit dem Aufbau des Jahresabschlusses überein. Er erfüllt zusätzlich die Anforderungen gemäss schweizerischem Aktienrecht sowie der Swiss GAAP FER.

Der Kontenrahmen basiert auf einer Gliederung von insgesamt sechs Stufen (vgl. Abb. A/1).

Gliederung des Kontenrahmens KMU Abb. A/1

Gliederungsstufen	Nummern	Beispiel	
Kontenklassen	1–9	2	Passiven
Kontenhauptgruppen	10–99	28	Eigenkapital
Kontengruppen	100–999	280	Kapital/Privat
Kontenuntergruppen	100.0–999.9	280.0	Kapital
Sammelkonten	100.00–999.99	280.00	Aktienkapital
Konten	1000–9999	2800	Stammaktienkapital

Die im Kontenrahmen aufgeführte Gliederung und Bezeichnung der Konten für die ersten drei Stufen (Kontenklassen, -hauptgruppen und -gruppen) sollte von Unternehmen, welche dieses Regelwerk offiziell anwenden, unverändert übernommen werden. Damit kann eine einheitliche Gliederung der Bilanz und Erfolgsrechnung der KMU in der Schweiz sichergestellt werden. Die in den weiteren Stufen gezeigten Konten sind lediglich Beispiele. Die konkrete Wahl und Bezeichnung der Konten sind den individuellen Bedürfnissen der Unternehmen anzupassen.

Im Folgenden wird eine gekürzte Version des Kontenrahmens KMU gezeigt. Eine ausführlichere Version findet sich in Sterchi, Walter: Kontenrahmen KMU – Schweizer Kontenrahmen für kleine und mittlere Unternehmen in Produktion, Handel und Dienstleistung.

Kontenrahmen KMU

Klasse 1 Aktiven			
10	**Umlaufvermögen**	**14**	**Anlagevermögen**
100	*Flüssige Mittel und Wertschriften*	*140*	*Finanzanlagen*
1000	Kasse	1400	Wertpapiere (Anlagevermögen)
1010	Postcheckguthaben	1410	Anlagekonto
1020	Bankguthaben	1420	Beteiligungen
1040	Checks und Besitzwechsel	1440	Langfristige Aktivdarlehen
1050	Kurzfristige Geldanlagen	1490	Eigene Aktien
1060	Wertschriften (Umlaufvermögen)	*150*	*Mobile Sachanlagen*
110	*Forderungen*	1500	Maschinen, Produktionsanlagen
1100	Debitoren Inland	1509	Wertberichtigung Maschinen und
1101	Debitoren Ausland		Produktionsanlagen
1109	Delkredere	1510	Mobiliar, Einrichtungen
1141	Kurzfristige Aktivdarlehen	1520	Büromaschinen, EDV-Anlagen
1170	Debitor MwSt	1530	Fahrzeuge
1176	Debitor Verrechnungssteuer	1540	Werkzeuge, Geräte
1192	Vorauszahlungen an Lieferanten	*160*	*Immobile Sachanlagen*
120	*Vorräte und angefangene Arbeiten*	1600	Immobilien
1200	Handelswaren	1609	Wertberichtigung Immobilien
1210	Rohstoffe	*170*	*Immaterielle Anlagen*
1230	Hilfs- und Verbrauchsmaterial	1700	Patente, Marken, Lizenzen
1260	Fertigfabrikate	1770	Goodwill
1270	Halbfabrikate	**18**	**Aktivierter Aufwand**
1280	Angefangene Arbeiten	1800	Gründungs-, Kapitalerhöhungs- und
130	*Aktive Rechnungsabgrenzungen*		Organisationsaufwand
1300	Transitorische Aktiven	1810	Darlehens- und Obligationendisagio
		1820	Forschungs- und Entwicklungs-aufwand
		1850	Nicht einbezahltes Aktienkapital

Anmerkung zu «1509 Wertberichtigung Maschinen und Produktionsanlagen»: Bei anderen Aktiven sind ebenfalls Wertberichtigungsposten möglich. Wertberichtigungsposten führen in der Konto-Nummer an der vierten Stelle die Ziffer 9.

Klasse 2
Passiven

20	**Fremdkapital kurzfristig**	*250*	*Andere langfristige Verbindlichkeiten*
200	*Kurzfristige Verbindlichkeiten aus*	2500	Langfristige Darlehen
	Lieferungen und Leistungen	*260*	*Langfristige Rückstellungen*
2000	Kreditoren	2600	Rückstellungen für Reparatur,
2030	Anzahlungen von Kunden		Sanierung und Erneuerung
210	*Kurzfristige Finanzverbindlichkeiten*	2610	Rückstellungen für Forschung und
2100	Bankkontokorrent		Entwicklung
2120	Wechselverpflichtungen	2640	Steuerrückstellungen (langfristig)
220	*Andere kurzfristige Verbindlichkeiten*	2650	Rückstellungen für Umweltschutz-
2200	Kreditor MwSt		massnahmen
2206	Kreditor Verrechnungssteuer	**28**	**Eigenkapital**
2210	Kurzfristige Darlehen	*280*	*Kapital*
2230	Dividende	2800	Aktienkapital
230	*Passive Rechnungsabgrenzung/*	2810	Partizipationskapital
	Kurzfristige Rückstellungen	*290*	*Reserven*
2300	Transitorische Passiven	2900	Gesetzliche Reserven
2330	Garantierückstellungen	2910	Andere Reserven
2340	Steuerrückstellungen (kurzfristig)	2990	Gewinnvortrag/Verlustvortrag
24	**Fremdkapital langfristig**	2991	Jahresgewinn/Jahresverlust
240	*Langfristige Finanzverbindlichkeiten*		
2400	Bankdarlehen		
2420	Leasingverbindlichkeiten		
2440	Hypotheken		
2460	Obligationenanleihen		

Anmerkung zu «28 Eigenkapital»: Neben den hier aufgeführten Konten für das Eigenkapital von Aktiengesellschaften sieht der Kontenrahmen entsprechende Konten für andere Gesellschaftsformen vor. Für Personengesellschaften z.B.:

- 2800   Kapital Gesellschafter A
- 2801   Kapital Gesellschafter B
- 2802   Kapital Kommanditär C
- 2850   Privatkonto Gesellschafter A
- 2860   Privatkonto Gesellschafter B usw.

Klasse 3 Betriebsertrag aus Lieferungen und Leistungen		Klasse 4 Aufwand für Material, Waren und Dienstleistungen	
30	**Produktionsertrag**	**40**	**Materialaufwand**
3000	Ertrag aus dem Verkauf von Produkten	4000	Materialeinkauf
32	**Handelswarenertrag**	**42**	**Handelswarenaufwand**
3200	Ertrag aus dem Verkauf von Waren	4200	Handelswareneinkauf
34	**Dienstleistungsertrag**	**44**	**Aufwand für Dienstleistungen**
3400	Ertrag aus der Erbringung von Dienstleistungen	4400	Einkauf Dienstleistungen
36	**Übriger Ertrag**	**45**	**Energieaufwand**
3600	Verkauf von Roh- und Hilfsmaterial	4500	Elektrizität
3610	Erträge aus Lizenzen, Patenten usw.	4520	Heizöl
37	Eigenleistungen und Eigenverbrauch	4530	Benzin, Diesel, Öl
3700	Eigenleistungen	4540	Wasser
3710	Eigenverbrauch an selbstherge-stellten Produkten	**46**	**Übriger Aufwand**
		4600	Übriger Materialaufwand Produktion
3720	Eigenverbrauch an Handelswaren	4620	Übriger Materialaufwand Handel
3740	Eigenverbrauch an Dienstleistungen	4640	Übriger Aufwand für Drittleistungen
38	**Bestandesänderungen ange-fangene und fertiggestellte Arbeiten**	4650	Aufwand für Verpackung
		48	**Bestandesänderungen**
		4800	Bestandesänderungen Produk-tionsmaterial
3800	Bestandesänderungen angefangene Arbeiten	4820	Bestandesänderungen Handels-waren
3801	Bestandesänderungen fertige Arbeiten	4880	Material- und Warenverluste

Klasse 5 Personalaufwand		Klasse 6 Sonstiger Betriebsaufwand	
50	**Personalaufwand Produktion**	**60**	**Raumaufwand**
5000	Löhne Produktion	6000	Mieten Geschäftslokalitäten
52	**Personalaufwand Handel**	6040	Reinigung
5200	Löhne Handel	6060	Immobilien-Leasing
54	**Personalaufwand Dienst-leistungen**	**61**	**Unterhalt und Reparaturen**
		6100	Unterhalt und Reparaturen
5400	Löhne Dienstleistungen	6160	Leasingaufwand mobile Sachanlagen
56	**Personalaufwand Verwaltung**	**62**	**Fahrzeug- und Transportauf-wand**
5600	Löhne Verwaltung		
57	**Sozialversicherungsaufwand**	6200	Reparaturen, Service, Reinigung
5700	AHV, IV, EO, ALV	6210	Benzin, Diesel, Öl
5720	Berufliche Vorsorge	6220	Fahrzeugversicherungen
5730	Unfallversicherung	6230	Verkehrsabgaben, Gebühren
5740	Krankentaggeldversicherung	6260	Fahrzeugleasing und -mieten
58	**Übriger Personalaufwand**	6280	Frachten, Spediteur, Cargo Domizil
5800	Personalbeschaffung	**63**	**Versicherungsaufwand**
5810	Aus- und Weiterbildung	6300	Sachversicherungen
5820	Spesenentschädigungen	6360	Abgaben, Gebühren, Bewilligungen
59	**Arbeitsleistungen Dritter**	**64**	**Energie- und Entsorgungs-aufwand**
5900	Temporäre Arbeitnehmer		
		6400	Elektrizität, Gas, Heizöl
		6430	Wasser
		6460	Kehrichtabfuhr, Sondermüllabfuhr, Abwasser
		65	**Verwaltungs- und Informatik-aufwand**
		6500	Büromaterial, Drucksachen, Foto-kopien, Fachliteratur
		6510	Telefon, Telefax, Internet, Porti
		6520	Beiträge, Spenden, Trinkgelder
		6530	Buchführung und Beratung
		6540	VR, GV, Revisionsstelle
		66	**Werbeaufwand**
		6600	Werbinserate, elektron. Medien
		6610	Werbematerial
		6670	Öffentlichkeitsarbeit, PR
		67	**Übriger Betriebsaufwand**
		68	**Finanzerfolg**
		6800	Zinsaufwand
		6850	Finanzertrag
		69	**Abschreibungen**
		6900	Abschreibungen Finanzanlagen
		6920	Abschreibungen Sachanlagen
		6940	Abschreibungen immaterielle Anlagen
		6950	Abschreibungen aktivierter Aufwand

Klasse 7	Klasse 8
Betriebliche Nebenerfolge	**Ausserordentlicher und betriebs-fremder Erfolg, Steuern**

70	**Erfolg aus Nebenbetrieben**	**80**	**Ausserordentlicher Erfolg**
7000	Erfolg Nebenbetrieb 1	8000	Ausserordentlicher Ertrag
7010	Erfolg Nebenbetrieb 2	8010	Ausserordentlicher Aufwand
74	**Finanzerfolg**	**82**	**Betriebsfremder Erfolg**
7400	Ertrag aus Finanzanlagen	8200	Erfolg betriebsfremde Unter-
7410	Aufwand aus Finanzanlagen		nehmensteile
75	**Erfolg betriebliche Liegenschaft**	8400	Erfolg betriebsfremde Finanzanlagen
7500	Erfolg betriebliche Liegenschaft 1	8500	Erfolg betriebsfremde Liegen-
7520	Erfolg betriebliche Liegenschaft 2		schaften
79	**Gewinne aus Veräusserung von**	8700	Sonstiger betriebsfremder Ertrag
	betrieblichem Anlagevermögen	**89**	**Steueraufwand**
7900	Gewinne aus Finanzanlagen	8900	Direkte Steuern des Unternehmens
7910	Gewinne aus mobilen Sachanlagen		
7920	Gewinne aus immobilen Sachanlagen		
7930	Gewinne aus immateriellen Anlagen		

Klasse 9
Abschluss

90	**Erfolgsrechnung**
9000	Erfolgsrechnung
91	**Bilanz**
9100	Eröffnungsbilanz
9101	Schlussbilanz
99	**Fehlbuchungen**
9910	Fehlerkonto

Glossar 3

Abschreibungen
Abschreibungen entsprechen dem Nutzenabgang von Vermögensteilen
(→ Aktiven) während einzelner Perioden. Abschreibungen sind Aufwendungen und somit erfolgswirksam. Die kumulierten Abschreibungen werden oft als → Wertberichtigungskonto in den → Aktiven (Minus-Aktiv-Konto) ausgewiesen.

Activity Based Costing → Prozesskostenrechnung

Agio
Als Agio wird die (positive) Differenz zwischen Ausgabekurs und Nennwert bei der Ausgabe von z.B. Aktien, Partizipationsscheinen, Obligationen bezeichnet. Werden Aktien usw. über dem Nennwert ausgegeben, wird von einer Über-Pari-Emission gesprochen.

Aktien
Aktien sind Wertpapiere, die eine Teilsumme des Aktienkapitals und somit Mitgliedschaftsrechte (insb. Stimm- und Wahlrecht, Recht auf Dividende und einen Anteil am Liquidationserlös) verkörpern. Bei Inhaberaktien muss sich der Aktionär bei der Geltendmachung von Aktionärsrechten durch Vorweisung der Aktie legitimieren. Die Besitzer von Namenaktien sind im Aktienregister bzw. -buch der ausgebenden Gesellschaft registriert. Ist der Aktionär eingetragen, wird er durch das Register legitimiert.

Aktiven
Die Aktiven bewirken in der Zukunft einen Nutzenzugang ohne Gegenleistung. Sie werden auf der → Soll-Seite der → Bilanz aufgeführt. Die Aktiven werden oft auch als Vermögen des Unternehmens bezeichnet.

Aktive Rechnungsabgrenzung → Transitorische Aktiven

Aktuelle Werte → Fair Value

Andersaufwand
Aufwand, dem Kosten in tieferer Höhe gegenüber stehen. Ein Beispiel sind zu hohe Abschreibungen in der Finanzbuchhaltung.

Anderskosten
Teil der kalkulatorischen Kosten, denen Aufwand in anderer Höhe gegenübersteht. Sie ergeben sich aufgrund einer unterschiedlichen Bestimmung

der Abschreibungsbeträge in der Finanzbuchhaltung gegenüber dem betrieblichen Rechnungswesen.

Anlagevermögen

Unter dem Anlagevermögen werden diejenigen Aktiven verstanden, die für
eine mehr als einjährige Nutzung vorgesehen sind oder deren Nutzenzugang
erst nach mehr als einem Jahr erfolgen wird. Das Anlagevermögen wird auf
der Aktivseite der → Bilanz aufgeführt und ist meistens in die Positionen
«Maschinen», «Fahrzeuge», «Anlagen», «Gebäude», «Grundstücke», «Finanzanlagen» und «Immaterielle Anlagen» gegliedert.

Anschaffungskosten

Als Anschaffungskosten werden die Kosten bezeichnet, die bei der Anschaffung eines Vermögensgegenstandes anfallen. Dazu gehören auch die
Anschaffungsnebenkosten (Verpackungskosten, Zollkosten).

Aufwand, Aufwandskonten

Unter Aufwand (Aufwendungen) werden die in einer Rechnungsperiode erfolgten Geld-, Sachgüter- oder Dienstleistungsabgänge ohne Gegenleistung
verstanden. Der Aufwand wird nach Arten gegliedert und in entsprechenden
Aufwandskonten erfasst. Die Aufwandskonten werden auf der → Soll-Seite
der → Erfolgsrechnung aufgeführt.

Ausserordentlicher Aufwand/Ertrag

Ausserordentliche Aufwendungen und Erträge sind erfolgswirksame Ereignisse, die ausserhalb der ordentlichen Geschäftstätigkeit anfallen, d.h. beispielsweise selten vorkommen oder aussergewöhnlich hoch sind.

Beteiligungen

Beteiligungen sind Aktien anderer Unternehmen, die für unbestimmte Zeit
gehalten werden und einen massgeblichen Einfluss ermöglichen. Sobald
stimmberechtigte Aktien im Umfang von mindestens 20% gehalten werden,
handelt es sich gemäss Aktienrecht um eine Beteiligung. Beteiligungen werden in der → Bilanz unter dem finanziellen → Anlagevermögen aufgeführt.

Betriebliches Rechnungswesen

Das betriebliche Rechnungswesen (auch Betriebsabrechnung, Betriebsbuchhaltung, Kosten- und Erlösrechnung) befasst sich mit dem Güterfluss im
Innern des Unternehmens. Die Hauptaufgabe des betrieblichen Rechnungswesens ist, die durch die Erstellung der Produkte angefallenen Kosten und
Erlöse zu erfassen und als Grundlage für Entscheidungen bereitzustellen.

Betriebsabrechnung → **Betriebliches Rechnungswesen**

Betriebsabrechnungsbogen (BAB)
Mit einem Betriebsabrechnungsbogen kann die Erfassung der Erlöse, die Zuordnung der Einzelkosten sowie die Verrechnung der indirekten Kosten über → Hilfs- und → Hauptkostenstellen auf die einzelnen Produkte tabellarisch dargestellt werden.

Betriebsaufwand/-ertrag
Als Betriebsaufwand bzw. -ertrag gelten alle erfolgswirksamen Positionen, die im Zusammenhang mit der ordentlichen Betriebstätigkeit angefallen sind.

Betriebsbuchhaltung → **Betriebliches Rechnungswesen**

Betriebserfolg
Erfolg aus der Betriebstätigkeit, d.h. der operativen Tätigkeiten und der übrigen ordentlichen Erfolgskomponenten. Entspricht dem → Ebit.

Betriebsfremder Aufwand/Ertrag
Zum betriebsfremden Aufwand bzw. Ertrag (neutraler Erfolg) gehören alle erfolgswirksamen Vorgänge, die nicht in unmittelbarem Zusammenhang mit der betrieblichen Tätigkeit stehen. Beispiele eines neutralen Erfolgs sind periodenfremde Positionen (betreffen andere Perioden), ausserordentliche Ereignisse (→ ausserordentlicher Aufwand/Ertrag) oder betriebsfremde Positionen (gehören nicht zur Kerntätigkeit des Unternehmens).

Bilanz
Die Bilanz vermittelt im Sinne einer Momentaufnahme einen Überblick der → Aktiven und → Passiven eines Unternehmens bezogen auf einen ganz bestimmten Zeitpunkt.

Bruttogewinn
In einem Handelsbetrieb wird unter dem Bruttogewinn die Differenz zwischen Warenertrag und → Warenaufwand verstanden. Im Industriebetrieb berechnet sich der Bruttogewinn aus dem → Umsatzerlös abzüglich der Herstellkosten der verkauften Waren. Vom Bruttogewinn werden der Gemeinaufwand bzw. die Gemeinkosten abgezogen; der Rest wird als → Reinerfolg (Reingewinn/Reinverlust) bzw. → Ergebnis bezeichnet.

Cashflow

Cashflow bedeutet Zu- oder Abfluss an (Flüssigen) Mitteln und erfolgt aus Betriebs-, Investitions- und Finanzierungstätigkeit. Der Cashflow aus Betriebstätigkeit erfasst alle Mittelflüsse, die im Zusammenhang mit der eigentlichen Betriebstätigkeit stehen. Er resultiert als Saldo aus betrieblichen Geldeinzahlungen und -auszahlungen. Der Cashflow aus Investitionstätigkeit zeigt alle Mittelabflüsse für Investitionen sowie Mittelzuflüsse aus Devestitionen, d.h. aus dem Verkauf von Anlagevermögen. Der Geldfluss aus Finanzierungstätigkeit erfasst alle Mittelzuflüsse aus der Aufnahme langfristiger Fremdkapitalien und der Erhöhung des Eigenkapitals sowie Mittelabflüsse durch die Rückzahlung von Fremdkapital oder Eigenkapital.

Corporate Governance

Unter Corporate Governance werden die Regeln und Normen zur Führung und Kontrolle auf oberster Unternehmensebene zusammengefasst. Die Implementierung und Einhaltung von Leitlinien und Standards zur Corporate Governance leisten einen wesentlichen Beitrag zur dauerhaften Festigung des Vertrauens der Stakeholder in die Unternehmensführung.

Cost Driver → Kostentreiber

Debitoren

Debitoren sind Forderungen gegenüber Kunden, welche im → Umlaufvermögen der → Bilanz aufgeführt werden. Sie orientieren über die Höhe der ausstehenden Zahlungen der Kunden.

Debitorenverluste

Die Position Debitorenverluste ist ein → Aufwandskonto. Die definitive Abschreibung eines Kundenguthabens oder die Bildung einer → Wertberichtigung für mutmassliche Verluste (→ Delkredere) auf den → Debitoren wird über das Konto «Debitorenverluste» der → Erfolgsrechnung belastet.

Deckungsbeitrag

Als Deckungsbeitrag wird die Differenz zwischen dem Nettoerlös und den variablen Kosten eines Produkts bezeichnet. Ein positiver Deckungsbeitrag bedeutet, dass zumindest ein Teil der fixen Kosten gedeckt werden kann.

Deckungsbeitragsrechnung → Teilkostenrechnung

Definanzierung

Unter Definanzierung versteht man die Rückzahlung des → Fremd- oder → Eigenkapitals an die Kapitalgeber (z.B. Rückzahlung eines Darlehens).

Delkredere

Die → Debitoren werden durch Wertberichtigungen in der Höhe korrigiert, in der voraussichtlich oder gemäss Erfahrung → Debitorenverluste eintreten werden. Das Wertberichtigungskonto «Delkredere» wird über das Aufwandskonto → Debitorenverluste gebildet und in der Bilanz als «Minus-Aktiv-Konto» gezeigt.

Derivatives Finanzinstrument

Ein Derivat ist ein Terminkontrakt, dessen Wert sich infolge von Marktschwankungen eines bestimmten Basiswerts (z.B. Währungen, Zinssätze) verändert. Das Termingeschäft wird erst in Zukunft beglichen. Dabei ist unerheblich, ob der Basiswert dereinst geliefert wird oder ob nur ein Spitzenausgleich stattfindet. Grundsätzlich wird zwischen bedingten (Optionen) und unbedingten (Forwards, Futures, Swaps) Terminkontrakten unterschieden.

Desinvestition → Devestition

Devestition

Devestition ist das Gegenteil der → Investition und stellt die Veräusserung von Vermögenswerten dar. Hierbei findet ein Austausch von Teilen des → Anlagevermögens gegen → Flüssige Mittel statt.

Direct Costing → Teilkostenrechnung

Direkte Kosten → Einzelkosten

Disagio

(Negative) Differenz zwischen Ausgabekurs und Nennwert bei der Ausgabe von Aktien, Partizipationsscheinen, Obligationen usw. Aktien dürfen gemäss Aktienrecht nicht unter dem Nennwert (= unter pari) ausgegeben werden.

Dividende

Ausschüttung eines Teils des Gewinns an die Aktionäre, Genossenschafter oder Gesellschafter der GmbH.

Durchschnittspreis-Methode

Die Durchschnittspreis-Methode ist ein Verfahren zur Bewertung des Warenlagers. Nach jedem Warenlagerzugang wird der Durchschnittspreis der Lagergüter neu berechnet, indem der Gesamtwert des Lagerbestands durch die Anzahl Positionen dividiert wird. Ein Lagerabgang wird mit dem zuletzt berechneten Durchschnittspreis verrechnet.

EBIT (Earnings before Interests and Taxes)

Einer der wichtigsten Indikatoren der betrieblichen Leistungskraft, der aus der Gegenüberstellung des betrieblichen Gesamtertrags und des betrieblichen Gesamtaufwands resultiert.

EBITDA (Earnings before Interests, Taxes, Depreciation and Amortization)

Entspricht dem operativen Ergebnis (→ Betriebserfolg) vor Zinsen und Abschreibungen und resultiert aus der Gegenüberstellung des gesamten Betriebsertrags und des Betriebsaufwands ohne Abschreibungen. Er entspricht dem Ebit zuzüglich Abschreibungen.

Eigenkapital

Das Eigenkapital entspricht dem Wert der Ansprüche der Eigentümer auf das Unternehmen. Damit wird angegeben, in welchem Umfang in der Zukunft ein Nutzenabgang an die Eigentümer erfolgen kann. Allerdings wird das Eigenkapital grundsätzlich auf unbegrenzte Zeit zur Verfügung gestellt. Zum Eigenkapital zählen auch die selbst erarbeiteten Mittel. Es berechnet sich als Residualgrösse durch Abzug des → Fremdkapitals von den → Aktiven.

Einstandswert der eingekauften Waren

Der Einstandswert der eingekauften Waren (= Wareneinkauf) entspricht dem Geldbetrag, der für Waren ausgegeben wird, bis sie im Unternehmen eingetroffen sind. Darin sind neben dem Einkaufspreis, abzüglich allfälliger Aufwandsminderungen (z.B. Rabatte, Skonti) und Rücksendungen, die Bezugskosten (z.B. Zölle, Frachtkosten) enthalten.

Einstandswert der verkauften Waren

Der Einstandswert der verkauften Waren (= Warenaufwand) entspricht dem Aufwand für die verkaufte Warenmenge. Der Warenaufwand erfasst auch Nutzenabgänge, die durch Schwund, Verderb, Diebstahl usw. verursacht worden sind.

Einzelkosten

Die bei der Herstellung anfallenden Einzelkosten (auch direkte Kosten) werden den Produkten (auch Kostenträger) direkt zugerechnet. Sie werden nicht über die Kostenstellenrechnung auf die Kostenträger verrechnet.

Erfolgsrechnung

Die Erfolgsrechnung (auch Gewinn- und Verlustrechnung) stellt den während einer Periode angefallenen → Aufwand eines Unternehmens dem → Ertrag gegenüber. Daraus resultiert der Gewinn (Verlust) einer bestimmten Periode.

Erfolg, Erfolgskonten

Der Erfolg ist der Oberbegriff für Gewinn und Verlust. Erfolgskonten sind → Aufwands- und → Ertragskonten. Sie werden in der → Erfolgsrechnung einander gegenübergestellt.

Ergebnis

Das Ergebnis eines Produkts resultiert als Differenz zwischen dem Umsatzerlös und den vollen Kosten des Produkts.

Erlös = Umsatz

Der Erlös (Umsatz) ist der Wert der Produkte, die vom Unternehmen verkauft werden.

Eröffnungsbilanz

Die Eröffnungsbilanz stellt die → Aktiven und → Passiven am Anfang einer Berichtsperiode dar. Sie setzt sich aus den Anfangsbeständen der Aktiv- und Passivkonten zusammen.

Ertrag, Ertragskonten

Unter Ertrag werden die in einer Rechnungsperiode erfolgten Geld-, Sachgüter- und Dienstleistungszugänge verstanden. Die Ertragskonten werden auf der → Haben-Seite der → Erfolgsrechnung aufgeführt.

Fair Value

Der Fair Value (aktueller Wert) ist der Betrag, zu dem ein Vermögenswert zwischen sachverständigen, vertragswilligen und voneinander unabhängigen Geschäftspartnern getauscht werden könnte.

- Sachverständig: Beiden Parteien liegen die relevanten Informationen über die Wertkomponenten vor.
- Vertragswillig: Ein Vertragsabschluss zwischen den beiden Parteien ist möglich.
- Unabhängig: Es besteht weder rechtlich noch faktisch eine Abhängigkeit zwischen den Parteien.

Fair Values basieren i.d.R. auf dem Wiederbeschaffungswert oder auf dem Nettoverkaufswert (auf dem Absatzmarkt erzielbarer Preis vermindert um die für den Verkauf anfallenden Kosten). Die Bewertung zu aktuellen Werten eignet sich i.d.R. vor allem dann, wenn aktuelle Marktwerte (z.B. Börsenkurse) zur Verfügung stehen.

Fertigfabrikate

Fertigfabrikate umfassen noch nicht verkaufte, fertig erstellte Produkte. Sie werden im Konto «Fertigfabrikatelager» bilanziert.

FIFO-Methode

Ein Unternehmen, welches sein Lager nach der FIFO-Methode (First In – First Out) bewertet, unterstellt, dass immer zuerst jene Positionen, die am längsten am Lager sind, veräussert bzw. in der Produktion eingesetzt werden.

Finanzanlagen

Unter der Position «Finanzanlagen» werden alle langfristigen finanziellen Engagements erfasst. Dazu zählen → Wertschriften, die längerfristig gehalten werden, langfristige Darlehen oder → Beteiligungen an anderen Unternehmen.

Finanzbuchhaltung

Die Finanzbuchhaltung (auch Finanzielles Rechnungswesen) befasst sich mit den ökonomischen Konsequenzen der Beziehungen eines Unternehmens zu seiner Umwelt. Die primäre Aufgabe der Finanzbuchhaltung ist es, periodisch ein den tatsächlichen Verhältnissen entsprechendes Bild der Vermögens-, Finanz- und Ertragslage zu vermitteln.

Finanzielles Rechnungswesen → Finanzbuchhaltung

Finanzierung

Als Finanzierung werden alle Massnahmen betrachtet, die zur Beschaffung des für die Durchführung der → Investitionen notwendigen Kapitals erforderlich sind.

Finanzinstrumente

Ein Finanzinstrument ist ein Vertrag, der gleichzeitig bei einem Unternehmen zu einem finanziellen Vermögenswert und bei einem anderen Unternehmen zu einer finanziellen Verbindlichkeit oder einem Eigenkapitalinstrument (z.B. → Aktien) führt.

Fixe Kosten

Fixe Kosten sind solche, deren Höhe sich unabhängig zum Produktionsvolumen verhält.

Flüssige Mittel

Sammelbegriff für Geld (inkl. fremde Währungen), kurzfristige Guthaben bei der Post und bei Banken sowie kurzfristige Festgeldanlagen.

Fonds

Abgrenzung einer bestimmten Mittelgesamtheit (d.h. einer bestimmten Anzahl Konten) als buchhalterische Einheit. Beispiele sind der Fonds «Flüssige
Mittel» (Geld sowie geldnahe Positionen wie Post-, Bankguthaben und kurzfristige Festgeldanlagen) oder der Fonds «Netto-Flüssige Mittel» (zusätzlich
kurzfristige Bankverbindlichkeiten).

Fortführungswert (Going Concern)

Wert, der dem Unternehmen im Falle einer Weiterführung der Geschäftstätigkeit zukommt.

Fremdkapital

Das Fremdkapital umfasst den zukünftigen Nutzenabgang ohne Gegenleistung an Dritte. Die Positionen des Fremdkapitals werden in kurzfristiges und
langfristiges Fremdkapital gegliedert. Das kurzfristige Fremdkapital muss
spätestens innerhalb eines Jahres beglichen werden. Das langfristige Fremdkapital wird frühestens nach einem Jahr zu Geld-, Sachgüter- oder Dienstleis-
tungsabgängen führen.

Geldflussrechnung

Die Geldflussrechnung hat die Aufgabe, alle liquiditätswirksamen Bewegungen einer Periode auszuweisen.

Gemeinkosten

Gemeinkosten (auch indirekte Kosten) können oder sollen den Produkten
(Kostenträger) nicht direkt zugerechnet werden, da sie gleichzeitig bei der
Herstellung mehrerer Güter anfallen. Die Gemeinkosten werden in der Zuschlagskalkulation über die → Kostenstellenrechnung den Kostenträgern zugerechnet.

Going Concern → **Fortführungswert**

Haben-Seite

Als Haben-Seite wird in der → Bilanz die Passivseite und in der → Erfolgsrechnung die Ertragsseite verstanden; im Konto ist es die «rechte» Seite.

Halbfabrikate

Produkte, die sich noch im Produktionsprozess befinden, gelten als Halbfabrikate bzw. unfertige Erzeugnisse und werden oft in einem eigenen Aktivkonto «Halbfabrikatelager» geführt.

Handelsregister

Das kantonal geführte Handelsregister dient der amtlichen Feststellung und Veröffentlichung von für Dritte erheblichen Tatsachen (z.B. Haftungs- und Vertretungsverhältnisse oder Individualisierungsmerkmale des Unternehmens wie Firma, Sitz oder Zweck) im kaufmännischen Verkehr. Wer ein kaufmännisches Unternehmen führt, ist zur Eintragung ins Handelsregister verpflichtet. Für verschiedene Gesellschaftsformen ist der Eintrag ins Handelsregister konstitutiv, d.h. die Gesellschaften entstehen erst im Moment ihrer Eintragung. Dazu gehören die Aktiengesellschaft, die Kommandit-Aktiengesellschaft, die Gesellschaft mit beschränkter Haftung, die Genossenschaft sowie die nicht kaufmännische Kollektiv- und Kommanditgesellschaft. Die einfache Gesellschaft ist weder zur Eintragung verpflichtet noch berechtigt.

Hauptkostenstelle

Diejenigen Kostenbezirke, in denen der eigentliche Leistungsprozess erfolgt, werden als Hauptkostenstellen bezeichnet. Die Hauptkostenstellen erbringen Leistungen, welche den → Kostenträgern direkt zugerechnet werden.

Herstellkosten

Im Industriebetrieb wird unter Herstellkosten der durch die betriebliche Leistungserstellung verursachte Werteverzehr verstanden. Zu den Kostenkomponenten gehören Material-, Lohn- und allgemeine Fabrikationskosten.

Hilfskostenstelle

Unter Hilfskostenstellen sind Kostenbezirke zu verstehen, die Vorleistungen an die → Hauptkostenstellen erbringen. Die Kosten der Hilfskostenstellen werden deshalb auf die Hauptkostenstellen verrechnet.

Immaterielle Anlagen

Ein immaterieller Vermögenswert ist ein identifizierbarer, nicht monetärer Vermögenswert ohne physische Substanz. Typische Beispiele sind Software, Patente oder Lizenzen.

Imparitätsprinzip

Das Imparitätsprinzip verlangt im Sinne einer Ergänzung des → Realisationsprinzips einen Ausweis nicht realisierter Verluste (im Gegensatz zum Verbot des Ausweises nicht realisierter Gewinne).

Indirekte Kosten → Gemeinkosten

Investition

Als Investition bezeichnet man die Umwandlung von Geld in andere Vermögensarten, wobei die Absicht besteht, mit diesen Vermögenswerten direkt oder indirekt Einnahmen zu erzielen, welche die Ausgaben übertreffen.

Joint Venture

Ein Unternehmen, das von mehreren Unternehmen gemeinsam beherrscht wird, bezeichnet man als Gemeinschaftsunternehmen oder Joint Venture.

Kalkulatorische Abschreibungen

Kalkulatorische Abschreibungen versuchen, die tatsächliche Wertverminderung (Nutzenabgang) des Vermögens zu erfassen. Sie werden im Rahmen der Betriebsbuchhaltung berechnet.

Kalkulatorische Kosten

Unter kalkulatorischen Kosten ist der Nutzenabgang einer Periode gemäss betrieblichem Rechnungswesen zu verstehen. Zu den kalkulatorischen Kosten gehören die Grundkosten (= Aufwand), die Anderskosten (andere Höhe als Aufwand) und die Zusatzkosten (≠ Aufwand).

Kontokorrentkredit

Die Position «Kontokorrentkredit» (auch laufende Rechnung) gehört zum kurzfristigen → Fremdkapital. Der Kontokorrentkreditnehmer kann innerhalb einer festen Limite seinen Kredit beliebig erhöhen und zurückzahlen. Je nach Volumen der Belastungen und Gutschriften kann auch ein Kontokorrentguthaben resultieren.

Kostenrechnung → Betriebliches Rechnungswesen

Kostenstellenrechnung

Ziel der Kostenstellenrechnung ist die Erfassung der Gemeinkosten und deren Weiterverrechnung auf die → Kostenträger. Eine Kostenstelle ist eine Recheneinheit, der die von ihr verursachten Kosten zugerechnet werden. Die Kosten der Kostenstellen werden auf die Kostenträger mit Hilfe von Schlüsseln oder nach Prozessen zugerechnet.

Kostenträgerrechnung

In der Kostenträgerrechnung werden die direkten Kosten aus der Kostenartenrechnung und die Kosten aus der → Kostenstellenrechnung den einzelnen Produkten zugerechnet. Damit können die jeweiligen Umsatzerlöse mit den anteiligen direkten und indirekten Kosten verglichen und die Ergebnisse je Produkt ermittelt werden.

Kostentreiber (Cost Driver)

Der Kostentreiber dient in der → Prozesskostenrechnung als Bezugsgrösse für die Umlegung der Gemeinkosten und hat einen massgeblichen Einfluss auf die Verrechnung der Prozesskosten auf die Produkte.

Kosten- und Erlösartenrechnung

Die Kosten- und Erlösartenrechnung ist ein Instrument zur exakten Erfassung und Gliederung aller während einer Periode angefallenen Kosten und Erlöse.

Kreditoren

Kreditoren sind Lieferantenforderungen, welche im → kurzfristigen Fremdkapital der → Bilanz aufgeführt werden. Sie orientieren über die Höhe der ausstehenden Zahlungen an Lieferanten.

Kundenforderungen → Debitoren

Latente Steuern

Abweichungen zwischen handelsrechtlichen und betriebswirtschaftlichen Bewertungsgrundsätzen führen zur Bildung Latenter Steuern.

Leasinggeschäft

Bei einem Leasing handelt es sich um eine spezielle Vertragsform (Gebrauchsüberlassungsvertrag eigener Art), bei der die eine Partei (Leasinggeber) der anderen Partei (Leasingnehmer) über einen bestimmten Zeitraum ein bewegliches oder unbewegliches, dauerhaftes Konsum- oder Investitionsgut beschafft und finanziert sowie zum freien Gebrauch und Nutzen gegen eine Reihe von Zahlungen (Raten) überlässt.

LIFO-Methode

Ein Unternehmen, welches sein Lager nach der LIFO-Methode (Last In – First Out) bewertet, geht von der Annahme aus, dass immer zuerst jene Positionen, die zuletzt ins Lager gekommen sind, veräussert oder verbraucht werden.

Liquidität

Unter Liquidität wird die Fähigkeit eines Unternehmens verstanden, seinen Zahlungsverpflichtungen fristgemäss nachkommen zu können. Die Liquidität lässt sich messen, in dem man die Flüssigen Mittel und die rasch in Flüssige Mittel wandelbaren → Aktiven ins Verhältnis zu den kurzfristigen Verbindlichkeiten setzt.

Marchzins
Unter Marchzinsen werden die vom letzten Zinstermin bis zum Abrechnungstag aufgelaufenen Zinsen verstanden.

Nettogewinn → **Reingewinn**

Neutraler Aufwand/Ertrag → **Betriebsfremder Aufwand/Ertrag**

Neutraler Erfolg → **Betriebsfremder Aufwand/Ertrag**

Niederstwertprinzip
Gemäss Niederstwertprinzip ist bei der Bilanzierung für Aktiven, bei denen sowohl Anschaffungswerte (Anschaffungs- bzw. Herstellungskosten) als auch Wiederbeschaffungswerte (→ Fair Value) existieren, der tiefere der beiden Werte zu wählen.

Obligationenanleihe
Obligationenanleihen sind vom Unternehmen ausgegebene Schuldscheine in Form von Wertpapieren. Sie werden unter dem langfristigen Fremdkapital bilanziert. Der Anleihensbetrag wird in Teilbeträge aufgesplittet, um ein breites Publikum anzusprechen.

Partizipationsschein (PS)
Ein Partizipationsschein ist eine → Aktie ohne Stimmrecht, d.h. die Inhaber von Partizipationsscheinen verfügen zwar über das Recht auf Dividende und einen Anteil am Liquidationserlös, nicht aber über das Stimm- und Wahlrecht.

Passiven
Die Passiven bewirken in der Zukunft einen Nutzenabgang ohne Gegenleistung. Sie werden auf der → Haben-Seite der → Bilanz aufgeführt. Die Passiven werden auch als → Kapital des Unternehmens bezeichnet.

Passive Rechnungsabgrenzung → **Transitorische Passiven**

Prozesskostenrechnung (Activity Based Costing)
Die Prozesskostenrechnung basiert wie die traditionellen Kostenrechnungssysteme auf einer direkten Verrechnung der Material- und Lohneinzelkosten auf die Produkte. Die Gemeinkosten hingegen werden aufgrund der von den Produkten absorbierten Prozesse zugerechnet.

Realisationsprinzip

Im Mittelpunkt steht die korrekte Abgrenzung der Gewinne. Gewinne sollen erst dann ausgewiesen werden dürfen, wenn sie durch Umsatz am Markt effektiv erzielt worden sind. Als Konsequenz dürfen Erträge und allfällige Gewinne erst dann erfasst werden, wenn die Kunden die betrieblichen Leistungen bezogen haben und eine Rechnungsstellung erfolgt ist (und kein Rückgaberecht vereinbart worden ist).

Reingewinn

Der Reingewinn (auch Nettogewinn) ist aus der → Erfolgsrechnung ersichtlich. Er resultiert aus der Differenz zwischen → Ertrag und → Aufwand.

Reserven

Die Reserven (auch Rücklagen) entstehen (unter anderem) durch die Einbehaltung von Gewinnen und gehören zum → Eigenkapital eines Unternehmens. Sie lassen sich gliedern in gesetzliche und freiwillige Reserven.

Rückstellungen

Die Rückstellungen gehören zum → Fremdkapital eines Unternehmens. Sie können kurzfristiger oder langfristiger Natur sein. Rückstellungen werden gebildet, wenn in der Abrechnungsperiode ein zukünftiger Nutzenabgang entstanden ist, dessen Höhe, Fälligkeit oder Empfänger noch unbestimmt ist.

Sachanlagen

Sachanlagen sind Bestandteil des Anlagevermögens und setzen sich aus Immobilien (Grundstücke und Gebäude) und Mobilien (Maschinen, Einrichtungen, Werkzeuge, Fahrzeuge) zusammen.

Saldo

Als Saldo wird der betragsmässige Unterschied der beiden Seiten eines Kontos bezeichnet.

Securities and Exchange Commission (SEC)

Die SEC ist die oberste Wertpapier- und Börsenkommission der USA, die den gesamten US-Wertpapiermarkt kontrolliert.

Selbstkosten

Die Selbstkosten eines Produkts entsprechen den vollen Kosten je Stück. Sie können durch Addition der Verwaltungs-, Vertriebs- und → Herstellkosten ermittelt werden.

Soll-Seite

Die Soll-Seite entspricht in der → Bilanz der Aktivseite und in der → Erfolgsrechnung der Aufwandsseite; im Konto ist es die «linke» Seite.

Stille Reserven

Stille Reserven sind versteckt, d.h. nicht in der Bilanz ausgewiesen. Sie können durch Unterbewertungen von → Aktiven und durch Überbewertungen
von → Passiven gebildet werden.

Substance over Form

Gemäss dem Prinzip «Substance over Form» ist relevant, inwieweit aus ökonomischer Sicht Nutzenzu- bzw. Nutzenabgänge erfolgen, unabhängig davon, ob die betreffenden Vermögensobjekte juristisch im Eigentum des Bilanzierenden stehen. So kann es betriebswirtschaftlich sinnvoll sein, langfristig gemietete Güter als Aktiven aufzuführen, obwohl formell kein Eigentum
vorliegt.

Tantième

Unter Tantième wird die Ausschüttung eines Teils des Gewinns an die Ver-
waltungsratsmitglieder verstanden. Die Tantième ist dem Bilanzgewinn zu
entnehmen und erst nach der Zuweisung an die gesetzlichen Reserven sowie
der Ausrichtung einer Dividende von 5% zulässig.

Teilkostenrechnung (Direct Costing, Deckungsbeitragsrechnung)

Die Teilkostenrechnung konzentriert sich darauf, auf die Produkte nur diejenigen Kostenelemente zu verrechnen, die in direktem Zusammenhang mit
der Erstellung stehen und damit variabel sind. Die fixen Kosten werden nicht
den Produkten zugerechnet, sondern der Periode angelastet, während der sie
anfallen.

Transitorische Aktiven

Die Position «Transitorische Aktiven» (auch aktive Rechnungsabgrenzungs-
posten) ist ein Aktivkonto und hat zur Aufgabe, einen Aufwand zu aktivieren, welcher vor dem Bilanzstichtag verbucht worden ist, aber als → Aufwand
der nächsten Geschäftsperiode zugerechnet werden soll (Beispiel: im Voraus
bezahlte Miete). Gleichzeitig halten sie einen Nutzenzugang fest, welcher die
Abrechnungsperiode betrifft, aber noch nicht berücksichtigt worden ist (Beispiel: Zinsertrag, der noch nicht eingegangen ist). Die Bildung Transitorischer Aktiven verbessert den Periodenerfolg.

Transitorische Passiven

Die Position «Transitorische Passiven» (auch passive Rechnungsabgrenzungs-posten) ist ein Passivkonto und erfasst den Ertrag, welcher vor dem Bilanz-stichtag verbucht worden ist, aber erst in der nächsten Periode zugerechnet werden soll (Beispiel: im Voraus erhaltene Mieten). Gleichzeitig werden si-chere Verpflichtungen festgehalten, welche in der laufenden Periode verur-sacht, aber noch nicht als Aufwand verbucht worden sind (Beispiel: Zinsauf-wand, der noch nicht bezahlt worden ist). Die Bildung Transitorischer Passi-ven verschlechtert den Periodenerfolg.

Umlaufvermögen

Zum Umlaufvermögen gehören alle Vermögensteile, die als Flüssige Mittel vorhanden sind oder die sich mindestens innert eines Jahres zu solchen um-wandeln.

Umsatz → Erlös

Variable Kosten

Variable Kosten sind solche, deren Höhe in der Regel proportional zum Pro-duktionsvolumen variiert.

Vollkostenrechnung

Die Vollkostenrechnung basiert auf der Allokation aller Kosten auf die → Pro-dukte. Den Kostenträgern werden neben den → direkten Kosten die gesam-ten indirekten Kosten zugeordnet.

Vorsichtsprinzip

Das Vorsichtsprinzip verhindert einen Ausweis nicht realisierter Gewinne. Potenzielle Belastungen zukünftiger Ergebnisse, die beim Abschlusstag be-reits erkannt werden, sind dagegen im laufenden Rechnungsjahr zu berück-sichtigen. Auch durch das → Realisations-, das → Imparitäts- und das → Nie-derstwertprinzip wird eine vorsichtige Gestaltung bezweckt.

Warenaufwand

Der Warenaufwand (auch → Einstandswert der verkauften Waren) entspricht dem Einstandswert der während einer Periode verkauften Waren. Er berech-net sich aus der Summe von → Wareneinkauf und Lageränderung.

Wareneinkauf

Der Wareneinkauf (auch → Einstandswert der eingekauften Waren) erfasst den Einstandspreis für die während einer Periode eingekauften Waren.

Wertberichtigungen

Das Konto «Wertberichtigung» ist eine Korrekturposition einer auf der Aktivseite der Bilanz zu hoch bewerteten Grösse. Sie ist als «Minus-Aktiv-Konto» zum entsprechenden Aktivkonto zu führen. Das Konto «Wertberichtigung» ist immer dann erforderlich, wenn indirekt abgeschrieben wird. Es zeigt die kumulierten Abschreibungsbeträge.

Wertschriften

Wertschriften sind Wertpapiere (vornehmlich Aktien und Obligationen), die auf kurze Frist gehalten werden (z.B. vorübergehende Liquiditätsanlage).

Zusatzaufwand

Teil des Aufwands, dem keine Kosten gegenüberstehen. Beispiele sind neutrale Aufwendungen (Unterhaltsausgaben für betriebsfremde Liegenschaften oder ausserordentliche Aufwendungen durch einen Schadensfall).

Zusatzkosten

Teil der kalkulatorischen Kosten, denen kein Aufwand gegenübersteht. Beispiele sind kalkulatorische Mieten, der Eigenlohn oder kalkulatorische Eigenkapitalzinsen.

Fachausdrücke Rechnungswesen 4

Deutsch	Englisch
A	
Abnahme/Zunahme Flüssige Mittel	Net Decrease/Increase in Cash Funds
Abschluss	Financial Statement
Abschlussbuchung	Closing Entry
Abschreibung	Depreciation/Amortisation
Absicherungsgeschäfte	Hedge
Agio	Share Premium
Akquisition	Acquisition
Aktie	Share
Aktien führender börsenkotierter Unternehmen mit erstklassiger Bonität	Blue Chips
Aktiengesellschaft	Corporation
Aktienkapital	Share Capital
Aktienrecht	Company Law
Aktionäre	Shareholders
Aktive Rechnungsabgrenzungen	Accrued Income and Prepaid Expenses
Aktiven, Vermögen	Assets
Aktuelle Werte	Fair Value
Amortisation	Amortisation
Anfangsbestand	Opening Stock / Opening Balance
Anhang (im Lehrbuch)	Appendix
Anhang (in der Jahresrechnung)	Notes
Anlagen und Güter im Leasing	Leased Assets
Anlagevermögen	Fixed Assets / Non-Current Assets
Anleihe	Bond Issue
Anleihenmarkt	Bond Market
Anschaffung	Purchase
Anschaffungskosten	Acquisition Costs
Aufwand / Aufwendungen	Expenses
Ausschüttung (von Dividenden)	Distribution of Dividends
Ausweis	Disclosure

B

Barkauf	Cash Purchase
Barwert	Capital Value
Belastung (buchhalterisch)	Charge
Belegschaftsaktie	Employee Stock
Bereinigung	Elimination / Adjustment
Bericht der Revisionsstelle	Report of Auditors
Beteiligungen	Investments
Betriebliches Rechnungswesen	Management Accounting
Betriebsaufwand	Total Operating Expenditure
Betriebsgewinn	Operating Income
Betriebsgewinn-Marge (%)	Operating Profit Margin (%)
Bewertung	Valuation
Bewertungsgrundsätze	Valuation Principles
Bilanz	Balance Sheet
Bilanzposition	Balance Sheet Item
Bilanzstichtag	Balance Sheet Date
Bilanzsumme	Balance Sheet Total
Blankokredit	Clean Credit
Börse	Stock Exchange
Buchhalter	Bookkeeper
Buchprüfung, Revision	Auditing
Buchung	Book Entry
Buchwert	Book Value

C

Cashflow aus Betriebstätigkeit	Cash Flow from Operating Activities
Cashflow aus Investitionstätigkeit	Cash Flow from Investing Activities
Cashflow aus Finanzierungstätigkeit	Cash Flow from Financing Activities
Cashflow in % des Umsatzes	Cash Flow as a Percentage of Operating Revenue
Cashflow je Aktie	Cash Flow per Share

D

Darlehen	Loans
Debitoren, Forderungen	Accounts Receivable/Receivables
Deckungsbeitrag	Contribution Margin Ratio
Deckungsbeitragsrechnung	Direct Costing
Delkredere	Allowance for Bad Debt
Direkte Kosten	Direct Cost
Dividende pro Aktie	Dividends per Share
Dividendensumme	Dividend Amount
Durchschnittskosten	Average Cost

E

Eigene Aktien	Own Shares
Eigenkapital	Shareholder's Equity
Eigenkapital je Aktie	Equity per Share
Eigenkapitalquote (Eigenkapital in % der Bilanzsumme)	Balance Sheet Equity Ratio
Eigenkapitalrendite	Return on Equity (ROE)
Einfallsreiche Rechnungslegung	Creative Accounting
Emissionsdisagio	Bond Discount
Ereignisse nach dem Bilanzstichtag	Subsequent Events
Erfolg betrieblicher Beteiligungen	Profit from Operational Investments
Erfolgsausweis	Track Record
Erfolgsneutral	Recognised in Equity
Erfolgsrechnung	Profit and Loss/Income Statement
Erfolgswirksam	Affecting Net Income
Ergebnis der betrieblichen Tätigkeit	Earnings before Interests and Taxes (EBIT)
Ergebnis vor Steuern	Earnings before Taxes
Ertrag	Income
Ertragsschwelle	Break Even Point
Ertragssteuern	Income Taxes
Ertragswert	Earnings Value
Eventualverpflichtungen	Contingent Liabilities

F

FER Fachempfehlungen zur Rechnungslegung	ARR FER Foundation for Accounting and Reporting Recommendations
Finanzanlagen	Financial Assets
Finanzergebnis	Financial Result
Finanzielles Rechnungswesen	Financial Accounting
Fixe Kosten	Fixed Costs
Flüssige Mittel	Liquid Assets / Cash
Forderungen	Accounts Receivable
Forderungen aus Lieferungen und Leistungen	Accounts Receivable Trade
Forschung und Entwicklung (F&E)	Research and Development (R&D)
Fortführung	Going Concern
Fremdkapital	Liabilities
Fremdfinanzierungsverhältnis	Debt/Equity Ratio
Fremdwährungsumrechnung	Foreign Currency Translation
Fusion	Merger

G

Geldfluss aus Finanzierungstätigkeit	Net Cash Flow from Financing Activities
Geldfluss aus Geschäftstätigkeit	Net Cash Flow from Operating Activities
Geldfluss aus Investitionstätigkeit	Net Cash Flow from Investment Activities
Geldflussrechnung	Cash Flow Statement
Gemeinkosten	Overhead Costs
Gemeinschaftsunternehmen	Joint Venture
Generalversammlung	Shareholder's Meeting / General Meeting
Genussschein	Certificate of Participation
Gesamtkapitalrendite	Return on Assets (ROA), Return on Investment (ROI)

Gesamtkonzernabschluss	Group Consolidated Financial Statement
Geschäftsbericht	Annual Report
Geschäftssegment	Business Unit
Geschäftsumsatz	Operating Revenue
Gewichtete Kapitalkosten	WACC (Weighted Average Cost of Capital)
Gewinn pro Aktie	Earnings per Share
Gewinnausschüttungsquote	Payout Ratio
Gewinnreserven	Retained Earnings
Gewinnsteuer	Tax on Profit or Loss (AE)/Corporation Tax (BE)
Gewinnverteilung	Appropriation of Profit
Gewinnvortrag und Reserven	Reserves and Profit Brought Forward
Gliederung	Classification
Gratisaktie	Bonus Share
Grundsatz der willkürfreien Darstellung der Vermögens-, Finanz- und Ertragslage	True and Fair View

H

Handelsbilanz	Statutory Accounts
Handelsrecht	Company Law
Herstell- und Anschaffungskosten	Historical Cost
Hypotheken	Mortgages

I

Immaterielles Anlagevermögen	Intangible Assets
Immobilien	Real Estate
Indirekte Kosten	Indirect Costs
Innerer Wert einer Aktie	Net Asset Value
Investitionsplan	Capital Budget

J

Jahresabschluss	Financial Statements
Jahresbericht	Management Report
Jahresrechnung	Financial Statements
Jahresumsatz	Net Revenue

K

Kapitalerhöhung	Capital Increase
Kapitalreserve	Capital Reserve
Kapitalsteuern	Capital Taxes
Kapitalstruktur	Financial Structure
Kapitalwert (diskontiert)	Net Present Value
Kassakurs	Spot Rate
Klarheit	Clarity
Kontenplan	Chart of Accounts
Konto	Account
Kontokorrent	Current Account
Konzern	Group
Konzernbilanz	Consolidated Balance Sheet
Konzerngeldflussrechnung	Consolidated Cash Flow Statement
Konzernintern	Intragroup/Intercompany
Kostenanalyse	Cost Analysis
Kosten- und Erlösarten	Cost and Revenue Categories
Kosteneinsparungen aufgrund von Verbundeffekten	Economies of Scope
Kosteneinsparungen aufgrund grösserer Produktionsmengen	Economies of Scale
Kostenrechnung	Cost Accounting
Kostenstellenrechnung	Cost Center Accounting
Kostenträgerrechnung	Unit Costing
Kostentreiber	Cost Drivers
Kreditkosten	Borrowing Costs
Kreditoren, Verbindlichkeiten	Accounts Payable/Payables

Kurs-Eigenkapital-Verhältnis	Price-Book Ratio
Kurzfristige Verbindlichkeiten	Current Liabilities
Kurzfristige Verbindlichkeiten und passive Rechnungsabgrenzungen	Current and Accrued Liabilities

L

Lagerveränderungen	Changes in Inventory
Langfristige Verbindlichkeiten	Non-Current Liabilities
Latente Steuerguthaben	Deferred Tax Assets
Latente Steuerverpflichtungen	Deferred Tax Liabilities
Latente Steuern	Deferred Taxes
Leasinggeschäfte	Leases
Leiter des Rechnungswesens	Chief Accountant

M

Marktwert, Börsenwert	Market Value
Materialaufwand	Cost of Materials

N

Namenaktien	Registered Shares
Niederstwertprinzip	Lower of Cost or Market
Nutzungsdauer	Useful Life

O

Obligationenrecht	Swiss Code of Obligations
Offenlegung	Disclosure
Öffnung einer AG durch eine Publikumsemission von Aktien	Initial Public Offering (IPO)
Ordentliche Revision	Audit

P

Passiven	Liabilities and Shareholder's Equity
Passive Rechnungsabgrenzungen	Accrued Expenses and Deferred Income
Periodisierung	Accrual Principle

Personalaufwand	Personnel Costs
Prozesskostenrechnung	Activity Based Costing

R

Rabatt	Allowance
Realisationsprinzip	Realisation Principle
Rechnungslegung	Financial Reporting
Rechnungslegungsempfehlungen	Accounting Standards
Rechnungslegungsgrundsätze	Accounting Principles
Rechnungslegungspflicht	Mandatory Accounting
Rechnungswesen	Accounting
Rechtsform	Legal Form
Reinergebnis je Aktie	Net Profit per Share
Richtigkeit / Verlässlichkeit	Reliability
Risikokapital	Venture Capital
Rückstellungen	Provisions

S

Sachanlage	Tangible Asset
Sachanlagevermögen	Tangible Fixed Assets
Schenkung	Donation
Segmentberichterstattung	Segment Reporting
Selbstkostenpreis	Cost Price
Sicherheiten	Collateral
Sonstige betriebliche Aufwendungen	Other Operating Expenditure
Spareinlage	Savings Deposit
Stammaktien	Common Stock
Stetigkeit	Consistency
Steueraufwand	Tax Expenses
Steuerertrag	Tax Revenue
Steuern	Taxes
Stille Reserve	Hidden Reserve

T

Teilkostenrechnung	Marginal Costing
Tochterunternehmen	Subsidiary

U

Übrige Sachanlagen	Other Tangible Fixed Assets
Umlaufvermögen	Current Assets
Umsatzerlös	Net Revenue
Unternehmensfortführung	Going Concern
Unternehmensverbindung	Business Combination

V

Variable Kosten	Variable Costs
Verbindlichkeiten	Liabilities
Verbindlichkeiten aus Lieferungen und Leistungen	Trade Payables
Vergleichbarkeit	Comparability
Verkaufspreis	Selling Price
Vermögens- oder Kapitalumschlag	Asset Turnover
Vermögenswert	Asset
Vermögens-, Finanz- und Ertragslage	Financial Position and Performance
Verpflichtungen zu Investitionen	Capital Commitments
Versicherungswerte	Insurance Values
Vertrag	Contract
Verwaltungsgemeinkosten	Commercial Expenses
Verwaltungsrat	Board of Directors
Verwaltungsratspräsident	Chairman of the Board of Directors
Vollkostenrechnung	Full Costing
Vollständigkeit	Completeness
Vorausbezahlte Kosten	Prepaid Expenditures
Vorräte	Inventories
Vorsichtsprinzip	Prudence Concept

Vorsitzender der Geschäftsleitung	Chief Executive Officer
Vorsorgestiftungen und Pensionskassen	Welfare Foundations and Pension Funds

W

Wandel- und Optionsanleihen	Convertible and Warrant Bonds
Wandlung von Wertpapieren	Conversions of Securities
Ware	Commodity
Waren	Goods
Warenbestand	Inventory
Warenlieferung	Shipment
Wechselkurs	Exchange Rate
Wertbeeinträchtigung	Impairment
Wertberichtigung	Value Adjustments
Wertschriften	Securities
Wesentlichkeit	Materiality
Wettbewerb	Competition
Wirtschaftlichkeit	Balance between Benefit and Cost
Wirtschaftlichkeitsbetrachtung	Substance over Form

Z

Zahlungen an Lieferanten	Payments to Suppliers
Zahlungen von Kunden	Customer Payments
Zahlungsmittel	Means of Payment
Zeitliche Abgrenzung	Accrual Principle
Zeitwert	Fair Value
Zinsaufwand	Interest Expenditure
Zinserlös	Interest Income
Zinseszins	Compound Interest
Zivilrecht	Civil Law
Zwischenabschluss	Interim Financial Statements
Zwischenberichterstattung	Interim Report
Zwischengewinn	Intragroup Profit

Englisch	Deutsch
A	
Account	Konto
Accounting	Rechnungswesen
Accounting Principles	Rechnungslegungsgrundsätze
Accounting Standards	Rechnungslegungsempfehlungen
Accounts Payable/Payables	Kreditoren, Verbindlichkeiten
Accounts Receivable/Receivables	Debitoren, Forderungen
Accounts Receivable Trade	Forderungen aus Lieferungen und Leistungen
Accrual Principle	Periodisierung / Zeitliche Abgrenzung
Accrued Income and Prepaid Expenses	Aktive Rechnungsabgrenzungen
Accrued Expenses and Deferred Income	Passive Rechnungsabgrenzungen
Acquisition	Akquisition
Acquisition Costs	Anschaffungskosten
Activity Based Costing	Prozesskostenrechnung
Adjustment	Bereinigung
Affecting Net Income	Erfolgswirksam
Allowance	Rabatt
Allowance for Bad Debt	Delkredere
Amortisation	Amortisation
Annual Report	Geschäftsbericht
Appendix	Anhang (im Lehrbuch)
Appropriation of Profit	Gewinnverteilung
ARR FER Foundation for Accounting and Reporting Recommendations	FER Fachempfehlungen zur Rechnungslegung
Asset	Vermögenswert
Asset Turnover	Vermögens- oder Kapitalumschlag
Assets	Aktiven, Vermögen
Audit	Ordentliche Revision
Auditing	Buchprüfung, Revision
Average Cost	Durchschnittskosten

B

Balance between Benefit and Cost	Wirtschaftlichkeit
Balance Sheet	Bilanz
Balance Sheet Date	Bilanzstichtag
Balance Sheet Equity Ratio	Eigenkapitalquote (Eigenkapital in % der Bilanzsumme)
Balance Sheet Item	Bilanzposition
Balance Sheet Total	Bilanzsumme
Blue Chips	Aktien führender börsenkotierter Unternehmen mit erstklassiger Bonität
Board of Directors	Verwaltungsrat
Bond Discount	Emissionsdisagio
Bond Issue	Anleihe
Bond Market	Anleihenmarkt
Bonus Share	Gratisaktie
Book Entry	Buchung
Book Value	Buchwert
Bookkeeper	Buchhalter
Borrowing Costs	Kreditkosten
Break Even Point	Ertragsschwelle
Business Combination	Unternehmensverbindung
Business Unit	Geschäftssegment

C

Capital Budget	Investitionsplan
Capital Commitments	Verpflichtungen zu Investitionen
Capital Increase	Kapitalerhöhung
Capital Reserve	Kapitalreserve
Capital Taxes	Kapitalsteuern
Capital Value	Barwert
Cash Flow as a Percentage of Operating Revenue	Cashflow in % des Umsatzes
Cash Flow from Operating Activities	Cashflow aus Betriebstätigkeit
Cash Flow from Financing Activities	Cashflow aus Finanzierungstätigkeit

Cash Flow from Investing Activities	Cashflow aus Investitionstätigkeit
Cash Flow per Share	Cashflow je Aktie
Cash Flow Statement	Geldflussrechnung
Cash Purchase	Barkauf
Certificate of Participation	Genussschein
Chairman of the Board of Directors	Verwaltungsratspräsident
Changes in Inventory	Lagerveränderungen
Charge	Belastung (buchhalterisch)
Chart of Accounts	Kontenplan
Chief Accountant	Leiter des Rechnungswesens
Chief Executive Officer	Vorsitzender der Geschäftsleitung
Civil Law	Zivilrecht
Clarity	Klarheit
Classification	Gliederung
Clean Credit	Blankokredit
Closing Entry	Abschlussbuchung
Collateral	Sicherheiten
Commercial Expenses	Verwaltungsgemeinkosten
Commodity	Ware
Common Stock	Stammaktien
Company Law	Aktienrecht / Handelsrecht
Comparability	Vergleichbarkeit
Competition	Wettbewerb
Completeness	Vollständigkeit
Compound Interest	Zinseszins
Consistency	Stetigkeit
Consolidated Balance Sheet	Konzernbilanz
Consolidated Cash Flow Statement	Konzerngeldflussrechnung
Contingent Liabilities	Eventualverpflichtungen
Contract	Vertrag
Contribution Margin Ratio	Deckungsbeitrag
Conversions of Securities	Wandlung von Wertpapieren
Convertible and Warrant Bonds	Wandel- und Optionsanleihen

Corporation	Aktiengesellschaft
Corporation Tax (BE)	Gewinnsteuer
Cost Accounting	Kostenrechnung
Cost Analysis	Kostenanalyse
Cost and Revenue Categories	Kosten- und Erlösarten
Cost Center Accounting	Kostenstellenrechnung
Cost Drivers	Kostentreiber
Cost of Materials	Materialaufwand
Cost Price	Selbstkostenpreis
Creative Accounting	Einfallsreiche Rechnungslegung
Current Account	Kontokorrent
Current and Accrued Liabilities	Kurzfristige Verbindlichkeiten und passive Rechnungsabgrenzungen
Current Assets	Umlaufvermögen
Current Liabilities	Kurzfristige Verbindlichkeiten
Customer Payments	Zahlungen von Kunden

D

Debt/Equity Ratio	Fremdfinanzierungsverhältnis
Deferred Tax Assets	Latente Steuerguthaben
Deferred Taxes	Latente Steuern
Deferred Tax Liabilities	Latente Steuerverpflichtungen
Depreciation/Amortisation	Abschreibung
Direct Cost	Direkte Kosten
Direct Costing	Deckungsbeitragsrechnung
Disclosure	Offenlegung / Ausweis
Distribution of Dividends	Ausschüttung (von Dividenden)
Dividend Amount	Dividendensumme
Dividends per Share	Dividende pro Aktie
Donation	Schenkung

E

Earnings before Interests and Taxes (EBIT)	Ergebnis der betrieblichen Tätigkeit
Earnings before Taxes	Ergebnis vor Steuern
Earnings per Share	Gewinn pro Aktie
Earnings Value	Ertragswert
Economies of Scale	Kosteneinsparungen aufgrund grösserer Produktionsmengen
Economies of Scope	Kosteneinsparungen aufgrund von Verbundeffekten
Elimination	Bereinigung
Employee Stock	Belegschaftsaktie
Equity per Share	Eigenkapital je Aktie
Exchange Rate	Wechselkurs
Expenses	Aufwand / Aufwendungen

F

Fair Value	Aktueller Wert
Financial Accounting	Finanzielles Rechnungswesen
Financial Reporting	Rechnungslegung
Financial Assets	Finanzanlagen
Financial Position and Performance	Vermögens-, Finanz- und Ertragslage
Financial Result	Finanzergebnis
Financial Statements	Abschluss / Jahresrechnung
Financial Structure	Kapitalstruktur
Fixed Assets	Anlagevermögen
Fixed Costs	Fixe Kosten
Foreign Currency Translation	Fremdwährungsumrechnung
Full Costing	Vollkostenrechnung

G

General Meeting	Generalversammlung
Going Concern	Unternehmensfortführung
Goods	Ware

Group	Konzern
Group Consolidated Financial Statement	Gesamtkonzernabschluss

H

Hedge	Absicherungsgeschäfte
Hidden Reserve	Stille Reserve
Historical Cost	Herstell- und Anschaffungskosten

I

Impairment	Wertbeeinträchtigung
Income	Ertrag
Income Taxes	Ertragssteuern
Indirect Costs	Indirekte Kosten
Initial Public Offering (IPO)	Öffnung einer AG durch eine Publikumsemission von Aktien
Insurance Values	Versicherungswerte
Intangible Assets	Immaterielles Anlagevermögen
Interest Income	Zinserlös
Interest Expenditure	Zinsaufwand
Interim Financial Statements	Zwischenabschluss
Interim Report	Zwischenberichterstattung
Intragroup/Intercompany	Konzernintern
Intragroup Profit	Zwischengewinn
Inventories	Vorräte
Inventory	Warenbestand
Investments	Beteiligungen

J

Joint Venture	Gemeinschaftsunternehmen

L

Leased Assets	Anlagen und Güter im Leasing
Leases	Leasinggeschäfte
Legal Form	Rechtsform

Liabilities	Fremdkapital / Verbindlichkeiten
Liabilities and Shareholder's Equity	Passiven
Liquid Assets/Cash	Flüssige Mittel
Loans	Darlehen
Lower of Cost or Market	Niederstwertprinzip

M

Management Accounting	Betriebliches Rechnungswesen
Management Report	Jahresbericht
Mandatory Accounting	Rechnungslegungspflicht
Marginal Costing	Teilkostenrechnung
Market Value	Marktwert, Börsenwert
Materiality	Wesentlichkeit
Means of Payment	Zahlungsmittel
Merger	Fusion
Mortgages	Hypotheken

N

Net Asset Value	Innerer Wert einer Aktie
Net Cash Flow from Financing Activities	Geldfluss aus Finanzierungstätigkeit
Net Cash Flow from Investment Activities	Geldfluss aus Investitionstätigkeit
Net Cash Flow from Operating Activities	Geldfluss aus Geschäftstätigkeit
Net Decrease/Increase in Cash Funds	Abnahme/Zunahme Flüssige Mittel
Net Present Value	Kapitalwert (diskontiert)
Net Profit per Share	Reinergebnis je Aktie
Net Revenue	Jahresumsatz / Umsatzerlös
Non-Current Assets	Anlagevermögen
Non-Current Liabilities	Langfristige Verbindlichkeiten
Notes	Anhang (in der Jahresrechnung)

O

Opening Balance / Opening Stock	Anfangsbestand
Operating Income	Betriebsgewinn
Operating Profit Margin (%)	Betriebsgewinn-Marge (%)
Operating Revenue	Geschäftsumsatz
Other Operating Expenditure	Sonstige betriebliche Aufwendungen
Other Tangible Fixed Assets	Übrige Sachanlagen
Overhead Costs	Gemeinkosten
Own Shares	Eigene Aktien

P

Payments to Suppliers	Zahlungen an Lieferanten
Payout Ratio	Gewinnausschüttungsquote
Personnel Costs	Personalaufwand
Prepaid Expenditures	Vorausbezahlte Kosten
Price-Book Ratio	Kurs-Eigenkapital-Verhältnis
Profit and Loss/Income Statement	Erfolgsrechnung
Profit from Operational Investments	Erfolg betrieblicher Beteiligungen
Provisions	Rückstellungen
Prudence Concept	Vorsichtsprinzip
Purchase	Anschaffung

R

Real Estate	Immobilien
Realisation Principle	Realisationsprinzip
Recognised in Equity	Erfolgsneutral
Registered Shares	Namenaktien
Reliability	Richtigkeit/Verlässlichkeit
Report of Auditors	Bericht der Revisionsstelle
Research and Development (R&D)	Forschung und Entwicklung (F&E)
Reserves and Profit Brought Forward	Gewinnvortrag und Reserven
Retained Earnings	Gewinnreserven

Return on Assets (ROA), Return on Investment (ROI)	Gesamtkapitalrendite
Return on Equity (ROE)	Eigenkapitalrendite

S

Savings Deposit	Spareinlage
Securities	Wertschriften
Segment Reporting	Segmentberichterstattung
Selling Price	Verkaufspreis
Share	Aktie
Share Capital	Aktienkapital
Share Premium	Agio
Shareholders	Aktionäre
Shareholder's Equity	Eigenkapital
Shareholder's Meeting	Generalversammlung
Shipment	Warenlieferung
Spot Rate	Kassakurs
Statutory Accounts	Handelsbilanz
Stock Exchange	Börse
Subsequent Events	Ereignisse nach dem Bilanzstichtag
Subsidiary	Tochtergesellschaft
Substance over Form	Wirtschaftlichkeitsbetrachtung
Swiss Code of Obligations	Obligationenrecht

T

Tangible Asset	Sachanlage
Tangible Fixed Assets	Sachanlagevermögen
Taxes	Steuern
Tax Expenses	Steueraufwand
Tax on Profit or Loss (AE)	Gewinnsteuer
Tax Revenue	Steuerertrag
Total Operating Expenditure	Betriebsaufwand
Track Record	Erfolgsausweis

Trade Payables	Verbindlichkeiten aus Lieferungen und Leistungen
True and Fair View	Grundsatz der willkürfreien Darstellung der Vermögens-, Finanz- und Ertragslage

U

Unit Costing	Kostenträgerrechnung
Useful Life	Nutzungsdauer

V

Valuation	Bewertung
Valuation Principles	Bewertungsgrundsätze
Value Adjustment	Wertberichtigung
Variable Costs	Variable Kosten
Venture Capital	Risikokapital

W

WACC (Weighted Average Cost of Capital)	Gewichtete Kapitalkosten
Welfare Foundations and Pension Funds	Vorsorgestiftungen und Pensionskassen

Literaturverzeichnis

Apothéloz, Bernard; Stettler, Alfred: Maîtriser l'information comptable, 4 volumes, Lausanne 2002.

Böckli, Peter: Schweizer Aktienrecht, 3. Auflage, Zürich 2005.

Boemle, Max: Der Jahresabschluss 5. Auflage, Zürich 2006.

Boemle, Max: Unternehmungsfinanzierung: Instrumente, Märkte, Formen, Anlässe, 13. Auflage, Zürich 2002.

Brealey, Richard A.; Myers, Stewart C.: Principles of Corporate Finance, 9th Edition, Boston 2008.

Busse von Colbe, Walther et al. (Hrsg.): Lexikon des Rechnungswesens, 4. Auflage, München 1998.

Coenenberg, Adolf Gerhard: Jahresabschluss und Jahresabschlussanalyse, 20. Auflage, Stuttgart 2005.

Delaney, Patrick R.: GAAP: Interpretation and Application of Generally Accepted Accounting Principles, New York 2001.

Eberle, Jana: Betriebliches Rechnungswesen und Controlling, München 2006.

Eisele, Wolfgang: Technik des betrieblichen Rechnungswesens: Buchführung, Kosten-rechnung, Sonderbilanzen, 7. Auflage, München 2002.

Ewert, Ralf; Wagenhofer, Alfred: Interne Unternehmensrechnung, 6. Auflage, Berlin 2005.

Fachempfehlungen zur Rechnungslegung Swiss GAAP FER: Swiss GAAP FER 2007, Zürich 2006.

Forstmoser, Peter; Meier-Hayoz, Arthur: Schweizerisches Gesellschaftsrecht, 10. Auflage, Bern 2007.

Hail, Luzi; Meyer, Conrad: Abschlussanalyse und Unternehmensbewertung, Fallstudi-en zum finanziellen Rechnungswesen, 2. Auflage, Zürich 2006.

Horngren, Charles T.; Foster, George; Datar, Srikant M.: Cost Accounting: A Managerial Emphasis, 12th Edition, Englewood Cliffs (N.J.) 2006.

Horngren, Charles T.; Harrison, Walter T. Jr.; Smith Bamber, Linda: Accounting, 7th Edi-tion, Upper Saddle River/New York 2007.

Käfer, Karl: Die Bilanz als Zukunftsrechnung, 3. Auflage, Mitteilungen aus dem Handelswissenschaftlichen Seminar der Universität Zürich, Heft 115, Zürich 1976.

Käfer, Karl: Grundzüge der Buchhaltungs- und Kontentheorie, Mitteilungen aus dem Handelswissenschaftlichen Seminar der Universität Zürich, Heft 142, Zürich 1974.

Käfer, Karl: Kommentar zum Obligationenrecht, Band VIII, 2. Abteilung, Die kaufmännische Buchführung, Bern 1981.

Käfer, Karl: Kontenrahmen für Gewerbe-, Industrie- und Handelsbetriebe, 10. Auflage, Bern 1987.

Leimgruber, Jürg; Prochinig, Urs: Das Rechnungswesen, Band 1, 3. Auflage, Zürich 2006.

Leimgruber, Jürg; Prochinig, Urs: Das Rechnungswesen, Band 2, 3. Auflage, Zürich 2006.

Leimgruber, Jürg; Prochinig, Urs: Das Rechnungswesen, Band 3, 3. Auflage, Zürich 2006.

Leimgruber, Jürg; Prochinig, Urs: Bilanz- und Erfolgsanalyse, 6. Auflage, Zürich 2006.

Meyer, Conrad: Finanzielles Rechnungswesen, Einführung mit Beispielen und Aufgaben, Zürich 2008.

Meyer, Conrad: Konzernrechnung: Einführung in die Systematik des konsolidierten Abschlusses, Zürich 2006.

Meyer, Conrad: Konzernrechnung: Aussagekräftige konsolidierte Abschlüsse unter Beachtung nationaler und internationaler Accountingstandards, Zürich 2007.

Meyer, Conrad; Hail, Luzi: Abschlussanalyse und Unternehmensbewertung, Fallstudien zum finanziellen Rechnungswesen, 2. Auflage, Zürich 2006.

Meyer, Conrad; Moosmann, Rolf: Kleiner Merkur, Betriebswirtschaft, 6. Auflage, Zürich 2005.

Preißner, Andreas: Praxiswissen Controlling, Grundlagen, Werkzeuge, Anwendungen, 5. Auflage, München 2008.

Prochinig, Urs: Mittelflussrechnung, Geldflussrechnung, 7. Auflage, Zürich 2007.

Röösli, Bruno: 1000 Fragen und Antworten zum Rechnungswesen, 4. Auflage, Zürich 2007.

Schuler, Hans; Weilenmann, Paul: F.I.T.-Accounting, Band 1: Grundlagen, 2. Auflage, Zürich 2004.

Schuler, Hans; Weilenmann, Paul: F.I.T.-Accounting, Band 2: Erweiterung, 2. Auflage, Zürich 2004.

Schuler, Hans; Weilenmann, Paul: F.I.T.-Accounting, Band 3: Leistungsrechnung, Zürich 2000.

Schweizer Handbuch der Wirtschaftsprüfung, Band 1–4, Zürich 1998.

Schweizer Prüfungsstandards, Zürich 2004.

Seicht, Gerhard: Moderne Kosten- und Leistungsrechnung: Grundlagen und praktische Gestaltung, 11. Auflage, Wien 2001.

Seiler, Armin: Accounting, 3. Auflage, Zürich 2001.

Sterchi, Walter: Kontenrahmen KMU, Schweizer Kontenrahmen für kleine und mittlere Unternehmen in Produktion, Handel und Dienstleistung, Bern 1996.

Stickney, Clyde P.; Brown, Paul R.: Financial Reporting and Statement Analysis, 6th Edition, Mason (Ohio) 2007.

Stolowy, Hervé; Lebas, Michel J.: Corporate Financial Reporting, London 2002.

Volkart, Rudolf: Rechnungswesen und Informationspolitik, Zürich 2001.

Walton, Peter: Financial Statement Analysis, London 2000.

Weilenmann, Paul: Grundlagen des betriebswirtschaftlichen Rechnungswesens, 5. Auflage, Schriftenreihe für Wirtschaftspädagogik, Band 13, Zürich 1990.

Schlagwortverzeichnis

Vom gleichen Autor

Konzernrechnung, Einführung in die Systematik des konsolidierten Abschlusses

Das Lehrbuch richtet sich an Studentinnen und Studenten sowie Praktiker, welche am Verständnis von konsolidierten Abschlüssen interessiert sind. Im Zentrum der methodisch-didaktisch klar aufgebauten Publikation steht eine Einführung in die zentralen Fragen des konsolidierten Abschlusses. Dazu gehören der Zweck der Konsolidierung, die wesentlichen Grundsätze bei der Erarbeitung von Konzernabschlüssen und die Illustration des Vorgehens bei unterschiedlicher Beteiligungsintensität (Fusion, Vollkonsolidierung, Quotenkonsolidierung, Equity Accounting). Ergänzt wird die Publikation durch ausgewählte Beispiele und Fallstudien.

Schriftenreihe Treuhand-Kammer, Band 178, Verlag SKV, Zürich 2006

Konzernrechnung, Aussagekräftige konsolidierte Abschlüsse unter Beachtung nationaler und internationaler Accountingstandards

Das Lehrbuch richtet sich an Vertreterinnen und Vertreter des Accounting, Wirtschaftsprüferinnen und Wirtschaftsprüfer, Studierende von Universitäten, Fachhochschulen und Berufsausbildungen sowie an weitere Praktikerinnen und Praktiker, die am Verständnis konsolidierter Abschlüsse interessiert sind. Im Zentrum des Lehrbuchs steht die theorie- und praxisgerechte Behandlung eines ganzheitlichen, logischen Konzepts unter starker Beachtung methodisch-didaktischer Aspekte. Für alle relevanten Themenbereiche der Konsolidierung werden zunächst mögliche Lösungen auf der Basis aktueller Accounting-Erkenntnisse gezeigt. Anschliessend folgen Illustrationen mit Beispielen sowie eine Übersicht zu den jeweiligen Regeln in den Accountingstandards Swiss GAAP FER, IFRS und US GAAP. Ergänzt wird die Publikation durch 19 Fallstudien zu den einzelnen Themen sowie zwei umfangreiche Gesamtfallstudien.

Schriftenreihe Treuhand-Kammer, Band 179, Verlag SKV, Zürich 2007

Abschlussanalyse und Unternehmensbewertung

Zum Lehrwerk, das zusammen mit Luzi Hail verfasst wurde, gehören drei Bände:

- *Framework zur Analyse von Rechnungswesendaten* gibt eine kompakte Übersicht zu den wichtigsten theoretischen Grundlagen und Konzepten der Abschlussanalyse.
- *Fallstudien zum finanziellen Rechnungswesen* zeigt den Lehr- und Lernansatz von Fallstudien und enthält sechs ausgewählte Praxisfälle aus der Schweiz, die alle ein umfassendes Thema wiedergeben.
- *Lösungsvorschläge* enthält Lösungsskizzen, theoretische Grundlagen, Argumentationshilfen sowie Illustrationsbeispiele für die einzelnen Fälle.

Verlag SKV, 2. Auflage, Zürich 2006

Wichtige Kennzahlen

Rentabilität

Eigenkapitalrendite (ROE)
$$\frac{\text{Reingewinn}}{\varnothing \text{ Eigenkapital}} \cdot 100\%$$

Gesamtkapitalrendite (ROA)
$$\frac{\text{Reingewinn + Fremdkapitalzinsen}}{\varnothing \text{ Gesamtkapital}} \cdot 100\%$$

Bruttomarge (Handelsmarge)
$$\frac{\text{Bruttogewinn}}{\text{Nettoerlös}} \cdot 100\%$$

Bruttogewinnzuschlag
$$\frac{\text{Bruttogewinn}}{\text{Warenaufwand}} \cdot 100\%$$

Nettomarge inkl. Zinsen (Ebi-Marge)
$$\frac{\text{Reingewinn vor Zinsen}}{\text{Nettoerlös}} \cdot 100\%$$

Nettomarge = Umsatzrendite (ROS)
$$\frac{\text{Reingewinn}}{\text{Nettoerlös}} \cdot 100\%$$

Liquidität

Liquiditätsgrad I (Cash Ratio)
$$\frac{\text{Flüssige Mittel}}{\text{kurzfristige Verbindlichkeiten}} \cdot 100\%$$

Liquiditätsgrad II (Quick Ratio)
$$\frac{\text{Flüssige Mittel + kurzfristige Forderungen}}{\text{kurzfristige Verbindlichkeiten}} \cdot 100\%$$

Liquiditätsgrad III (Current Ratio)
$$\frac{\text{Umlaufvermögen}}{\text{kurzfristige Verbindlichkeiten}} \cdot 100\%$$

Cashflow-Ratio
$$\frac{\text{Cashflow aus Betriebstätigkeit}}{\text{kurzfristige Verbindlichkeiten}} \cdot 100\%$$

Vermögensstruktur

Intensität des Umlaufvermögens
$$\frac{\text{Umlaufvermögen}}{\text{Gesamtvermögen}} \cdot 100\%$$

Intensität des Anlagevermögens
$$\frac{\text{Anlagevermögen}}{\text{Gesamtvermögen}} \cdot 100\%$$

Investitionsverhältnis
$$\frac{\text{Umlaufvermögen}}{\text{Anlagevermögen}} \cdot 100\%$$

Kapitalumschlag
$$\frac{\text{Nettoerlös}}{\varnothing \text{ Gesamtvermögen}}$$

Debitorenumschlag
$$\frac{\text{Umsatz gegen Rechnung}}{\varnothing \text{ Debitorenbestand}}$$